E-Book inside.

Mit folgendem persönlichen Code
können Sie die E-Book-Ausgabe
dieses Buches downloaden.

3r65p-6xco0-
18900-on22l

Registrieren Sie sich unter
www.hanser-fachbuch.de/ebookinside
und nutzen Sie das E-Book
auf Ihrem Rechner*, Tablet-PC
und E-Book-Reader.

Der Download dieses Buches als E-Book unterliegt gesetzlichen Bestimmungen bzw. steuerrechtlichen Regelungen, die Sie unter www.hanser-fachbuch.de/ebookinside nachlesen können.
* Systemvoraussetzungen: Internet-Verbindung und Adobe® Reader®

Roland Waibel
Die 7 Prinzipien zum Unternehmenserfolg

Roland Waibel

Die 7 Prinzipien zum Unternehmenserfolg

Einfach, zukunftsweisend, praxisorientiert

HANSER

Bibliografische Information der Deutschen Nationalbibliothek

Die Deutsche Nationalbibliothek verzeichnet diese Publikation in der Deutschen Nationalbibliografie; detaillierte bibliografische Daten sind im Internet über <http://dnb.d-nb.de> abrufbar.

Dieses Werk ist urheberrechtlich geschützt.

Alle Rechte, auch die der Übersetzung, des Nachdrucks und der Vervielfältigung des Buches, oder Teilen daraus, sind vorbehalten. Kein Teil des Werkes darf ohne schriftliche Genehmigung des Verlages in irgendeiner Form (Fotokopie, Mikrofilm oder ein anderes Verfahren), auch nicht für Zwecke der Unterrichtsgestaltung, reproduziert oder unter Verwendung elektronischer Systeme verarbeitet, vervielfältigt oder verbreitet werden.

© 2015 Carl Hanser Verlag München
http://www.hanser-fachbuch.de

Lektorat: Lisa Hoffmann-Bäuml
Seitenlayout und Herstellung: Der Buch*macher*, Arthur Lenner, München
Umschlaggestaltung: Stephan Rönigk
Druck & Bindung: Hubert & Co, Göttingen
Printed in Germany

ISBN 978-3-446-44375-4
E-Book-ISBN 978-3-446-44440-9

Vorwort

„Man soll die Dinge so einfach wie möglich machen – Aber nicht einfacher."

Albert Einstein

Was können wir wissen? Was sollen wir tun? Kant hat für die Philosophie diese Fragen an den Anfang gesetzt. In der Unternehmensführung ist die Beantwortung dieser elementaren Themen schwierig geworden. Schuld daran sind ein Erkenntnis- und ein Umsetzungsproblem.

Was können wir wissen? Glücklicherweise wissen wir auch hinsichtlich erfolgreicher Unternehmensführung immer mehr. Zwar ist Wissen vorhanden, aber die Relevanzauswahl gelingt oft nicht. Das ist das Erkenntnisproblem. Dobelli hat darauf hingewiesen, dass Wichtiges oft unspektakulär, quasi auf leisen Sohlen, daherkommt und vom Marktschreierischen, Lauten, Dringlichen übertönt wird. Im Stakkato der Managementliteratur vergehen uns Hören und Sehen, und das Erkennen des Relevanten gegenüber dem Reißerischen ist schwierig. Wer hat schon Zeit, die wichtigsten Forschungsjournale zu sichten und zu sammeln? Die zentralsten Erkenntnisse sind selten jene, welche als dickste Titel in der Managementliteratur aufscheinen. „Gutes Management" ist „nichttrivial", unmöglich, kurz und knapp auf den Punkt zu bringen.

Was sollen wir tun? Das Umsetzungsproblem ist: Selbst wenn ich das Wichtige erkannt habe, gilt die „Tyrannei der Wahl" (Barry Schwartz). Es gibt deutlich mehr Relevantes, als der einzelne Manager bzw. das zugehörige Unternehmen bewältigen kann. Auch wenn sich Führungspersonen am „State of the Art" des Wissens orientieren wollen, müssen in der Praxis zwangsläufig eine Beschränkung und Priorisierung stattfinden. Es gibt inzwischen zu viele Erkenntnisse, zu viel Wissen und gleichzeitig zu wenig Zeit, dies zu verarbeiten und umzusetzen. Hamel hat nach der Finanz- und Wirtschaftskrise ein neues Management gefordert und dafür zusammen mit einem Expertenteam 25 Forderungen aufgestellt. Gassmann und Friesike beschreiben 33 Erfolgsprinzipien der Innovation. Wo soll man mit der Umsetzung beginnen? Vor lauter Bäumen sieht man den Wald nicht mehr. Was kann man tun, wenn man eine Unternehmung erfolgreich führen will? Woran soll man sich orientieren?

Sicher ist: Gute Unternehmensführung ist zu komplex und zu umfassend, als dass sie sich in sieben Punkten zusammenfassen ließe. Möglicherweise sind sieben Regeln aber gut genug, weil sie überschaubar und erfassbar sind und damit auf die praktische

Umsetzung abzielen. Schwartz und Kollegen haben gezeigt, dass das realistische Streben nach „gut genug" besser ist als die meist utopische Suche nach „dem Besten", die uns ständig überfordert. Deshalb stellt das vorliegende Buch den Versuch dar, einige sehr relevante Erkenntnisse zur erfolgreichen Unternehmensführung in wenigen, knapp zusammengefassten Prinzipien auf den Punkt zu bringen. Es ist quasi der Versuch, die Konturen des Waldes zu skizzieren, ohne sich zwischen den vielen einzelnen Bäumen zu verlieren. Gutes Management, so einfach wie möglich.

Dies entspricht einer systemischen Perspektive in der von Hans Ulrich begründeten St. Galler Tradition, wonach Unternehmen komplexe Systeme sind, deren Beeinflussung sich stärker am großen Ganzen als am einzelnen Detail auszurichten hat. Heute ist die einzig allgemein gebräuchliche Geschäftssprache die Sprache des Rechnungswesens. Allerdings künden Zahlen von einer Detailkomplexität, nicht von einer ganzheitlichen, dynamischen Komplexität. Sie bieten Momentaufnahmen von der finanziellen Situation des Unternehmens, aber sie erklären nicht, wie diese Situation entstanden ist. Das vorliegende Buch geht den umgekehrten Weg. Die sieben skizzierten Prinzipien definieren eine Geisteshaltung, die sich an der Ganzheitlichkeit ausrichtet. Zentral ist die Bedeutung der Mitarbeitenden als Quelle der Wertschöpfung und nicht als Produktionsfaktoren. Menschen machen im 21. Jahrhundert den wichtigsten Unterschied. Es lohnt sich, sie in den Mittelpunkt zu stellen und dabei von einem zeitgemäßen Menschenbild auszugehen. Der Aufbau von Organisationen, die menschliche Potenziale zum Erblühen bringen, ist inzwischen für den geschäftlichen Erfolg unerlässlich geworden.

Das vorliegende Buch adressiert Führungskräfte und lädt sie ein, ihre Perspektive auf zukunftsgerichtetes Management jenseits des Machbarkeitsmythos zu reflektieren. Wenn es den einen oder anderen Anstoß nicht nur zu Erfolgsimpulsen, sondern auch dazu geben kann, ein Unternehmen (noch mehr) zu einem erfreulichen Ort werden zu lassen, hat es sein Ziel erreicht. Wenn wir das Beste der Menschen haben wollen, müssen wir ihnen einen angemessenen Rahmen gestalten, nicht nur aus humanistischen Motiven, sondern aus betriebswirtschaftlicher Klugheit. Eine Kultur des Gelingens ist chancenreich für alle und erzeugt Spaß. Als Essenz von Wissen und Erkenntnis zeigen die sieben Prinzipien einen Weg zu guter Unternehmensführung im 21. Jahrhundert auf, die vieles einfacher macht.

Dank

Dem Team des Hanser Verlags, insbesondere Lisa Hoffmann-Bäuml, gebührt ein herzliches Dankeschön für das sorgfältige Lektorat und die attraktive grafische Gestaltung. Ein besonderer Dank geht an meine Familie, die mir die Zeit gewährt hat, an vielen Abenden und Wochenenden an diesem Projekt zu arbeiten.

Appenzell, im Frühjahr 2015 *Prof. Dr. Roland Waibel*

Inhalt

Prolog 1
Aufbau der Kapitel 6
Literatur 9

1 Primat der intrinsischen Motivation: das innere Feuer lodern lassen! 11
1.1 Hinter der Motivation: menschliche Grundmotive 12
1.2 Intrinsische und extrinsische Motivation 14
1.3 Anwendung: Problematik von Leistungslöhnen und Boni 18
1.4 Quintessenz 22
1.5 Transferportfolio 23
1.6 Literatur 26

2 Vertrauenskultur: alternativlos! 27
2.1 Was ist Vertrauen und wie wirkt sich Misstrauen aus? 29
2.2 Was bewirkt Vertrauen? 32
2.3 Vertrauen bedingt ein entsprechendes Führungsverständnis 34
2.4 Anwendung: Leistungsvereinbarung und -beurteilung 37
2.5 Quintessenz 42
2.6 Transferportfolio 44
2.7 Literatur 47

3 Empowerment: konsequent befähigen und entschlacken 49
3.1 Zentrale Bedürfnisse bei der Arbeit: Autonomie und Kompetenzerleben 51
3.2 Konsequente Dezentralisierung: die Basis befähigen! 54
3.3 Entschlacken: Weniger ist mehr 60
3.4 Anwendung: Führungsverständnis und Code of Conduct 66
3.5 Quintessenz 70
3.6 Transferportfolio 72
3.7 Literatur 76

4 Kooperation fördern: auf den Rahmen kommt es an! ... 79
4.1 Wissensgrundlagen ... 82
4.2 Warum Menschen zu Kooperation neigen ... 83
4.3 Hände weg vom Kooperationskiller interner Wettbewerb! ... 85
4.4 Anwendung: wie Unternehmen Kooperation fördern können ... 91
4.5 Quintessenz ... 97
4.6 Transferportfolio ... 99
4.7 Literatur ... 103

5 Sinnstiftung: „Alle großen Dinge werden um ihrer selbst willen getan" 105
5.1 Mission und Vision: Ziele vergehen, Zwecke bestehen ... 107
5.2 Werteorientierung und die Generation Y ... 112
5.3 Anwendung: der zentrale Hebel der „charakterreichen" Personalauswahl. 118
5.4 Quintessenz ... 123
5.5 Transferportfolio ... 126
5.6 Literatur ... 130

6 Diversität fördern: den internen Genpool verbreitern! ... 133
6.1 Vorteile der Diversitätsförderung ... 136
6.2 Frauen an die Macht! ... 138
6.3 Die Potenziale der Älteren ausschöpfen ... 142
6.4 Anwendung: auf breitem Grat wandern ... 148
6.5 Quintessenz ... 150
6.6 Transferportfolio ... 152
6.7 Literatur ... 155

7 Wertschätzung: Bindungskräfte stärken ... 157
7.1 Zentraler Motor für Erfolg ... 159
7.2 Die Generation Y und die Ambivalenz des Lobens ... 160
7.3 Spaß bei der Arbeit ... 163
7.4 Anwendung: Weil Sie es uns wert sind! ... 168
7.5 Quintessenz ... 177
7.6 Transferportfolio ... 179
7.7 Literatur ... 183

8 Synthese: systemisches Management im 21. Jahrhundert ... 185

Index ... 191

Der Autor ... 199

Prolog

Wir stehen an der Schwelle eines Paradigmenwechsels: Das Zeitalter der Wissens- und Informationsökonomie ist angebrochen, das Industriezeitalter läuft aus. Das 21. Jahrhundert ist bereits einige Jahre alt und wir erkennen, dass der Wandel tiefgreifend ist. Lange Lebenszyklen, wenig Veränderung, treue Kunden, geringer Wettbewerb gehören der Vergangenheit an. Der Taylorismus mit seinem Maschinenparadigma, in dem Effizienz den wichtigsten Wert darstellte, hat ausgedient. Die Wissensökonomie beschert uns diskontinuierlichen Wandel, kurze Lebenszyklen, ständigen Preisdruck, wenig loyale Kunden, hohe Transparenz und hohe gesellschaftliche Erwartungen, außerdem kritische Mitarbeitende (Pfläging). Kurz: ein hoch anspruchsvolles Gemenge an Dynamik und Komplexität. Gut, wir kennen die kritischen Erfolgsfaktoren im 21. Jahrhundert, Innovation, Kundennähe, nachhaltige Wertschöpfung, operative Exzellenz und Mitarbeiterorientierung. Und Schnelligkeit: Gewinnen werden nicht die Großen, sondern die Schnellen. Gefressen werden die Langsamen, nicht die Kleinen.

Obwohl das hinlänglich bekannt ist, erscheint die praktische Umsetzung hoch anspruchsvoll. Viele Firmen tun sich schwer mit dem Erreichungsgrad. Offensichtlich ist es alles andere als einfach, diese Erfolgsfaktoren auch tatsächlich in der betrieblichen Realität nachzuleben: also schnell, innovativ, kundennah und mitarbeiterorientiert zu sein.

Warum ist dies so schwierig zu erreichen? Dafür gibt es ein paar Gründe. Die wichtigsten drei sind nachfolgend skizziert.

1. Zielkonflikte sind real.

Erstens sind wir umzingelt von Zielkonflikten. Alles gleichzeitig geht nicht. Die allermeisten Dinge im Leben sind mit beträchtlichen Opportunitätskosten verbunden: Wenn ich mich für A entscheide, kann ich nicht gleichzeitig auch B haben. Ich muss auf die Möglichkeit B verzichten und die Höhe dieses Verzichts stellt die Opportunitätskosten dar. Es geht nicht alles auf einmal oder, wie die Engländer sagen, „you can't have your cake *and* eat it". Obwohl dies bereits Kindern klar ist, scheint es in der Führung – aufgrund von eigenen Zielkonflikten – gerne und oft ausgeblendet zu werden. „Wir müssen dies zusätzlich erreichen", selbstverständlich ohne auf irgendetwas Bestehendes verzichten zu wollen. „Das neue Projekt ist kostenneutral zu gestalten", aber keine Vorstellung davon, was denn nun weniger kosten darf. Und so dreht sich in manchen Unternehmen das Hamsterrad immer schneller, die Mitarbeitenden werden durch ein konstantes Mehr an Zielen, Vorgaben und Regeln überfordert. Innovativ und effizient sollen gleichzeitig möglich sein, kundennah und schlank ebenfalls.

Dass dabei oft die Kräfte und der Sinnbezug auf der Strecke bleiben, muss nicht wundern. Die in den letzten Jahren deutlich gestiegene Ausfallquote durch Burnouts, Depressionen und weitere psychische Krankheiten spricht eine deutliche Sprache. Gemessen an den Anforderungen ist die Ressourcendecke vieler Belegschaften sehr dünn geworden.

Die unangenehme Realität ist, so oft sie auch in der Unternehmensführung ausgeblendet oder negiert wird: Wenn etwas zusätzlich geleistet werden soll, bleibt – außer es lassen sich tatsächlich Produktivitätsgewinne erzielen – in aller Regel etwas anderes liegen. Und manche Dinge beißen sich: Gleichzeitig innovativ und effizient bis auf die Knochen sein zu wollen, ist ein Widerspruch in sich selbst! Das eine braucht eine offene Fehlerkultur, Ausprobieren, Zeit und Raum, während das andere jede Abweichung, jede Verschwendung aus den Prozessen ausmerzen möchte. Will eine Firma hochinnovativ werden, kann sie schlichtweg nicht durchrationalisiert bis ins Letzte sein.

Beispiel: 3M

3M gehört zu den Unternehmen mit der breitesten Produktepalette überhaupt. Grundlage dafür ist eine besondere Innovationskultur. 3M will das innovativste Unternehmen der Welt sein und setzte es sich zum Ziel, für die Kunden in aller Welt neue, intelligente Problemlösungen für die unterschiedlichen Lebens- und Arbeitsbereiche zu entwickeln. Daher machte 3M es sich zur Aufgabe, genauer hinzusehen, besser hinzuhören und offen im Dialog mit seinen Partnern zu sein.

3M als führender Produktinnovator sucht Mitarbeiter, die in einer Atmosphäre gegenseitigen Vertrauens mit Kreativität und Tatkraft ständig neue Wege beschreiten, um das Leben einfacher, sicherer und angenehmer zu gestalten. Um dieses Ziel zu erreichen, ist fast jeder elfte der rund 70.000 Mitarbeiter in der Forschung und Entwicklung tätig. Die Struktur weist dabei erhebliche Redundanzen auf. Beispielsweise verfügen jeder Bereich, jede Abteilung und jede Produktgruppe über eigene Laboratorien, die oftmals bewusst die Arbeit anderer duplizieren. Um von bereichs- und abteilungsübergreifenden Anregungen zu profitieren, veranstaltet 3M interne Messen, auf denen sich die Abteilungen gegenseitig ihre Technologien vorführen.

Wenn ein Wissenschaftler innerhalb seiner eigenen Abteilung mit einer neuen Idee auf Widerstand stößt, kann er sich um einen Zuschuss in Höhe von 50.000 Dollar aus einem internen Risikokapitalfonds bewerben, um seine Idee weiterzuentwickeln. Damit ermutigt 3M seine Mitarbeitenden, Risiken einzugehen, und belohnt dabei sowohl Fehlschläge als auch Erfolge. Zudem bringt das Management die notwendige Geduld auf, um neue Ideen bis zur Produktreife zu entwickeln.

> Ausfluss dieser ausgeprägten Innovationskultur mit einem starken Markt-, Kunden- und Anwendungsbezug sowie einem hohen Aufwand für Forschung und Entwicklung sind mehr als dreißig Technologieplattformen und über 20.000 Patente, die das Fundament von über 50.000 erfolgreichen 3M-Produkten in den verschiedensten Branchen bilden.

∎

Wir werden in den nachfolgenden Kapiteln verschiedenen Zielkonflikten begegnen und Vorschläge für deren Priorisierung machen. Führungskräfte tun sich selbst und ihren Mitarbeitenden einen Gefallen, wenn sie dafür eine Grundakzeptanz entwickeln. Die „Goldilock-Ökonomie", in der Wunder wahr werden, liegt trotz aller Fortschritte noch hinter dem Horizont.

2. Ziele sind keine Hebel.

Zweitens entsprechen die angestrebten Erfolgsfaktoren Zielen, deren Hebel an einem anderen Ort liegen. Kreativität, Schnelligkeit oder Erfolg sind keine Lenkbarkeiten. Werden andernorts zweckmäßige Trigger aktiviert, können sich über ein komplexes Geflecht von Einflussfaktoren die gewünschten Effekte ergeben (oder auch nicht, weil gegenseitige Rückkoppelungen konträre Wirkungen hervorrufen – und wir stehen, wie soeben beschrieben, wiederum vor Zielkonflikten).

In einer systemischen Sicht meint Unternehmensführung, Ziele in einem vielschichtigen Ganzen mit den verfügbaren Hebeln unter Beachtung von nicht veränderbaren Rahmenbedingungen zu erreichen (Waibel und Käppeli). Dies ist möglich, wenn die Führungskräfte die Wirkungen ihrer Handlungen auf die Ziel- und Messgrößen der Unternehmung richtig abschätzen können. Voraussetzung ist, dass sie „ihr Geschäft verstehen", d. h. das System und seine Dynamik begreifen und sinnvoll Einfluss ausüben. Das ist alles andere als einfach. Im komplexen sozialen System eines Unternehmens liegen beispielsweise Ursache und Wirkung oft räumlich und zeitlich nicht nahe beieinander (Senge).

Bis etwa eine starke Unternehmenskultur Früchte trägt, braucht es einiges: Dieser Humus muss gepflegt werden, es erfordert einen sorgsamen Gärtner, der fruchtbaren Samen aussät, diesen bewässert und düngt und die wachsenden Sprossen hegt. Aber ohne stimulierende Innovationskultur gibt es keine Geistesblitze und das Denken abseits der gängigen Trampelpfade will sich nicht einstellen. Man kann Innovation nicht anordnen und die Wurzeln der Innovation liegen weder im F&E-Budget noch in der Anzahl der Ingenieure oder einem Bonus für erfolgversprechende Ideen verborgen.

Zudem erweist sich der gängigste Weg oft als Drehtür: Manchmal ist die einfache und gewohnte Lösung ein „Quick Fix", der das Problemsymptom vorübergehend zum Verschwinden bringt. Gleichzeitig hat der Schnellschuss unerwünschte Nebenwirkungen, die erst nach einer gewissen Zeit zum Vorschein kommen, nun aber das Ziel torpedieren und letztlich das Problem verschlimmern (Waibel und Beyeler).

Ein Beispiel ist der zunehmende Einsatz von extrinsischen Anreizen in Firmen. Über die letzten dreißig Jahre wurde die gesamte Unternehmenswelt mit allen Mitteln in

Richtung Anreizorientierung getrimmt, mit Zielerreichungsprämien, Provisionen, Boni und vielem mehr (vgl. Abschnitt 1.3). Die Anreize wurden allerdings häufig so gesetzt, dass das Optimum nicht für das Unternehmen als solches, sondern für spezifische Anspruchsgruppen (z. B. Manager) herausschaute, die ihren asymmetrischen Informationsvorsprung nutzen oder die Zielsetzungen zu ihren Gunsten beeinflussen konnten. Und so wuchsen nicht nur die variablen Lohnbestandteile in die Höhe, sondern auch die Gier und die Selbstbedienungsmentalität vieler Manager. Gleichzeitig wurde das exorbitant wichtige Gut der intrinsischen Motivation, der Funktionslust an der Sache, durch die vielen extern aufgehängten Belohnungstöpfe verdrängt. Und mit ihr verabschiedeten sich die Loyalität und das freundvolle, vertrauensbasierte Miteinander. Das Kernproblem – dass Manager sich im Sinne des Unternehmens verhalten – ist nicht gelöst, sondern wurde durch das vermeintliche Patentrezept der extrinsischen Anreize verschärft, bei gleichzeitig gravierenden Nebenwirkungen. Und weil die Patienten längst süchtig sind, kann nicht auf die Droge der Anreizmotivierung verzichtet werden – man schaue nur die Incentivierung bei Großbanken an. Der hier skizzierte Archetyp der Problemverschiebung führt dazu, dass das System seine ursprünglich vorhandene Problemlösefähigkeit verliert (Senge).

Ein weiteres Symptom mangelnden Systemverständnisses ist der weit verbreitete Machbarkeitswahn in Unternehmen (und dahinterliegenden Börsen, die die Kurzfristfixierung mit ihrem Quartalsrhythmus potenzieren): Eingeleitete Maßnahmen sollten subito wirken (am besten bis morgen), man glaubt Ursache und Wirkung in Raum und Zeit nah beieinander und vergisst, dass die Maßnahmen mit der stärksten Hebelwirkung manchmal die unscheinbarsten sind, aber etwas Zeit benötigen. Kurzfristig haben wir es im Unternehmen mit vielen divergierenden Bedürfnissen zu tun, die schlecht oder gar nicht unter einen Hut zu bringen sind. In einer nachhaltigeren Sicht von Unternehmensführung entschärfen sich manche Probleme weitgehend. Das haben die Kritiker des Shareholder-Value-Ansatzes nie verstanden: Richtig und im Sinne der Erfinder interpretiert, geht es um die sehr langfristige Wertbetrachtung in Unternehmen. In der langen Frist konvertieren allerdings die Interessen der Kapitalgeber und vieler vom Betrieb eines Unternehmens Mitbetroffener weitgehend. Die Anliegen von Shareholder- und Stakeholder-Ansatz verschmelzen. Oft wird allerdings in Firmen das Erreichen kurzfristiger Gewinnvorgaben zu stark betont. Der Börsenrhythmus mit seiner Quartalsdenkweise verhindert eine überdauernde Ausrichtung, schränkt den Zeithorizont von Managern ein und verzerrt die Perspektive.

Viele Familienunternehmen dagegen sind näher beim „Denken in Äonen" und generationsübergreifend angelegt, was einen systemischeren Blickwinkel begünstigt und den größeren Erfolg erklärt, der sich in zunehmend mehr Studien (Zellweger und Sieger) zeigt. Letztlich möchten die meisten Unternehmen doch das Gleiche: die Firma „enkelfähig" zu machen.

Fazit: Alle Firmen wollen einen hohen Erfüllungsgrad hinsichtlich kritischer Erfolgsvariablen wie Innovation, Schnelligkeit oder Kundennähe erreichen. Allerdings stellen diese Variablen Zielgrößen dar, welche unmittelbar nicht steuerbar sind. Kreativität, Wendigkeit und Kundenfokus sind Blüten, deren Qualität im zugrunde liegenden Humus und der Pflege begründet ist. In diesem Buch werden jene Faktoren skizziert, die den angestrebten Erfolgsgrößen zugrunde liegen. Die Trigger unternehmerischer Prosperität sind intelligente Prinzipien wie das Primat der intrinsischen Motivation, eine Vertrauenskultur oder breites Empowerment der Mitarbeitenden. In den folgenden Kapiteln werden diese ausgeführt.

3. Klassisches Management ist nicht zielführend.

Drittens sind klassische Managementvorstellungen für das Erreichen von Schnelligkeit, Innovationskraft oder Mitarbeiternähe eher hinderlich. Das, was Manager gemeinhin als wichtig bei ihrer Tätigkeit erachten – etwa Ziele vorgeben, Budgets einhalten, Zielerreichung messen, Maßnahmen planen und umsetzen, Mitarbeitende führen und anleiten – ist oft nicht das, was wirklich zu Beschleunigung, Kreativität, Eigeninitiative und Engagement beiträgt. Teilweise wissen dies Führungskräfte auch oder erleben mindestens in ihrer Tätigkeit vielfach ein Unbehagen, weil sie von ihrer Selbstwirksamkeit nicht immer überzeugt sind.

Dennoch bereitet eine systemischere Sicht darauf, wie ein Unternehmen funktioniert, Führungspersonen Mühe, weil damit eine Rollenveränderung verbunden wäre. Das Bild des Machers, der alle Fäden in seinen Händen hält, ist selbstwertschonend und angenehm. Manager sind ja im wahrsten Wortsinn dafür da, zu bewegen, ein- und durchzugreifen. Viele Unternehmenslenker sehen sich gern als Kapitän auf der Brücke – „auf jedem Kahn, ob er raucht oder segelt, gibt's einen, der die Sache regelt" – oder Zirkusdirektor. Und so knallt der Dompteur unter der Kuppel mit der Peitsche und lässt nach seiner Pfeife tanzen. Eine stärker systemisch geprägte Sicht weist Unternehmensführern eine weniger invasive und indirektere Rolle zu: Danach sind Manager vor allem Gestalter von Rahmenbedingungen, die dafür sorgen, dass die Mitarbeitenden gute Voraussetzungen vorfinden, um ihren Job zu machen. Unternehmen stellen dynamische Systeme dar, die sich durch Nichtlinearität, Rückkoppelungseffekte und Vernetztheit kennzeichnen lassen.

Während die Psychologie das Dogma der Konditionierung lange überwunden hat, tut man in der Wirtschaft oft noch so, als seien Menschen und Märkte vollkommen rational und direkt steuerbar. Unternehmen lassen sich aber nicht deterministisch lenken. Diese Einsicht macht bescheiden, gelassen und souverän (Wüthrich). Führung wird so zur Selbstdisziplinierung mit dem Ziel, andere mehr entscheiden zu lassen. Es ist das Selbstverständnis, *„eine Gemeinschaft zu formen, die individuelle Mitarbeiter zur Eigeninitiative anhält, zu Selbstdisziplin anregt, dazu animiert, Entscheidungen zu treffen und Verantwortung für ihre Handlungen zu übernehmen"* (Pfläging). Heroisches Management ist wenig wirksam in einer dynamischen und komplexen Umwelt.

Mit den nachfolgend skizzierten Prinzipien ist untrennbar eine andere Vorstellung von Führung und Management verbunden. Wir werden diese ebenfalls ausbreiten. Klar ist: Bewusster Machtverzicht fällt schwer. Einsicht in die Notwendigkeit ist der erste Schritt dazu. Möglicherweise hilft die Erkenntnis, dass sich die Umstände verändert haben. Oder, wie Hamel vergleicht: Bisheriges Management ist, analog zum Verbrennungsmotor, eine ausgereifte Technik, die nun für eine neue Ära fit gemacht werden muss.

■ Aufbau der Kapitel

In den kommenden Kapiteln werden sieben Prinzipien vorgestellt, die eine etwas andere Sicht von Unternehmensführung ins Zentrum rücken. Systemdenken als tieferliegende Rationalität liegt ihnen zugrunde. Zusammen bilden sie das Herz einer Unternehmenskultur, die nicht nur für personalnahe Bereiche (wie Motivation, Zufriedenheit, Identifikation, Loyalität) wichtig ist, sondern auch den Ausgangspunkt für Innovativität, Kundenzufriedenheit, Wettbewerbsfähigkeit und finanziellen Erfolg darstellt.

Die Bedeutung der Unternehmenskultur hat zugenommen und wird im Laufe des 21. Jahrhunderts weiter ansteigen. Dies gilt am stärksten für moderne Dienstleistungs- und Wissensunternehmen. Je anspruchsvoller die Tätigkeit ist, desto entscheidender wird die Unternehmenskultur. Gemäß Simon, dem Erforscher der Hidden Champions (oft wenig bekannte Nischenunternehmen, die Weltmarktführer sind), liegen die wesentlichen Wurzeln der Überlegenheit der Hidden Champions in den Unternehmenskulturen und den Einstellungen der Mitarbeitenden (Simon). Unternehmenskultur ist eine zentrale Quelle von Erfolg und Wettbewerbsvorteilen, zudem ein weicher Faktor, der nicht kopierbar ist.

Die nachfolgend beschriebenen Prinzipien eines kulturbasierten Managements priorisieren Ziele, im Wissen um die mannigfaltigen Zielkonflikte. Sie zeigen die verborgenen Trigger zweckdienlicher Unternehmensführung auf und skizzieren deren Wirkungen auf den Unternehmenserfolg. Und sie entwerfen eine andere Sicht des Selbstverständnisses von Führungskräften – eine, die in die Zukunft weist und nachhaltig angelegt ist. Man kann in einem Unternehmen kein generatives Lernen fördern, wenn das Denken der Menschen von kurzfristigen Ereignissen beherrscht wird. Seit der Ende 2008 einsetzenden Finanz- und Wirtschaftskrise fahren die meisten Unternehmen nur noch auf Sicht – es hat sich gezeigt, dass mittelfristige Pläne über mehrere Jahre in einer äußerst dynamischen Welt sehr schnell Makulatur sein können. Ein primär kurzfristiges Agieren, aus der Not geboren, mag nachvollziehbar sein – wenn aber keine Leitsterne mehr für einen nachhaltigen Kurs sorgen, dann wird Durchwursteln zum einzigen Prinzip. Unternehmen sind aber auf Dauer angelegt.

Die hier ausgebreiteten sieben Prinzipien definieren Leuchttürme, Orientierungsmarken, an denen sich Management im Wissenszeitalter jenseits der Kurzfristziele ausrichten kann. Zusammen konturieren sie zielkonfliktreduzierendes und damit einfaches, praxisnahes und zukunftsweisendes Management in der Wissensökonomie des 21. Jahrhunderts.

Wie sind die nachfolgenden Kapitel gegliedert? Zu Beginn wird das Prinzip dargestellt, begründet und das zentrale Wissen aufgezeigt. Es folgt ein Abschnitt, der mit „Anwendung" betitelt ist. Er zeigt das Prinzip in einem konkreten Kontext der praktischen Unternehmensführung und gibt anschauliche Empfehlungen zur Umsetzung. Zur Illustration des Gesagten finden sich über das Buch verteilt verschiedene Aspekte des Unternehmens Châteauform, das als durchgehendes Beispiel dient:

Châteauform

1996 gründete der IMD-Professor für Service Management, Jacques Horovitz, das Unternehmen Châteauform. Châteauform pachtet und renoviert Schlösser und Landhäuser, um sie als Tagungsorte an Firmen weiterzuvermieten. Anlass für die Firmengründung waren eigene, teils schlechte Erfahrungen bei der Miete von Veranstaltungsräumen. Horovitz erkannte eine Marktlücke für hochwertige Tagungsstandorte und baute Châteauform aufgrund von eigenen Erkenntnissen zum Service Management auf. Ausgangspunkt war die Frage nach dem „Wie" einer Serviceführerstrategie: „Wie kann die beste Dienstleistung in der Branche angeboten werden?" Dazu war eine zweite Frage hinsichtlich Gestaltung des unternehmerischen Rahmens notwendig: „Wie muss die Organisation aussehen, die sich bei allen Entscheidungen nach dem Kunden richtet?"

In den nachfolgenden Kapiteln wird mit Châteauform ein durchgängiges Beispiel verwendet, um bei den einzelnen Ausführungen immer wieder auf ein konkretes Unternehmen zu verweisen. Châteauform wird uns also als Firma begleiten, die viele der nachfolgenden Prinzipien in der einen oder anderen Weise umsetzt. Auch wenn die Übereinstimmung mit der hier vertretenen Sicht von Unternehmensführung im 21. Jahrhundert nicht vollkommen deckungsgleich ist, so kann Châteauform doch als gute Illustration dafür dienen, inwiefern sich Management im Wissenszeitalter von vielen bisherigen Ausprägungen unterscheidet. Die hier dargestellten Informationen stützen sich im Wesentlichen auf einen Artikel des Unternehmensgründers zu Châteauform in der Dezemberausgabe 2013 des Harvard Business Manager (Horovitz).

Châteauform beschäftigt fast 1.000 Mitarbeitende an 40 Standorten in sieben europäischen Ländern. Seit der Gründung verzeichnete das Unternehmen fast jedes Jahr ein Umsatzwachstum im zweistelligen Prozentbereich. Die Einnahmen 2013 betrugen rund 100 Millionen Euro. Den Kunden wird ein Rundumservice angeboten: Die Schlösser haben 40 bis 100 Schlafzimmer und sind mit allem ausgestattet, was ein Seminarort bieten sollte, bis hin zu Billardtisch und Cocktailbar. Es ist immer ein Techniker vor Ort, die Einrichtung ist modern und das Essen wird frisch zubereitet. Die Aufenthalte dauern typischerweise zwei bis fünf Tage. Châteauform ist im oberen Preissegment angesiedelt, unterhalb der Luxusklasse. ∎

Zusätzlich zu Châteauform werden weitere Beispiele aus der Unternehmenspraxis in kurzen Einblendungen angeführt. Damit kein wesentlicher Kontrast zum „normalen" Wirtschaftsleben entsteht und das Transferpotenzial substanziell ausfällt, wurden die Beispiele aufgrund folgender Überlegungen ausgewählt:

- Das Buch richtet sich an Unternehmen im mitteleuropäischen Kulturraum. Zu oft werden Erkenntnisse aus anderen Kulturkreisen, beispielsweise den USA oder Japan, unkritisch auf Europa übertragen. Dabei wird vergessen, dass die kulturellen Unterschiede teils enorm sind und bei der Umsetzung von Maßnahmen eine bedeutsame Rolle spielen. Im Buch werden deshalb vor allem Beispiele aus der Schweiz und Deutschland angeführt. In Themenbereichen, in denen die Transferierbarkeit unproblematisch erscheint, werden einige internationale Unternehmensbeispiele ergänzt.

- Es werden nicht nur (bekanntere) Großbetriebe dargestellt, sondern auch (unbekanntere) KMU (kleine und mittlere Unternehmen).

- Es werden „übliche" Unternehmen beleuchtet, keine gemeinnützigen Organisationen, keine reinen Forschungsinstitutionen, keine vibrierenden Startups. „Internet-Dagobert Ducks" mit praktisch uneingeschränkten Mitteln (wie Apple oder Google) werden ausgelassen.

- Zur Veranschaulichung werden keine Unternehmen mit glänzenden revolutionären Konzepten (wie Morning Star, Gore oder Semco) abgebildet. Wenn die Kulturprägung zu futuristisch ausfällt, wird ein Transfer zunehmend anspruchsvoller und unrealistischer.

- Stattdessen werden herkömmliche Unternehmen meist aus „old school"-Branchen dargestellt, welche sozusagen mit beiden Beinen auf dem wirtschaftlichen Boden stehen. Damit befinden sich die präsentierten Beispiele auf Augenhöhe mit den meisten Firmen und die gewonnenen Erkenntnisse sind eher ableitbar und transferfähig. Gleichzeitig weisen die veranschaulichten Unternehmen Besonderheiten auf, die für viele andere Firmen – mindestens in bestimmten Bereichen – herausragend, außergewöhnlich, erstaunlich, bedenkenswert sind und möglicherweise zur Analyse und Selbstreflexion anregen.

- Im letzten Abschnitt werden jeweils die wichtigsten Erkenntnisse unter dem Titel „Quintessenz" zusammengefasst. Ein sogenanntes „Transferportfolio" mit einem konkreten Maßnahmenset für die Implementation in der Praxis schließt jeweils das Kapitel ab. Dieses hat zum Ziel, spezifische Vorschläge für die unmittelbare Umsetzung des Prinzips in die unternehmerische Realität aufzuzeigen. Je nach Situation und Handlungsbedarf finden Führungspersonen hier verschiedene Ideen, wie sie dem skizzierten Prinzip in ihrem Unternehmen mehr Geltung verschaffen können. Die im Transferportfolio aufgeführten konkreten Maßnahmenvorschläge wurden vor dem Hintergrund der KMU-Tauglichkeit entworfen. Sie sind überwiegend nicht an umfassende Budgets oder substanzielle Unternehmensressourcen geknüpft.

Literatur

Das Literaturverzeichnis enthält jeweils kapitelweise zugrunde liegende, vertiefende und weiterführende Literatur.

Hamel G. (2009). Mission: Management 2.0. Harvard Business Manager, April 2009, S. 86–95.

Horovitz J. (2013). Dem Kunden ein Schloss. Harvard Business Manager, Dezember, S. 51–56.

Pfläging N. (2011). Führen mit flexiblen Zielen. Praxisbuch für mehr Erfolg im Wettbewerb. Frankfurt: Campus.

Senge P. M. (2011). Die fünfte Disziplin. Kunst und Praxis der lernenden Organisation. Stuttgart: Schäffer-Poeschel.

Simon H. (2012). Hidden Champions – Aufbruch nach Globalia. Frankfurt: Campus.

Waibel R. und *Beyeler D.* (2012). Das Ganze verstehen – vernetztes Denken in BWL und VWL. Zürich: Versus.

Waibel R. und *Käppeli M.* (2013). Betriebswirtschaft für Führungskräfte. *Die Erfolgslogik des unternehmerischen Denkens und Handelns*. Zürich: Versus.

Waibel R. und *Käppeli M.* (2011). Betriebswirtschaft für Führungskräfte. *Fallstudien und Übungen*. Zürich: Versus.

Wüthrich H. (2011). Zutrauen – loslassen – experimentieren. Zeitschrift Führung + Organisation, 04/2011, S. 212–219.

Zellweger T. und *Sieger P.* (2011). Entrepreneurial orientation in long-lived family firms. *Small Business Economics*, 38(1), S. 67–84.

1 Primat der intrinsischen Motivation: das innere Feuer lodern lassen!

Ein Unternehmen ist ein komplexes soziales System, in dem Menschen idealerweise zielgerichtet agieren. Von Führungspersonen wird erwartet, dass sie auf die Fokussierung der Ziele einwirken, also möglichst dafür sorgen, dass die Aktivitäten der Belegschaft auf die unternehmerischen Ziele ausgerichtet sind (was in einer vernetzten und dynamischen Welt alles andere als selbstverständlich ist). So weit, so bekannt. Wenn Mitarbeitende sich in den Dienst der Firma stellen und einen Beitrag zur Erreichung deren Ziele leisten sollen, dann ist es sicher wichtig, sich darüber im Klaren zu sein, wie diese ticken. Was bewegt Menschen? Was steckt hinter der menschlichen Handlungsbereitschaft? Lässt sich diese – etwa durch Vorgesetzte – beeinflussen (und wenn ja, vor allem positiv oder doch eher negativ)?

Das vorliegende erste Kapitel befasst sich also mit einer menschlichen Kernfrage: Was bringt Menschen zum Handeln? Was wissen wir über deren Motivationen, wie entstehen diese und worauf ist aus Sicht eines Unternehmens zu achten? Wie kann man das Feuer der Motivation am Brennen halten?

■ 1.1 Hinter der Motivation: menschliche Grundmotive

Ohne Motivation gibt es kein Handeln. Nur wenn Menschen „motiviert", im Wortsinn „bewegt" sind, engagieren sie sich, werden Leistungen erbracht und Ziele erreicht. Motivation gehört privat wie beruflich zu den wichtigsten Faktoren für Erfolg. Eine höhere Motivation wirkt sich deutlich positiv auf Commitment, Leistung und Unternehmensrentabilität aus. Aber auch Produktivität, Zusammenhalt, Kreativität, Innovations- und Lernfähigkeit, Fluktuation sowie Gesundheit werden positiv beeinflusst.

Es lohnt sich, zu Beginn kurz aufzuzeigen, wie Motivation funktioniert und was dahinter steckt, also quasi „hinter die Kulissen der Motivation" zu schauen. Hier finden wir menschliche Kernmotive und werden uns bewusst, dass die zugrunde liegenden Emotionen den eigentlichen Nukleus menschlichen Denkens und Handelns bilden.

Grundlage nicht nur der Motivation, sondern aller menschlichen Aktivitäten sind Emotionen. Schon die Wortnähe zeigt den gleichen Stamm wie Motivation und verweist darauf, dass Emotionen etwas sind, was einen Menschen bewegt. Diese inneren Erregungszustände entstehen durch die Aktivierung neuronaler Systeme und münden in körperliche Reaktionen. Für die Erregung sorgen Transmitter wie das motivierende Dopamin, das vermittelnde Serotonin oder das beschleunigende Noradrenalin. Die Erregungszustände signalisieren Bewertungen wie gut oder schlecht bzw. erstrebenswert oder zu vermeiden. Subjektiv werden sie als Gefühle oder Empfindungen wahrgenommen. Während Emotionen also das komplexe Zusammenspiel von chemischen und neuronalen Reaktionen bezeichnen, kommt bei Gefühlen zusätzlich das individuelle Bewusstsein mit dazu. Gefühle sind die persönliche Wahrnehmung bestehender Emotionen. Man kann mit Fug und Recht sagen, dass Gefühle am Anfang all unseres Tuns stehen. *„Gefühle sind der Klebstoff, der uns zusammenhält"* (Precht). Ohne Gefühle wären Menschen unfähig zu handeln und wüssten nicht, was sie denken sollten. Gedanken sind immer emotional eingefärbt. So wissen wir heute, dass es kein Denken ohne Fühlen gibt. Selbst der Verstand des rationalsten Menschen wird permanent von seinen Gefühlen beeinflusst.

Gefühle und Empfindungen, verknüpft mit einer Zielorientierung, bezeichnen Motive. Anders gesagt, erzeugen emotional bewertete Motive (wie Macht, Zugehörigkeit, Unabhängigkeit usw.) Zielorientierung und damit Motivation. Motivation benennt also das emotional basierte menschliche Streben nach Zielen. Hinter diesem Handlungswillen stehen Motive oder Beweggründe. McClelland hat drei Grundmotive mit besonders starkem Einfluss auf das Verhalten identifiziert. Danach weisen Menschen die Primärmotive *Zugehörigkeit*, *Macht* sowie *Leistung* auf:

 Gefühle stehen am Anfang von all unserem Tun.

- Das Primärmotiv der Zugehörigkeit umfasst zentrale Aspekte des Bedürfnisses nach sozialer Eingebundenheit, wie Sicherheit, Zuwendung, Geborgenheit und Freundschaft. Die Glücksforschung belegt, dass es kaum eine dauerhaftere Glücksquelle gibt als soziale Bindungen. Wir sehnen uns danach, Teil eines sozialen Ganzen zu sein, und fürchten uns vor der Wahrnehmung der Wertlosigkeit, wenn wir uns unbeliebt, zurückgewiesen, ausgeschlossen oder allein gelassen fühlen. Soziales Wohlbefinden ist der größte Motivator des Menschen.

- Wer nach dem Primärmotiv der Macht strebt, sucht Kontrolle, Dominanz, Bedeutung, Status oder Einfluss und ist bereit, sich im Kampf zu messen bzw. dem Wettbewerb zu stellen. Die zugrunde liegende Befürchtung ist jene des Kontrollverlusts; wir wollen nicht unwichtig, abhängig oder unbedeutend sein und Ohnmachtsgefühle erleiden.

- Das primäre Leistungsmotiv ist Ausdruck des menschlichen Strebens nach Erfolg und Fortschritt, beinhaltet gleichzeitig auch die Lust an der Kreativität, Abwechslung, Neugier und Fantasie. Die negative Ausprägung verursacht Versagensgefühle; niemand möchte unfähig, schwach, nutzlos oder dumm dastehen. Wir fürchten uns vor dem Verlieren und davor, als Versager zu gelten bzw. uns selbst so wahrzunehmen.

McClelland konnte belegen, dass die Anregung dieser Motive mit der Ausschüttung bestimmter Transmitter verbunden ist: Im Falle des Machtmotivs werden primär Adrenalin und Noradrenalin ausgeschüttet, während im Falle des Zugehörigkeitsmotivs das oft als „Glückshormon" bezeichnete Dopamin dominant auftrat. Bei der Anregung des Leistungsmotivs ließen sind vor allem Vasopressin und Arginin nachweisen.

Forscher haben die Liste der Motive weiter differenziert und verfeinert, aber für unsere Zwecke ist es sinnvoll, sich an die großen Stränge zu halten: Menschen sind motiviert, weil sie zentrale Beweggründe emotional positiv bewerten, wie etwa Teil einer Gruppe und damit eines größeren Ganzen zu sein. Das soziale Grundmotiv ist ein Kernbedürfnis und tief in uns verankert. Von einem Stamm oder Clan ausgeschlossen zu werden, bedeutete für unsere Vorfahren noch vor ein paar Tausend Jahren meist den sicheren Tod. Der Mensch ist ein zutiefst soziales Wesen, dessen Bezogenheit auf andere Menschen sich vom Kleinkind in der Spielgruppe über die Bedeutung der Peers beim Teenager bis zur Pflege des Vereins- und Freundeskreises bei den Erwachsenen mannigfaltig zeigt. Die Glücksforschung belegt, dass das gesellige Beisammensein mit Freunden zu jenen Tätigkeiten gehört, welche höchstes Glücksempfinden auslösen (Layard und Layard). Aber auch das Macht- und das Leistungsmotiv sind für Menschen sehr wichtige Beweggründe, die emotional positiv bewertet werden und entsprechend motivieren, in dieser Richtung aktiv zu werden.

Es lohnt sich, sich in der Unternehmensführung immer wieder vor Augen zu führen, welche Grundbedürfnisse Menschen antreiben und was das Unternehmen dafür tut, diese Kernmotive zu adressieren. Firmen tun gut daran, das Zugehörigkeitsbedürfnis ernst zu nehmen und den Mitarbeitenden Gelegenheit zu geben, sich als wichtiges Glied eines größeren Ganzen zu verstehen und einbringen zu können (mehr dazu in den Kapiteln 4 und 5). Ebenso relevant ist, sinnvoll mit Machtmotiven umzugehen, beispielsweise möglichst viele Personen in Entscheidungen einzubinden (vgl. Kapitel 3). Ein kluger Umgang mit den Leistungen der Mitarbeitenden besteht in einer bewussten und breiten Anerkennung von mannigfaltigen Beiträgen in einem Unternehmen (vgl. Kapitel 7). Wir werden wiederholt auf die Primärmotive zurückkommen.

 Drei Motive treiben uns vor allem an: die Bedürfnisse nach Macht, Leistung und Zugehörigkeit.

■ 1.2 Intrinsische und extrinsische Motivation

Wie wir gesehen haben, ist Motivation motivbasiertes menschliches Streben nach Zielen: Jemand möchte beispielsweise eine Weiterbildung absolvieren (Ziel), weil er sich davon Vorteile auf dem weiteren Karrierepfad und einen besseren Status durch eine wichtigere Position in der Firma verspricht (primäres Machtmotiv). Motivation kann nun von innen herauskommen (intrinsisch) oder aber von außen gesetzt werden (extrinsisch). Demnach tut man etwas um seiner selbst willen oder weil man sich Vorteile verspricht bzw. Nachteile vermeiden möchte. Passend ist der Vergleich zwischen dem intrinsischen Generator, der sich immer wieder selbst auflädt, und der extrinsischen Batterie, die nach der Abgabe der Energie wieder vollgeladen oder aber ersetzt werden muss.

Die neuere Motivationsforschung (Barbuto und Scholl) differenziert zwischen zwei intrinsischen und drei extrinsischen Quellen. Intrinsisch motiviert ist jemand, der etwas aus Spaß an der Sache macht oder aufgrund eines internen Selbstverständnisses. Letztere Personen haben eine Idealvorstellung als Leitlinie ihres Handelns verinnerlicht, z. B. wie sich ein guter Arzt verhält oder wie ein umsichtiger Patron führt. Bei

Menschen, die aufgrund eines internen Selbstverständnisses motiviert sind, ist das beschriebene Primärmotiv der Leistung besonders stark ausgeprägt.

Wie funktioniert intrinsische Motivation? Der Mensch kann grundsätzlich als innenmotiviertes Wesen bezeichnet werden. Er bringt von Geburt an intrinsische Anreize (Lerndrang als „Funktionslust") und Motivation mit, sich einzubringen, zu handeln, zu gestalten. Dies zeigen uns Kleinkinder sehr deutlich. Auch später wollen sich Menschen im Arbeitsprozess einbringen, weil sie die eigene Wirkung als positiv erleben: „Sich regen bringt Segen", sagt das alte Sprichwort. Menschen sehen das Ergebnis ihrer Arbeit (die gemauerte Wand, getätigte Kundengespräche usw.) und sind stolz auf ihre Arbeit und Leistung. Die Gefühle der Selbststeuerung („ich bin der Akteur meines Lebens, sitze in meinem eigenen Cockpit") und Selbstwirksamkeit („ich erlebe, wie meine Handlungen Wirkung zeigen, Früchte tragen") lösen hormonelle Glücksgefühle aus, die selbstverstärkend wirken.

Dagegen sind extrinsisch motivierte Menschen entweder geleitet durch die Aussicht auf konkrete Vorteile oder Belohnungen von außen, wie hohes Gehalt, Aufstieg auf der Karriereleiter oder Aussicht auf zusätzlichen Status. Bei diesen Personen ist das Machtmotiv besonders ausgeprägt. Oder sie richten sich nach den Erwartungen des Umfelds, also von Familie, Freunden oder Vorgesetzten. Eine primäre Quelle der Motivation ist hier das Zugehörigkeitsmotiv. Eine dritte Ausprägung der extrinsischen Motivation liegt vor, wenn Menschen sich die Ziele der Umgebung zu eigen machen, also zum Beispiel wenn ein Manager einen Beitrag zur Umsetzung der Unternehmensstrategie leistet, weil er bei der Verwirklichung der Vision mithelfen will. Hier kommt eine Kombination aus Zugehörigkeits- und Leistungsmotiven zum Zug.

Auf den ersten Blick scheint es nicht so entscheidend, ob die Motivation intrinsisch oder extrinsisch begründet ist. Dies ist ein Trugschluss. Die menschliche Eigenmotivation, ausgelöst durch intrinsische Anreize wie Leistungsethos oder eine hohe Identifikation mit dem Unternehmen, ist eine starke und sehr bedeutsame Kraft. Sie ist durch extrinsische Anreizsetzung in aller Regel nicht zu ersetzen. Dennoch setzen viele Unternehmen darauf, die Motivation ihrer Mitarbeitenden durch explizite Anreize zu verstärken. Die Absicht ist klar: „Es macht Sinn, das vorhandene innere Feuer zusätzlich zu entfachen. Von viel kommt viel. Und selbst wenn es nichts nützt, schadet es auch nicht."

McGregor hat in seinen Arbeiten Menschenbilder erforscht und die Vorstellung von intrinsisch motivierten Personen als „Typ Y", jene von extrinsisch motivierten Personen als „Typ X" bezeichnet. Wenn davon ausgegangen werden kann, dass die meisten Menschen bei der Arbeit intrinsisch motiviert sind, ist dies eigentlich eine fabelhafte Sache für Unternehmen: Ohne dass sie etwas tun müssen, ist generelles Leistungsengagement vorhanden, werden Leistungen erbracht und Ziele erreicht. Allerdings finden sich in der Praxis viele Vorgesetzte, die nicht allein auf die Wirkung dieses selbst verstärkenden Kreislaufs vertrauen wollen. Dafür lassen sich vor allem drei Gründe anführen: Erstens gibt es Vorgesetzte, deren Menschenbild eher dem Typ X entspricht, was Handeln nötig macht. Zweitens sind Chefs oft überzeugt, dass die indi-

 Zentral ist die Eigenmotivation, die auf intrinsischen Anreizen basiert.

viduellen Ziele der Mitarbeitenden von den unternehmerischen Zielen abweichen und es notwendig ist, den Erfüllungsgrad der Firmenziele mit entsprechenden Anreizen zu unterstützen. Drittens ist es vielen Vorgesetzten nicht ganz geheuer, dass unternehmerisch kein Bedarf für Hebel und damit Einflussmöglichkeiten bestehen soll. Dies heißt ja nichts anderes, als dass die Chefs in diesem System wenig Bedeutung haben. Viele Vorgesetzte bevorzugen das Eigenbild des Machers, der aktiv hebelt und steuert, gegenüber dem Bild des Bereitstellers von guten Rahmenbedingungen, der dafür sorgt, dass die Systemwirkung nicht gestört wird. Insgesamt dürfte in der Wirtschaft die Meinung vorherrschen, dass ein Unternehmen gut daran tut, die Eigenmotivation der Mitarbeitenden durch externe Anreize zu unterstützen.

In diesem Sinne ist externe Motivierung meist gut gemeint. Gelingt es dabei tatsächlich, der intrinsischen Motivation zusätzlich unter die Arme zu greifen? Dies ist oft nur kurzfristig der Fall. Empirisch lässt sich zeigen, dass starke extrinsische Anreize zuerst zu einem Disziplinierungseffekt führen, das heißt, die Auftretenswahrscheinlichkeit des gewünschten Verhaltens wird durch das Aussetzen eines zusätzlichen Anreizes (z. B. eine Belohnung) am Anfang erhöht. Dies hat mit der Zeit allerdings seinen Preis: Der zusätzliche Anreiz rückt immer mehr in den Vordergrund und führt zu einem wahrgenommenen Kontrollverlust. Die Sache wird nicht mehr aus eigenem Antrieb und freien Stücken verfolgt, sondern eben auch, weil es von außen gewünscht bzw. verlangt wird.

Der Neurobiologe Gerald Hüther bezeichnet das im Management weit verbreitete Ansinnen, andere Menschen zu motivieren, als „hirntechnischen Unsinn" (Kaduk et al.). Sprenger, der sich umfassend mit der Problematik externer Motivierung beschäftigt hat, beschreibt den oft auftretenden Verdrängungseffekt so: Das „Wollen" wird durch das „Sollen" verdrängt, d. h., die Rationalität der Selbststeuerung wird durch die Rationalität der Fremdsteuerung ersetzt. Zwei Beispiele sollen die Problematik der wahrgenommenen Fremdsteuerung aufzeigen: So werden Blutspenden in den USA bezahlt, in England nicht. Interessanterweise wird mehr Blut in England gespendet! Und 1993 wurde in der Schweizer Gemeinde Wolfenschiessen eine Umfrage durchgeführt zur Frage, ob die Bevölkerung ein Endlager für radioaktive Abfälle akzeptiert. Eine knappe Mehrheit votierte dafür. Als anschließend mit dem Ziel der Erhöhung der Ja-Quote eine jährliche Ausgleichszahlung in Aussicht gestellt wurde, ging die Zustimmung zurück! Beide Beispiele machen deutlich, dass intrinsische Motive, für eine gute Sache persönliche Beiträge zu liefern, durch zusätzliche extrinsische Belohnungen unterlaufen werden können.

Extrinsische Anreize haben Nebenwirkungen.

Ein weiteres Beispiel mag dies verdeutlichen: Nehmen wir an, Sie haben zu einem privaten Abendessen bei Ihnen zu Hause zwei befreundete Paare eingeladen. Das eine Paar bringt als Gastgeschenke Blumen und eine Flasche Wein mit. Der Abend verläuft erfreulich und harmonisch und nach gutem Essen und anregenden Gesprächen verabschiedet sich die Runde ein paar Stunden später. Das andere Paar, das ohne Geschenke gekommen war, überreicht Ihnen als Dankeschön für den schönen Abend beim Gehen 50 Euro. Obwohl das in etwa dem Gegenwert der Geschenke des ersten Paares entspricht und zudem den Vorteil flexibler Verwendungsmöglichkeiten hat, werden die meisten Gastgeber verstimmt reagieren, möglicherweise sogar die Beziehung mit dem betreffenden Paar überprüfen. Warum ist dies der Fall? Eine Einladung zu sich nach Hause ist eine Freundschaftsbekundung und zeugt von intensiven Bindungen. Gerne nimmt man als Dank und Anerkennung für die aufgewendeten Mühen ein Geschenk entgegen, das die intrinsische Motivation, weiterhin in diese Freundschaftsbeziehung zu investieren, nicht beeinträchtigt, im Gegenteil. Ein Geldgeschenk beschädigt allerdings diese intrinsische Motivation, weil sie im Mantel eines kommerziellen Gegengeschäfts daherkommt. Die freundschaftliche Interaktion, die persönliche Beziehung ist zu einem bezahlbaren Austausch degradiert und das „entschädigte" Paar dürfte sich verwundert und enttäuscht fragen: „So also sehen unsere Bekannten unsere Beziehung?"

Firmen, die stark auf extrinsische Anreize setzen, operieren misstrauensbasiert (vgl. Kapitel 2), weil nicht geglaubt wird, dass die Mitarbeitenden von sich aus das Gewünschte unternehmen, und deshalb zusätzlich angereizt werden müssen. Sofern Mitarbeitende dies wahrnehmen, verändert sich oft deren Verhalten: Schleichend richtet sich das Interesse an den externen Anreizen aus, was die intrinsische Motivation unterminiert. Es entsteht das Gefühl der Fremdsteuerung. Mit Goethe gesprochen: *„Man merkt die Absicht, und man ist verstimmt."* Oder aus Sicht des Mitarbeitenden im Falle von monetären Anreizen: „Warum soll ich mein kostbarstes Gut, also Zeit und Loyalität, der Firma zur Verfügung stellen, wenn dabei nur Geld herausspringt?" Mitarbeitende fühlen sich zunehmend als Marionette, welche durch die Firma gelenkt wird. Mit dem Eindruck der Fremdsteuerung gehen intrinsischer Anreiz und Motivation zurück und ein Kompensationsbedarf setzt ein. Dabei entsteht die Gefahr, dass das Reizniveau immer höher gelegt werden muss, da bei den externen Anreizen, im Unterschied zu den internen, ein Gewöhnungs- und Abnützungseffekt greift. Auf den Punkt gebracht: *„Ohne Extra-Cash läuft hier gar nichts"* (Sprenger). Belohnungen motivieren, allerdings nicht zu Leistung, sondern zum Erhalt weiterer Belohnungen.

Nebst dem Verdrängungseffekt der intrinsischen Motivation haben extrinsische Anreize meist weitere, beträchtliche Nebenwirkungen. Zum einen bewirkt die Anreizung, dass sich die dadurch motivierten Personen auf die mit Belohnungen verbundenen Dinge fokussieren. Leistung und Erfolg sind allerdings stark multikausale Konstrukte. Selbst einem sehr raffinierten Anreizkonzept wird es nicht gelingen, alle relevanten Einflussfaktoren zu erfassen. Fast unweigerlich wird mit der Ausrichtung auf die belohnten Variablen eine Abkehr bzw. Vernachlässigung von bisher beachteten relevanten Aspekten einhergehen. Die Konzentration auf die incentivierten Facetten wird oft zu einer Vernachlässigung von ebenfalls wichtigen Erfolgskomponenten führen. Dies musste vor ein paar Jahren ein Schweizer Altersheim erfahren, welches einen Pilotversuch einführte, bei dem der individuelle Monatsbeitrag der Pensionäre durch selbst ausgeführte einfache Arbeiten (wie Bett selber machen, Zimmer putzen usw.) nach einem vordefinierten Punktesystem reduziert werden konnte. Das Programm war sehr erfolgreich. Die Folge davon war ein intensives Punkte sammeln, eine Bonusgier, mit spürbar negativen Folgen für das Zusammenleben in der Gemeinschaft. Viele Insassen stellten alle Aktivitäten ein, die keine Punkte brach-

 Basis extrinsischer Anreize ist eine Misstrauenskultur.

ten, darunter für das Miteinander so wichtige Dinge wie persönliche Anteilnahme, Fragen nach dem Befinden oder Formen der gegenseitigen moralischen und tatkräftigen Unterstützung. Der Pilotversuch wurde sehr schnell wieder eingestellt.

Das Beispiel zeigt zwei weitere Gefahren auf, welche mit extrinsischen Anreizen verbunden sein können: Erstens kann die interne Zusammenarbeit leiden, weil starke Anreize oft mit einem Wettbewerbsmodus verbunden sind und das für eine Unternehmung so wichtige Kooperationsklima (vgl. Kapitel 4) zerstören. Zweitens werden durch Anreize in der Regel einfache, schnelle, quantitative und kurzfristige Aufgaben bevorzugt, weil komplexe, qualitative und lang andauernde Aktivitäten schlecht gemessen und „gemanagt" werden können. Oft sind es aber gerade Letztere, welche über den Erfolg oder Misserfolg entscheiden.

Ein abschließender Punkt spielt gerade in der Wissensökonomie des 21. Jahrhunderts eine besonders wichtige Rolle: Extrinsische Anreize führen zu einer Verengung des Blickfelds, einer Fokussierung auf die Belohnung und einer Abstrahierung von Chancen am Wege. Extrinsisch motivierte Personen schauen weder nach links noch rechts, spielen nicht mehr mit Möglichkeiten, denken unvernetzt, wollen sich nicht mit Ungewöhnlichem befassen. In einer Welt, in der neues Wissen, das Erkennen von Opportunitäten, die Nutzung von günstigen Gelegenheiten, das Herausfiltern von schwachen Signalen eine so wichtige Rolle spielt, ist dies fatal. Extrinsisch angereizte Personen wählen den schnellen Weg, nicht den kreativen. Nur die Neugier und Entdeckerlust von intrinsisch motivierten Menschen kann die Chancen wahrnehmen, die sich in einer komplexen Welt durch „Serendipity" ergeben: die Nutzung von glücklichen Zufällen, das Erkennen von Möglichkeiten, nach denen ursprünglich nicht gesucht wurde. Beispiele wie die Röntgenstrahlung, Penicillin, Post-it, Nylonstrümpfe oder das Silikon machen deutlich, dass die Fähigkeit, günstige Fügungen beherzt wahrzunehmen, ungeahnte Potenziale eröffnet. Dazu braucht es allerdings den weiten Blick von intrinsisch motivierten Personen.

■ 1.3 Anwendung: Problematik von Leistungslöhnen und Boni

In den letzten Jahrzehnten galt ein Leistungslohn („pay-for-performance") weitherum als Inbegriff einer fortschrittlichen Unternehmensführung, gerade auch in der Bankbranche (und hier vor allem bei den Großbanken). Es wurde argumentiert, das Unternehmen habe klare Ziele und richte die Motivation ihrer Mitarbeitenden auf diese aus. Damit käme es zur Verschmelzung von unternehmerischen und individuellen Zielen, was den Zielerreichungsgrad der Firma fördere. Zudem würden die Mitarbeitenden durch ansprechende Boni zusätzlich motiviert, sich speziell für die Firma einzusetzen. Leistungslöhne seien damit Ausdruck einer besonderen Leistungskultur.

Im Zuge dieser Argumentation konnte in vielen Branchen eine Verschiebung der Bedeutung der verschiedenen Lohnbestandteile beobachtet werden: Während der fixe Lohnanteil kleiner wurde, stieg der variable Anteil in Form von Leistungslohnbestandteilen bzw. Boni deutlich an.

Bei Leistungslöhnen wird zu Beginn eines Zeitraums (z. B. eines Jahres) definiert, welche Leistungen zu erbringen sind und wie diese honoriert werden. Am Ende der Periode erfolgt eine Beurteilung, ob die Ziele erreicht wurden. Werden die festgelegten Kriterien erreicht oder sogar übertroffen, wird ein entsprechender Bonus gezahlt. Ist das nicht der Fall und wurden die Ziele nicht erreicht, hat dies negative Konsequenzen von der Ermahnung bis zur Entlassung zur Folge.

Gegen hohe Leistungslöhne aufgrund von spezifischen Kriterien sprechen nebst dem Verdrängungseffekt drei weitere, gewichtige Argumente. Erstens ist es in einer modernen Wirtschaft nahezu unmöglich, zukünftig anfallende Arbeiten so präzise festzulegen, dass die Leistungen genau gemessen werden können (mehr dazu in Abschnitt 2.4). Zweitens ist es nicht so, dass Betroffene diese Leistungskriterien einfach so passiv hinnehmen und ihre Leistungen darauf ausrichten. Vielmehr versuchen sie aktiv, diese Kriterien zu ihren Gunsten zu beeinflussen (also einfach zu erreichende Kriterien festzulegen). Dies ist oft möglich, weil sie sich ja bei ihrer Arbeit besser auskennen als ihre Vorgesetzten. Und drittens wird danach nur gerade jene Arbeit verrichtet, welche Teil des Bonus ist. Alles andere bleibt liegen, weil es nicht zählt. Dazu gehören so essenzielle Dinge wie gegenseitige Anteilnahme und Unterstützung, soziale Anerkennung, Beitrag zu Klima und Kultur.

Seit einigen Jahren zeigen empirische und experimentelle Forschungen – an vorderster Front sind hier die Arbeiten von Osterloh und Frey zu erwähnen – zunehmend deutlich die Nachteile einer starken Incentivierung durch Boni auf. Danach gelingt es externen Anreizen meist nur kurzfristig, das allgemeine Leistungsengagement zu verbessern. Mittel- bis langfristig spielt der Verdrängungs- bzw. Korrumpierungseffekt eine gewichtigere Rolle: Die extrinsische Motivierung erhöht das Gefühl der Fremdsteuerung („man will mich in eine bestimmte Richtung lenken") und untergräbt damit das für die Eigenmotivation zentrale Gefühl der Selbststeuerung.

Erhält eine Person starke monetäre Anreize – beispielsweise die Aussicht auf einen substanziellen Bonus –, entfaltet dieser seine Wirkung als „süßes Gift" (Goethe: *"Nach Golde drängt, am Golde hängt doch alles"*). Zwar ist die Wahrscheinlichkeit groß, dass die Person ihr spezifisches Engagement entlang den definierten Bonikriterien hochschraubt und so auf die entsprechende Zielerreichung hinarbeitet. Gleichzeitig verliert das allgemeine Engagement, das bisher aus Freude, Interesse oder Pflichtgefühl hoch gehalten wurde, dadurch seinen Wert, dass es nicht bonusrelevant ist

Externe Anreize verbessern nur kurzfristig das allgemeine Leistungsengagement.

und damit nicht belohnt wird. Alles, wofür keine Belohnung herausspringt, ist offensichtlich nicht so wichtig für das Unternehmen. Je stärker Menschen geldmäßige Anreize erhalten, desto expliziter stellen sie alle weiteren Bemühungen ein, die sie sonst selbstverständlich für die Firma leisten. Darunter leiden Faktoren wie das Verrichten der betrieblichen Basisarbeit (das, was im Alltag getan werden muss und einfach dazugehört, aber keine Belohnungen abwirft: organisieren, ablegen, strukturieren, kommunizieren, Beziehungen pflegen usw.), das Einbringen von kreativen Ideen, die Unterstützung von Kollegen, die Teamorientierung, das für Unternehmen so wichtige Kooperationsklima.

Zudem bleibt der durch die Fremdsteuerung empfundene Kontrollverlust („meine Firma denkt offensichtlich, ohne Cash würde ich nichts machen, und will mich lenken wie eine Marionette") nicht ohne Folgen: Langsam, aber stetig wird die Eigenmotivation, die reine Lust an der Sache, die Freude an der generellen Leistung durch die Ausrichtung auf Geldentschädigungen vergiftet. Die Gefahr ist größer, wenn es sich beim Berufsprofil um komplexe, anspruchsvolle Tätigkeiten handelt. Hier drohen stärker als bei einfachen, monotonen Funktionen wichtige Leistungsaspekte unter den Tisch zu fallen. Der Verdrängungseffekt wirkt umso stärker, je größer der Leistungslohnanteil ausfällt. Im Investmentbanking ist es beispielsweise keine Seltenheit, dass der Bonus höher ausfällt als der Fixlohn. Man muss sich nicht wundern, dass solchermaßen incentivierte Personen nur noch die Bonuserfüllung im Kopf haben. Ist die Fremdsteuerung sehr stark (z. B. wenn der Bonus deutlich höher als der Fixlohn ist), kann das Gefühl der „Prostitution" entstehen, d. h., man macht etwas gegen den eigenen Willen nur für Geld. „Wenn meine Firma mir so viel dafür bezahlt, kann es nicht in meinem Interesse sei."

Empirisch zeigen zahlreiche Studien, dass variable Lohnbestandteile wie Boni, Aktien- und Optionsprogramme mittlerweile den Unternehmenserfolg schmälern (Rost, Osterloh und Rütsche). Sie verdrängen Tugenden wie Ehrlichkeit und intrinsische Motivation aus den Unternehmen und auch der Gewinn lässt sich damit nicht steigern. Der Verdrängungseffekt ist empirisch gut belegt: Geld statt Sinn rückt in den Vordergrund. Viele Experimente können solche „Crowding-Out"-Wirkungen belegen. Gleichzeitig belohnen Boni Manager für etwas, was für diese selbstverständlich sein sollte: voller Einsatz und höchste Leistung. Boni gleichen einem Dopingsystem, welches intrinsische Selbstbestimmung und -motivation unterläuft und zu Belohnungssucht und immer höheren Reizniveaus führt. Pointiert kann von einer „Drogenszene" (Sprenger) gesprochen werden, welche durch Lohn- und Bonimodelle geschaffen wird. Nach Osterloh sind Boni und Optionsprogramme zu einem untauglichen Vergütungsinstrument geworden, welches wie „alle Mythen der Managementlehre" vorbeigehen wird.

Der aktuelle Stand der Forschung (Osterloh und Frey) zeigt, dass – mit Ausnahme von einfachen Tätigkeiten, die keine Selbstständigkeit und wenig inhaltliches Interesse an der Arbeit aufkommen lassen – noch nie ein kausaler Zusammenhang zwischen variabler Vergütung und Leistung des Managements nachgewiesen werden konnte. Auch der Gewinn lässt sich damit nicht steigern. Dafür führen Leistungslöhne dazu, dass wichtige weiche Faktoren – wie gemeinschaftliches Verhalten und Hilfsbereitschaft – unterbleiben.

1.3 Anwendung: Problematik von Leistungslöhnen und Boni

Beispiel: Berner Kantonalbank

Bankeninterner Vorreiter nicht nur bei der Lohnpolitik, sondern im gesamten Bereich der Corporate Governance ist in der Schweiz die Berner Kantonalbank mit mehr als 1.100 Mitarbeitenden. Sie kennt seit 2002 ein Bonus/Malus-System, welches den Bonus auf die Höhe des Fixgehalts beschränkt. Bei Verlusten muss bis zu 50 Prozent des Fixums wieder zurückbezahlt werden. Seit 2006 darf der höchste Lohn der Geschäftsleitung das 20-fache des niedrigsten Lohns nicht überschreiten. Und die Berner Kantonalbank zahlt keine Abgangsentschädigungen. Ihr haben die strikten Corporate-Governance-Grundsätze nicht geschadet: Seit 2002 hat sie den Vergleichsindex SPI deutlich hinter sich gelassen.

Die größte Schwäche des Leistungslohns ist das zugrunde liegende Menschenbild. Der Mensch wird als „Homo Oeconomicus" gesehen, der primär den eigenen Nutzen mehren will. Neuere Forschungen zeigen allerdings, dass Menschen anders als egoistisch unterwegs sind und Solidarität, Kooperation und Altruismus unser wirtschaftliches Handeln häufig stärker bestimmen als materielle Verheißungen (Fehr, Fischbacher und Gächter). Menschen sind keine Esel, denen eine Rübe vor der Nase genügt. Selbst in der viel zitierten „Schraubenfabrik" – als Sinnbild für einfache, monotone, wenig motivierende Tätigkeiten – gibt es viele Personen, die ihre Arbeit gern machen und stolz auf ihre Leistung sind.

Beispiel: Microchip

Microchip ist ein großer, börsennotierter Halbleiterhersteller aus Arizona mit mehr als sechs Milliarden Dollar Umsatz pro Jahr. Bis vor einigen Jahren wurden die Verkäufer nach Branchenstandards bezahlt: 60 Prozent Basisgehalt, 40 Prozent Provision auf dem individuellen Vertriebserfolg. Das Unternehmen war der Auffassung, die Welt des Verkaufs habe sich geändert und die eigentlichen Aufgaben seien komplexer und weniger gut messbar geworden: Informationen interpretieren statt verteilen; neue Probleme identifizieren und lösen; Erkenntnisse verkaufen statt nur Produkte. Microchip schaffte die Provisionen komplett ab. Die Verkäufer bekamen 90 Prozent ihres Gehalts als Fixum und 10 Prozent als variablen Anteil, der nicht an die eigene Leistung, sondern an Variablen des Unternehmens wie Umsatzwachstum und Gewinn gekoppelt war. Im Ergebnis stieg der Umsatz bei gleichbleibenden Vertriebskosten, während die Fluktuation sank und die Mitarbeiterbindung zunahm. Microchip verzichtet heute nicht nur bei den Vertriebsmitarbeitenden, sondern bei allen, die nicht auf Stundenbasis bezahlt werden, auf individuelle variable Lohnkomponenten, inklusive CEO (Pink).

1.4 Quintessenz

Was lässt sich aus den bisherigen Ausführungen zur intrinsischen und extrinsischen Motivation folgern? Die intrinsische Motivation darf als eines der wertvollsten Assets einer Firma gelten. Hingabe, Initiative und Leidenschaft sind der Garant für Einzigartigkeit und bilden letztlich das Fundament nachhaltiger Wettbewerbsvorteile (Wüthrich). Motivation spendet die Energie für zielgerichtetes Verhalten. Gerade dort, wo Mitarbeitende gerne und andauernd das leisten, was im Sinne des Unternehmens ist, stellt dies eine der relevantesten Erfolgsquellen dar, umso mehr, als man dafür firmenseitig „nichts tun muss". Unternehmen sind gut beraten, sich für die intrinsische Motivation aller Mitarbeitenden zu interessieren und in der Führungsarbeit darauf zu fokussieren, wo die individuellen Interessen der Belegschaft mit den Interessen der Firma zusammenlaufen. Dies setzt ein entsprechendes Menschenbild voraus, und zwar die Überzeugung, dass Menschen von sich aus motiviert sind und sich aus freien Stücken und auch ohne Kontrolle und Überwachung einbringen und einen wesentlichen Beitrag leisten wollen. Hier heißt die unternehmerische Kerndevise: das innere Feuer lodern lassen!

Gleichzeitig muss festgestellt werden, dass sich die menschliche Eigenmotivation beeinflussen lässt, allerdings deutlich leichter in die negative als in die positive Richtung! Der italienische Fußballcoach Trappatoni merkte einmal an, dass ein Trainer im positiven Fall eine Mannschaft vielleicht zehn Prozent besser, im negativen Fall aber leicht 50 Prozent schlechter machen könne. Tatsächlich verfügen Führungskräfte über ein gewaltiges, praktisch unbegrenztes Demotivationspotenzial, während das Potenzial, die bestehende Motivation der Mitarbeitenden zu fördern, sehr überschaubar ist. Gut belegt ist, dass ein großer Teil der Mitarbeitenden, die selbst kündigen, dies wegen Problemen und Unzufriedenheit mit dem Vorgesetzten tun: „Menschen kommen zu Firmen, aber sie verlassen Vorgesetzte." Unternehmen, die dies erkannt haben, orientieren sich hinsichtlich Motivation am Primat: „Demotivation vermeiden!" Dies bedingt eine systemische Sicht auf das Arsenal an Führungsinstrumenten, deren Einsatz wohlüberlegt und dosiert erfolgen sollte. Extrinsische Anreize verdrängen die intrinsische Motivation, verengen das Blickfeld, verstärken das Wettbewerbsklima zulasten der Kooperationsbereitschaft und unterliegen Gewöhnungs- und Abnützungseffekten. Wir tun Dinge, die wir nicht wirklich tun wollen, und entfremden uns dadurch von unserer Tätigkeit. Als Folge der wachsenden Abhängigkeit muss die Latte immer höher gelegt werden.

Ein Unternehmen braucht intrinsisch motivierte Mitarbeiter.

Von besonderem Interesse sind dabei die Lohnanreize. Es lohnt sich, diese im Wissen um die Nachteile von Leistungslöhnen sehr bewusst zu setzen. Das Bezahlen von guten, fixen Löhnen steht im Vordergrund; eine Firma sollte alles tun, damit die Mitarbeitenden den Lohn vergessen (Sprenger). Schwächen Fixlöhne die Leistungsanreize? Dies ist nur bei jenen Mitarbeitenden der Fall, die ausschließlich oder überwiegend

Eigenmotivation lässt sich deutlich leichter in die negative als in die positive Richtung beeinflussen.

monetär motivierbar sind. Auf diese kann eine Firma getrost verzichten. Menschen, die aufgrund des Geldes kommen, gehen auch wieder für (mehr) Geld. Man kann sie leichten Herzens ziehen lassen. Wenn der Markt um die besten Talente spielt, braucht es keine überzogenen Boni mehr, denn die Aussicht auf einen guten Fixlohn ist nebst der unabdingbaren intrinsischen Motivation Anreiz genug. Wenn Firmen transparente, einfache, möglichst für alle Mitarbeitenden einheitliche und nachvollziehbare Vergütungssysteme gestalten, erreichen sie damit ein wichtiges Ziel, und zwar dass das Thema Vergütung in einer Firma eine so wenig prominente Rolle wie möglich spielt.

Kein Verdrängungseffekt entsteht, wenn ein variabler Lohnbestandteil als generelle Gewinnbeteiligung ausgeschüttet wird. Dies bildet die Firma als Leistungs- und Solidargemeinschaft ab und stärkt die Kooperationsbereitschaft.

Beispiel: TRISA

Die TRISA AG aus Triengen/Schweiz ist mit mehr als 1.000 Mitarbeitenden ein weltweit führender Anbieter von Bürstenprodukten in den Bereichen Mund-, Haar- und Körperpflege. Schon sehr früh hat die Trisa ihre Mitarbeitenden am Erfolg beteiligt und alle zu Mitaktionären gemacht. Meilensteine waren:

Seit 1964	Erfolgsbeteiligung für alle Mitarbeitenden
Seit 1968	Soziale Gleichstellung aller Mitarbeitenden
Seit 1972	TRISA-Mitarbeitende werden Aktionäre (30 Prozent des Aktienkapitals sind in den Händen der Belegschaft)
Seit 1973	Paritätisch zusammengesetzter Verwaltungsrat (die Hälfte wird durch Mitarbeitende gestellt)

1.5 Transferportfolio

Nachfolgend werden Maßnahmen skizziert, wie die gewonnenen Erkenntnisse in die unternehmerische Praxis umgesetzt werden können. Sie sollen Führungskräften Ideen liefern für den Transfer in den konkreten Betrieb. Die einzelnen Gedankenanstöße gehen mal weiter, mal weniger weit, um unterschiedlichen situativen Bedingungen gerecht zu werden. Sie sind als Bündel in einem Portfolio von Transfermaßnahmen dargestellt.

→ Viele in der Managementpraxis verbreitete Systeme gehen davon aus, dass sich Menschen nach einem bestimmten System und von außen entwickeln lassen. Bedenken Sie, dass tatsächliche Motivation nur von innen heraus entsteht und nur dann, wenn Menschen das Gefühl haben, ihre Potenziale in die Arbeit einbringen zu können, und dabei Wertschätzung und Beziehung erfahren (vgl. Kapitel 7).

→ Wählen Sie Mitarbeitende sehr sorgfältig aus (zur Personalauswahl vgl. Abschnitt 5.3). Achten Sie dabei insbesondere auf die Interessen, Initiative und Begeisterungsfähigkeit der Bewerbenden. Sind diese persönlich und nachvollziehbar von den Tätigkeiten fasziniert, welche den Hauptumfang der Stelle definieren? Ist ihnen Vertrauen, Loyalität, nachhaltige Entwicklung, persönliches Wachstum wichtiger als monetäre Komponenten?

→ Stellen Sie sicher, dass Ihr Unternehmen eine starke, motivierende Vision aufweist und durch eine sinnstiftende Mission ein attraktives Selbstverständnis ausstrahlt. Dies ist einer der besten Ansätze, die „richtigen" Mitarbeitenden anzuziehen (vgl. zur Sinnstiftung Kapitel 5).

→ Motivation ist die Triebkraft für zielgerichtetes Verhalten. Richten Sie den Fokus stark darauf, die unerschöpfliche Energiequelle der intrinsischen Motivation Ihrer Mitarbeitenden so wenig wie möglich zu beeinträchtigen. Fragen Sie sich: „Was hält meine Mitarbeitenden davon ab, gute Leistungen zu erbringen?" Dies bedeutet, auf Führungsinstrumente zu verzichten, die oft als kontrollierend wahrgenommen werden, wie beispielsweise intensive Leistungsbeurteilung und Überwachung. Setzen Sie auf das Vertrauensprinzip (vgl. Kapitel 2).

→ Machen Sie Ihren Mitarbeitenden klar, dass Sie von deren intrinsischer Motivation ausgehen und sich nicht für die Motivierung zuständig fühlen. Setzen Sie Leistungsbereitschaft voraus und sehen Sie es als Ihre Führungsaufgabe, die Rahmenbedingungen so zu beeinflussen, dass die Eigenmotivation möglichst wenig eingeschränkt wird. Werden Sie vom (vermeintlichen) Motivator zum Demotivationsverhinderer.

→ Delegieren Sie Verantwortung so oft wie möglich und gestalten Sie den Handlungsspielraum der Mitarbeitenden so weit wie möglich. Unterstützen Sie Ihre Mitarbeitenden durch individuelle Beratung und Förderung (vgl. das Führungsverständnis in Abschnitt 3.4).

→ Bieten Sie Ihren Mitarbeitenden individuell auf die Person und Situation abgestimmte Weiterbildungsmöglichkeiten. Intrinsische Personen wollen sich weiterentwickeln und erachten die persönliche Fortbildung als zentral. Nehmen Sie sich genügend Zeit für die individuellen Bedürfnisse und unterstützen Sie maßgeschneiderte, großzügige Lösungen. Betrachten Sie diese als Investitionen in die langfristige Bindung von qualifizierten Personen.

→ Verzichten Sie weitestgehend auf individuelle Leistungslöhne. Bezahlen Sie wenn immer möglich anforderungs-, arbeitsmarkt- und leistungsgerechte Fixlöhne. Diese sollten mindestens so hoch wie der Marktlohn sein, denn ein Lohn signalisiert auch Wertschätzung für den Mitarbeitenden (vgl. Kapitel 7). Der Lohn soll diesen das Gefühl geben, dass ihnen ein gutes Entgelt gewährt wird, aber gleichzeitig von ihnen erwartet wird, dass sie sich entsprechend einsetzen. Fixlöhne erlauben es den Mitarbeitenden, sich auf ihre eigentlichen Aufgaben zu konzentrieren.

→ Fixlöhne sollten leistungsorientiert ausgerichtet werden, d. h., Personen mit wahrgenommenen besseren Leistungen sollten über die Jahre eine steilere Lohnkurve aufweisen als Personen mit diskreteren Ergebnissen. Wichtig ist, Leistung umfassend und ex post zu beurteilen, statt ex ante sehr differenzierte Leistungskriterien aufzustellen. Die Gründe dafür wurden bereits dargelegt: Im zweiten Fall bestehen starke Anreize, auf die Kriterienfindung einzuwirken und alle nicht eng definierten Leistungsaspekte – darunter die essenziellen – in der Folge zu vernachlässigen. Die Beurteilung durch den Vorgesetzten sollte nicht durch Anbindung an vorgängig definierte Kriterien „objektiviert" werden (um die Subjektivität des Vorgesetztenurteils zu mildern), sondern bewusst eine Interpretation und Bewertung des Vorgesetzten enthalten. Diese Führungsaufgabe kann nicht delegiert werden.

→ Mitarbeitende wollen nicht verführt werden, aber am Erfolg des Unternehmens teilhaben. Boni sollten das Unternehmen als Leistungs- und Solidargemeinschaft abbilden, beispielsweise, indem vom dafür reservierten Gewinn alle den gleichen Anteil oder Lohnprozentsatz bekommen. Dies entspricht einer generellen Gewinnbeteiligung für alle Mitarbeitenden, welche jährlich pauschal aufgrund der Gesamtleistung von der obersten Unternehmensleitung festgesetzt wird. Eine Gewinnbeteiligung fördert das Kooperationsklima und die Solidarität der Mitarbeitenden sowie die Bereitschaft, Trittbrettfahrer zur Ordnung zu rufen. Den Kuchen im Nachgang zu verteilen, schafft Zusammengehörigkeit und unterstützt die kollektive Leistungsorientierung.

→ Versuchen Sie, insbesondere bei kritischen Entscheidungen (Einschränkung von Kompetenzen, Verschlechterung von Rahmenbedingungen, Verwarnungen, Kündigungen etc.), das Ausmaß an Demotivation durch korrektes, verständnisvolles und wertschätzendes Verhalten zu begrenzen. Achten Sie bei einschneidenden Maßnahmen darauf, dass die Betroffenen die Möglichkeit haben, ihr Gesicht zu wahren.

→ Trennen Sie sich von Mitarbeitenden, mit deren Leistung Sie wiederholt nicht zufrieden sind. Für beide Parteien ist es meist besser, sich in Frieden zu trennen, statt durch eine zunehmende, beide Seiten demotivierende Engführung die geforderte Leistung doch noch erzwingen zu wollen.

→ Anerkennen Sie besondere Leistungen durch Signalisierung innerhalb der Betriebsgemeinschaft (z. B. durch Auszeichnungen, wie etwa „Mitarbeiterin oder Mitarbeiter oder Team des Monats/Jahres"). Soziale Zugehörigkeit ist ein sehr starkes Motiv. Auszeichnungen erhöhen die soziale Anerkennung durch andere Firmenmitglieder. Wichtig ist die Verleihung in einem festlichen Rahmen und es sollte dabei betont werden, welche Art von Leistung für die Firma von Bedeutung ist. Untersuchungen haben gezeigt, dass dadurch gerade bei eher einfachen, eintönigen Arbeiten die Motivation der ausgezeichneten Personen erhöht werden kann. Gleichzeitig wird die Arbeitsleistung von Mitarbeitenden, die nicht ausgezeichnet werden, nicht beeinträchtigt, sondern eher der Ehrgeiz angestachelt, in Zukunft selbst eine solche Auszeichnung zu erhalten. Außerdem sind die Mitarbeitenden eines Teams in der Regel stolz darauf, wenn eines ihrer Mitglieder ausgezeichnet wird.

1.6 Literatur

Barbuto J. E. und *Scholl R. W.* (1998). Motivation sources inventory: development and validation of new scales to measure an integrative taxonomy of motivation. *Psychological Reports.* Vol. 82 (3), S. 1011–1022.

Fehr E., Fischbacher U. und *Gächter S.* (2002). Strong Reciprocity, Human Cooperation and the Enforcement of Social Norms. *Human Nature* 13, S. 1–15.

Frey B. S. und *Osterloh M.* (2000) Managing Motivation. Wiesbaden: Gabler.

Kaduk S., Osmetz D., Wüthrich H. A. und *Hammer D.* (2013) Musterbrecher. Die Kunst, das Spiel zu drehen. Hamburg: Murmann.

Layard P. R. G. und *Layard R.* (2011). Happiness: Lessons from a new science. London: Penguin UK.

McClelland D. C. (1987). Human motivation. Cambridge.

Osterloh M. und *Frey B. S.* (2013). Plädoyer für mehr Solidarität. Zürich: Handelszeitung.

Pink D. (2012). Weg mit den Provisionen! Harvard Business Manager, September, S. 42–43.

Precht R. D. (2007). Wer bin ich und wenn ja, wie viele? München: Goldmann.

Rost K., Osterloh M. und *Rütsche N.* (2007). Leistungslohn schmälert den Unternehmenserfolg. *Io new management Nr.* 11, S. 8–12.

Schäffer U. und *Weber J.* (2014). Incentivierung – die süsse Droge. *Controlling & Management Review,* 1/2014, S. 3.

Sprenger R. K. (2014). Vom Wollen zum Sollen: Motivation als Sinnzerstörung. *Controlling & Management Review,* 1/2014, S. 8–13.

Sprenger R. K. (2010). Mythos Motivation – Wege aus der Sackgasse. Frankfurt: Campus.

Sprenger R. K. (2007). Das Prinzip Selbstverantwortung. Frankfurt: Campus.

Wüthrich H. (2011). Zutrauen – loslassen – experimentieren. *Zeitschrift Führung + Organisation,* 04/2011, S. 212–219.

2 Vertrauenskultur: alternativlos!

Vertrauen formt nahe Beziehungen – zwischen Liebenden, Freunden, Eltern und Kindern. Vertrauen ist ein intimes, warmherziges Gefühl, das es nur im Zwischenmenschlichen gibt. Am Anfang steht das Urvertrauen des Neugeborenen zu seiner Mutter. Durch ihre Zuwendung erwirbt der Säugling ein Grundvertrauen, das sein Verhältnis zu seiner Umwelt als Erwachsener bestimmt. Neurochemisch spielt dabei das Hormon Oxytocin – bekannt geworden als „Kuschelhormon" – eine zentrale Rolle. Ihm wird zugeschrieben, psychische Zustände wie Liebe oder Vertrauen positiv zu beeinflussen. Personen, denen ein Oxytocin-Nasenspray verabreicht wurde, neigten stärker dazu, ihren Partnern zu vertrauen. Neuroökonomische Studien konnten zeigen, dass für Belohnungen zuständige Gehirnbereiche stimuliert werden, wenn ein Mensch anderen vertraut (Benkler).

In Unternehmen geht es nicht um Urvertrauen, sondern um Vertrauen in einer Zweckgemeinschaft, zwischen Menschen, die sich meist nicht vertieft kennen. Dennoch spielt Vertrauen auch hier eine eminent wichtige Rolle. Vertrauen entsteht durch den bewussten Entscheid für eine Vertrauensgemeinschaft und die korrespondierenden Vorleistungen durch die Führungscrew. Es ist eine hochgradige Kulturleistung, gleichzeitig auch ein Akt betriebswirtschaftlicher Rationalität.

Wie wir gesehen haben, basieren viele extrinsische Anreize auf einem institutionalisierten Misstrauen. Offensichtlich bezweifeln manche Führungskräfte, dass die Mitarbeitenden von sich aus das Gewünschte unternehmen. Wenn Führungspersonen die essenzielle Bedeutung der intrinsischen Motivation für den Unternehmenserfolg erkannt haben, wird sich ihr Führungsverständnis verändern. Um das innere Feuer lodern zu lassen, müssen sie loslassen, Raum geben – und sie müssen fähig sein, zu vertrauen.

Das vorliegende Kapitel will aufzeigen, dass Vertrauen eines der wichtigsten Prinzipien für den Unternehmenserfolg im 21. Jahrhundert darstellt. Und dass es, wie der Titel aussagt, keine echte Alternative dazu gibt. Intelligentere Menschen sind eher bereit, anderen Menschen zu vertrauen. Dies hat möglicherweise damit zu tun, dass kluge Personen über eine bessere Menschenkenntnis verfügen und deshalb sowohl Menschen als auch Situationen adäquater einschätzen können. Vielleicht trifft dies auch auf die systemische Intelligenz von Firmen zu und gescheitere Firmen sind eher willens, auf das Wagnis Vertrauen zu setzen.

In diesem Kapitel wird ebenfalls deutlich, dass eine gelebte Vertrauenskultur ein anderes Verständnis von Führung bedingt. Basis ist der Abschied vom Menschenbild der allwissenden Führungskraft und die Abkehr von Prinzipien aus tayloristischer Zeit: Die zentrale Steuerung von Menschen stellt ebenso eine Beherrschungsillusion dar wie vorausschauendes Planen der Zukunft oder Komplexitätsmanagement. Viele betriebswirtschaftlich wichtige Güter können nicht „gemanagt" werden. Menschen und Organisationen sind nicht steuerbar, nur beeinflussbar. Vertrauen ist dazu eine zentrale Grundkonstante.

2.1 Was ist Vertrauen und wie wirkt sich Misstrauen aus?

Ohne Vertrauen wäre unser Leben unendlich kompliziert. Jeder Austausch, jede Transaktion mit Menschen bedingt ein gewisses Maß an Vertrauen. Wenn wir nicht subjektiv von der Redlichkeit von Personen, der Wahrheit von Aussagen oder der Richtigkeit von Handlungen überzeugt sind, vertrauen wir nicht. Dies setzt Unsicherheit, Risikobehaftetheit voraus. Wer vollkommen sicher ist, braucht nicht zu vertrauen. Vertrauen ist in diesem Sinne auch mehr als Glaube oder Hoffnung, weil es immer einen Unterbau, eine „Vertrauensgrundlage" braucht.

„Vertrauen ist der Wille, sich verletzlich zu zeigen" (Osterloh und Weibel). Das Risiko besteht, dass man in solchen Situationen verlieren kann. Der andere hat Handlungsspielräume und ich weiß nicht, wie er wählen wird. Dazu kenne ich ihn zu wenig genau. Die risikoreiche Situation stellt mich vor die Wahl, zu misstrauen oder zu vertrauen. Man exponiert sich also bewusst. Vertrauensgrundlage ist die positive Erwartung, dass der andere die Situation nicht zu meinem Schaden ausnutzen wird. Ich gehe also davon aus, dass der andere wohlwollend und integer bzw. vertrauenswürdig ist. Weil ich erwarte, dass mein kooperatives Handeln nicht ausgebeutet wird, verzichte ich auf (weitgehende) Kontrolle. Vertrauen stellt also eine Vorleistung dar mit dem Ziel, Kooperationsbeziehungen effizient, kostensparend, schnell und erfreulich zu gestalten.

Châteauform

Bei Châteauform heißt einer der definierten sieben Kernwerte „Loyalität und Ehrlichkeit". Damit dieses Verhalten unterstützt wird, geht das Unternehmen in Vorleistung und erbringt einen Vertrauensvorschuss: Die Standorte dürfen die Kundenzufriedenheitsbefragungen – auf denen der Teambonus beruht – selber durchführen. Die Geschäftsleitung gibt den Leitungspaaren auch die volle Kontrolle über ihren Etat: Was als Jahresbudget definiert wurde, kann durch das Leitungspaar nach Belieben eingesetzt werden.

- Es ist wichtig, Vertrauen und Misstrauen nicht als ausschließende Kategorien eines „Entweder-Oder" zu sehen. Es gibt nicht einfach ein umfassendes Vertrauen oder ein absolutes Misstrauen. In der Geschäftswelt, in der Beziehungen selten entweder als total vertraut oder vollkommen fremd zu taxieren sind, macht es Sinn, von einem Kontinuum von Vertrauen und Misstrauen auszugehen. Gerade in dieser Umgebung sollte Vertrauen nicht blind sein. Entsprechend besteht auch ein komplementäres Verhältnis von Vertrauen und Kontrolle. Nicht jede Kontrolle untergräbt Vertrauen. *„Kontrolle kann auch Vertrauen sichern"* (Sprenger). Je größer das Vertrauen, desto mehr hat die Kontrolle vertrauenssichernde Funktion, ist informatorisch, unterstützend ausgelegt. Je größer das Misstrauen, desto eher wird Kontrolle einengend, gängelnd.

Die Schwelle, ab der man Kontrolle negativ erlebt, hängt von Personen, Firmen und Situationen ab. Es ist die große Herausforderung zweckmäßiger Führung, hier das richtige, vertrauenserhaltende Maß zu finden.

In der Praxis lassen sich viele Formen latenten oder expliziten Misstrauens finden. Zeichen von stärker am Misstrauen orientierten Kulturen sind beispielsweise:

- Präsenzpflicht, Arbeitszeiterfassung und -kontrolle,
- anonyme Befragungen,
- permanente schriftliche Absicherungen (Aktennotizen usw.),
- intensiv gelebte cc-Mailkultur,
- ausufernde Meetings zu fix vordefinierten Zeitfenstern,
- viele Regeln, Richtlinien, Manuale, Kontrollen, Organisationshandbücher usw.,
- ausgeprägte Bürokratie, starke Leistungskontrollen,
- häufig notwendige Rückfragen, Absprachen und Verhandlungen,
- verbreitete Auditkultur (unabhängige Kontrolle).

Ein Beispiel mag eine misstrauensorientierte Kultur verdeutlichen: Vor wenigen Jahren führte eine Schweizer Großbank einen 44-seitigen Dresscode für Privatkundenberater ein. Dabei wurde eine bis ins letzte Detail vorgegebene Kleiderordnung aufgestellt, inklusive maximale Anzahl der Schmuckstücke (für Frauen sieben plus Ehering, für Männer drei), Rocklänge (Mitte des Knies bis zu fünf Zentimeter darunter), Sockenmuster (keines), Farbe der Schnürschuhe (schwarz) samt Sohlenmaterial (Leder), Parfümapplikation (am Morgen direkt nach der heißen Dusche) und vieles mehr. Auch wenn die Ordnung – nachdem sie unerwartet hohe öffentliche Wellen warf – bald wieder zurückgenommen wurde, zeigt das Beispiel eine deutliche Misstrauenskultur auf: Offensichtlich kann Kundenberatern kein adäquater Außenauftritt zugetraut bzw. darauf vertraut werden, dass die filialinterne Selbstregulierung erfolgt.

Bewusst oder unbewusst neigen manche Firmenkulturen dazu, das Risiko des Vertrauens als hoch einzustufen. Gern wird dabei vergessen, dass auch Misstrauen ein Risiko birgt, meist ein beträchtliches. Eine verbreitete gegenseitige Misstrauenskultur ist lähmend und führt in letzter Konsequenz zum Rückzug von der Firma und der eigenen Arbeit. Ausgeprägtes Misstrauen ist ineffizient, weil die Kontrollmaßnahmen Zeit und Kosten verursachen und nicht wertschöpfend sind. Letztlich kann das Gewünschte nicht erreicht werden: dass sich Mitarbeitende im Sinne des Unternehmens verhalten.

Vertrauen und Misstrauen sind keine sich gegenseitig ausschließende Kategorien.

Bereits McGregor stellte mit der Theorie X fest, dass Misstrauen selbstbestätigend und selbstverstärkend ist. Wer als Vorgesetzter aus irgendeinem Grund misstrauisch ist, wird die „Zügel anziehen": Beobachtung, Steuerung und Kontrolle werden intensiviert. Überwachung und andere Sicherungsmaßnahmen kommen stärker zum Zug, Regeln werden verschärft. Der Mitarbeitende wird dies als Vertrauensentzug erleben. Die gefühlte geringere Wertschätzung bewirkt eine innere Enttäuschung: „So denkt er also über mich." Dies verunsichert, beeinträchtigt das eigene Selbstbild und verletzt. Die Verletzung ruft nach einer Vergeltung: Das Mitarbeitervertrauen leidet, das Wohlwollen gegenüber dem Chef verringert sich. Die Vertrautheit im gegenseitigen Umgang schwindet, man ist mehr auf der Hut. Äußerungen der Gegenseite werden negativer interpretiert, nicht mehr in der warmen Geborgenheit des Einander-gut-meinens. Der Mitarbeitende fühlt sich weniger verpflichtet, seine innere Motivation sinkt. Da er die Kontrollen und Überwachungen als ungerecht empfindet, fühlt er sich zu unkooperativem Verhalten geradezu ermutigt, da *„die inneren psychologischen Kosten eines schlechten Gewissens entfallen"* (Sprenger). Die subjektive Beziehungsbilanz gerät immer mehr in Schieflage, die Bemühungen, das ehemals in ihn gesetzte Vertrauen zu rechtfertigen, werden reduziert. Anstrengung und Arbeitsmoral gehen zurück. Der Vorgesetzte, in seiner Einschätzung bestätigt, zurrt das Netz der Kontroll- und Steuerungsmaßnahmen fester. Die Eskalation des gegenseitigen Misstrauens ist nicht mehr aufzuhalten, teilweise bis zum völligen Zusammenbruch der Vertrauensbeziehung. Bleibt die Arbeitsbeziehung bestehen, zieht sich der Mitarbeitende ins innere Exil zurück und leistet Dienst nach Vorschrift. Engagement und Leistung werden auf das minimal notwendige Niveau zurückgefahren. Gleichzeitig lässt sich oft eine enorme Zunahme der Kreativität feststellen, die Kontrollen möglichst wirkungsvoll zu umgehen. Das passiert in der Regel ohne Unrechtsbewusstsein, ja, es wird als legitime Reaktion auf den Entzug des Wohlwollens gesehen, als Grundrecht der Selbstverteidigung, mithin Notwehr.

Auch wenn das „Race-to-the-Bottom" nicht immer wie eben skizziert bis zum bitteren Ende führt (wobei ein Aufrechterhalten der Arbeitsbeziehung oft belastender als eine meist für beide Seiten befreiende Kündigung ist), sind verstärktes Misstrauen und entsprechende Maßnahmen sehr häufig mit einer deutlichen Verschlechterung von Beziehung und Zusammenarbeitsklima verbunden. Können wenigstens die mit der verstärkten Kontrolle gesetzten Ziele erreicht werden, also gelingt es, den Mitarbeitenden zu dem zu bewegen, was der Vorgesetzte will? Mannigfaltige Erfahrungen lassen daran zweifeln. In diesem Sinne müssen Vorgesetzte davon ausgehen, dass jede zusätzliche Regel, jede vermehrte Kontrolle neue Systemumgehungsintelligenz erzeugt, insbesondere, wenn der zugrunde liegende Sinn nicht offensichtlich ist. Menschen lassen sich bei fehlender Einsicht kaum ein bestimmtes Verhalten aufzwingen, selbst wenn sie dazu in der Lage wären. Dies ist umso mehr der Fall, wenn es sich um Wissensarbeiter handelt, deren Engagement und Ergebnisse schwer zu überwachen und zu beurteilen sind. Fazit ist: So nachvollziehbar der menschliche Misstrauensimpuls bei wahrgenommenem Vertrauensmissbrauch ist, so zweifelhaft fällt die Erfolgsbilanz aus. Misstrauen ist eine selbst erfüllende Prophezeiung. Deshalb werden auch misstrauische Vorgesetzte immer erleben, dass Mitarbeitende das Misstrauen durch ihr Verhalten mit der Zeit rechtfertigen. Die Tür zum Fahrstuhl nach unten ist geöffnet.

 Misstrauen ist selbstbestätigend und selbstverstärkend.

2.2 Was bewirkt Vertrauen?

Nicht nur Misstrauen, auch Vertrauen hat die Tendenz, sich im sozialen Miteinander zu bestätigen. Dies führt zur Frage, wie sich Vertrauen auswirkt. Vertrauen hat viele positive Facetten, beispielsweise ermöglicht es:

- effizientes Handeln ohne permanente Absicherung (cc-Mails, Verträge usw.),
- schnelle Entscheidungsfindung durch Reduktion der Komplexität,
- Mut zu Originalität und Querdenken in einem Klima der Risikobereitschaft,
- unkomplizierte Handschlag-Abmachungen,
- Fehler, die offen zugegeben und schnell behoben werden,
- intensive Zusammenarbeit dank einer Atmosphäre der breiten Informationsverfügbarkeit,
- aufgeräumtes, angstfreies Klima,
- weitgehende Entfaltung der intrinsischen Mitarbeitermotivation.

Die meisten Punkte dürften intuitiv nachvollziehbar sein. Nachfolgend werden exemplarisch einzelne Auswirkungen ausgeführt.

In der Wissensökonomie des 21. Jahrhunderts ist Schnelligkeit ein zentrales Asset. Vertrauen macht ein Unternehmen schnell, Misstrauen lähmt. Mitarbeitende, die nicht permanent darüber nachdenken müssen, ob sie mit ihrem Handeln bestehende Regeln und Vorgaben verletzen, handeln schneller und entschiedener. Sie brauchen kein Handbuch, keine Stellenbeschreibung und keine Leistungsvereinbarung zu konsultieren. Personen, die an der Front im direkten Kundenkontakt stehen und über umfassende, vertrauensbedingte Handlungskompetenz verfügen (vgl. Abschnitt 3.2), müssen nicht jeden Schritt ihres Handelns dreifach absegnen lassen.

Beispiel: Raiffeisen

Die genossenschaftlich organisierten Raiffeisenbanken sind in der Schweiz mehrheitlich selbstständige, lokal verankerte Geschäftseinheiten. Bei Hypothekarkreditbegehren sind die Kreditexperten der einzelnen Bank vor Ort direkt handlungsfähig, im Unterschied zu den Kundenberatern der Großbanken, die oft die rückwärtigen Kreditspezialisten einbeziehen müssen. Diese Konstellation verschafft den autonomen Raiffeisenbanken immer wieder Schnelligkeitsvorteile.

Kreativität, Initiative und Innovation gehören zu den gesuchtesten Ergebnissen unternehmerischer Tätigkeit. Dazu sind fast immer Zusammenarbeitsprozesse notwendig, wird geteiltes Wissen benötigt. In der Informationsgesellschaft und bei schnellen Märkten braucht es für die Koordination von Menschen in Unternehmen Vertrauen, da Kooperationsbereitschaft nicht zu „managen" ist. Menschen teilen ihre Ideen nur dann, wenn ihnen daraus keine Nachteile entstehen. Wichtig sind ein weitgehender Verzicht auf Rechtfertigung und Kontrolle sowie die Akzeptanz von Nonkonformität („Querdenken"), dies bedingt Freiräume und Vertrauen. Loyalität und Vertrauen kann man nicht kaufen, es sind Produkte emotionaler Prozesse und Vorleistungen der Vorgesetzten. Fragil wie der Flügel eines Schmetterlings, gehören sie im Wissenszeitalter zu den wichtigsten Aktiven einer Firma. Kreative, innovative Arbeit entspringt einem unsicheren Prozess und setzt Risikobereitschaft und eine intakte Fehlerkultur in einer Atmosphäre des Wohlmeinens voraus.

Genauso wie Misstrauen, ist auch Vertrauen selbstverstärkend. In einem Vertrauensklima blühen Menschen auf, sie fühlen sich bestärkt, wagen Risiko und übernehmen Verantwortung. Nach dem Gesetz der Reziprozität (Geben und Nehmen, Ausgleich von Geschenken) verpflichtet eine Vertrauensvorleistung zur entsprechenden Gegenleistung, und zwar sich als vertrauenswürdig zu erweisen. *„Wie durch Geschenke kann man auch durch Vertrauensbeweise fesseln"* (Luhmann, zit. nach Sprenger).

Auch Vertrauen ist selbstbestätigend und selbstverstärkend.

Vertrauen kann so eine Vertrauensspirale in Gang bringen. Studien zur selbsterfüllenden Prophezeiung zeigen: Menschen, die als vertrauenswürdig behandelt werden, tendieren zu vertrauenswürdigem Verhalten (Sprenger). Das Schöne ist also: Vertrauen kommt zurück. „Eigenverantwortung und Zutrauen adeln den Menschen", heißt es zu Recht.

Insgesamt zeigen Studien, dass gegenseitiges Vertrauen einen empirisch bestätigten positiven Einfluss auf die Arbeitsleistung hat (Brower et al.). Es senkt die Kontroll- und Transaktionskosten, macht effizient, innovativ, flexibel und schnell. Und ein Vertrauensklima ist angenehm, generiert Spaß und Freude. Vertrauen ist so gesehen ein wichtiges Schmiermittel für funktionsfähige soziale Systeme.

Beispiel: Star

Die Star AG ist eine Schweizer Unternehmensgruppe im Kanton Schaffhausen, die auf technische Dokumentation und Softwareentwicklung in diesem Bereich spezialisiert ist. Das Unternehmen verfügt über 43 Niederlassungen in 30 Ländern und beschäftigt rund 800 Mitarbeitende. Der CEO, Josef Zibung, setzt auf eine dezidierte Kooperations- und Vertrauenskultur. Um die Akzeptanz der Geschäftsleitungsentscheidungen zu verbessern und die Umsetzung zu fördern, kennt Star Mehrheitsentscheidungen in der Geschäftsleitung. Der CEO, obwohl Hauptaktionär der Firma und mit entsprechenden Machtmitteln ausgestattet, ist bereit, sich bei Abstimmungen einer Mehrheit der Geschäftsleitung zu beugen. Dies ist Ausdruck ausgeprägten Vertrauens in die Führungscrew.

2.3 Vertrauen bedingt ein entsprechendes Führungsverständnis

Die Etablierung einer Vertrauenskultur erfordert eine explizite und wahrnehmbare Vorleistung des Vorgesetzten. Notwendig ist ein bewusster Entscheid zum Vertrauen. Dies ist der erste und wichtigste Schritt, um zu einer vertrauensvolleren Person zu werden. Wer Vertrauen will, muss vorausgehen und Vertrauen anbieten. Dabei muss die Spannung zwischen Vertrauenserwartung und Verratsmöglichkeit ausgehalten werden: Vertrauen kann und wird auch immer wieder missbraucht werden. Vorgesetzte, die den Schritt wagen, setzen auf „Dennoch-Vertrauen" (Sprenger). Letztlich bedingt der Mut zur Vertrauenskultur ein intaktes Selbstvertrauen.

Wer dazu bereit ist, muss den ersten Schritt wagen und sich exponieren, also sich verwundbar machen. Dazu genügt es nicht, die Vertrauensbereitschaft der Belegschaft zu adressieren. „Vertrauen Sie mir!" ist ein nutzloser, ja kontraproduktiver Appell.

Beispiel: Hammerschmid Maschinenbau

Der Ende der 1990er-Jahre gegründete oberösterreichische Maschinenbauer wurde einer breiteren Öffentlichkeit mit Johammer bekannt, dem ersten Elektro-Serienmotorrad mit 200 Kilometern Reichweite, außergewöhnlichem Design und kompletter Rezyklierbarkeit.
Dieses ehrgeizige Projekt wurde mit gerade mal 30 Mitarbeitern umgesetzt, was eine spezielle Unternehmenskultur voraussetzt. Diese basiert zuallererst auf Vertrauen: Es gibt im Unternehmen keine starren Regeln, wenig Strukturen und kaum Hierarchien. An deren Stelle tritt die Freiheit, das zu tun, was einen am meisten interessiert, und sich selbst zu überlegen, welches Verhalten im Arbeitsalltag sinnvoll ist. Schon 15-jährige Lehrlinge dürfen hier mehr als andernorts gestandene Techniker: Allen wird vom ersten Arbeitstag an alles zugetraut. Mitarbeitende dürfen ausprobieren, Fehler machen, scheitern, es erneut probieren – bis sie ein Gespür entwickeln. Die Bedeutung der eigenverantwortlichen Mitarbeitenden ist auch auf der Webseite zu sehen: Wo andere höchstens ein Foto des Geschäftsführers zeigen, bildet Hammerschmid jeden einzelnen Techniker, jeden Lehrling und jede Köchin ab, mit Telefonnummer und Mail-Adresse.
Als 2008 der Gründer Hans Hammerschmid die Unternehmensführung an zwei junge Mitarbeitende übergab, berichteten diese, er habe sie mit „*Vertrauen überschüttet, sie Sachen machen lassen, die andere Chefs niemals aus der Hand geben würden*" (Braun und Domke).

Sich selbst verwundbar machen bedeutet, den impliziten zulasten des expliziten Vertrags zu erweitern. Der explizite Vertrag umfasst Regelungen (wie Arbeitsverträge, Ziel- bzw. Leistungsvereinbarungen usw.), die nie alles festsetzen können, sondern immer Unvollkommenheiten und Ermessensspielräume enthalten. Der implizite Vertrag lautet in etwa wie folgt: Der Mitarbeitende tut, was vereinbart wurde bzw. erwartet wird, und gibt sein Bestes. Der Vorgesetzte verzichtet auf explizite Kontroll- und Steuerungsmaßnahmen. Jeder verhält sich dem „Geist" des expliziten Vertrags entsprechend. Statt diesen noch weiter und stärker zu regulieren (jede neue Regel erzeugt zusätzlichen Regelungsbedarf), kann in einer Vertrauenskultur der Inhalt des impliziten Vertrags erhöht werden. Es wird auf Kontroll- und Überwachungsmaßnahmen verzichtet, Regeln werden gelockert, der Ermessensspielraum wird erhöht, die Aufgaben werden erweitert. Der Mitarbeitende erhält mehr Freiräume und Verantwortung, die zwar das Risiko eines Vertrauensmissbrauchs erhöhen, gleichzeitig aber durch die Vertrauensvorleistung im positiven Sinne verpflichten. Im besseren Fall wird das Vertrauen bestätigt und die Vertrauensspirale kann sich weiter nach oben drehen, durch weitere Ausdehnung des impliziten Vertrags. Der Engelskreis entfaltet seine Segenswirkung.

 Beispiel: Netflix

Der US-Filmverleiher Netflix wurde 1997 in Kalifornien gegründet und funktionierte zuerst als Online-Videothek. 2007 erfolgte der Einstieg ins Video-on-Demand-Geschäft. Dabei werden Filme an Abonnenten über das Internet gestreamt. 2011 startete Netflix mit der Eigenproduktion von Fernsehserien, darunter die Polit-Thriller-Serie „House of Cards". Seit 2012 expandiert das Unternehmen nach Europa. In den USA belegt es mit ca. 30 Prozent aktuell den größten Anteil am Internetverkehr, deutlich mehr als YouTube. Das Unternehmen beschäftigt über 2.000 Mitarbeitende.

Ein zentraler Grundsatz von Netflix lautet, mit den Mitarbeitenden ehrlich zu sein und diese wie Erwachsene zu behandeln. 97 Prozent würden dann das Richtige tun. Dies sei viel gescheiter als wie zahlreiche andere Unternehmen endlos viele Regeln und Vorgaben aufzustellen, nur wegen der Probleme, welche die restlichen drei Prozent verursachen. So verabschiedete sich Netflix unter anderem von formellen Richtlinien für Reisen und Spesen und setzt auf erwachsenes Verhalten und gesunden Menschenverstand. Die Spesenrichtlinie des Unternehmens umfasst deshalb nur fünf Wörter: *„Handeln Sie in Netflix' Interesse"*. Die Verantwortung wird damit zu den direkten Vorgesetzten verlagert und diese machen die Erfahrung, dass die meisten Mitarbeitenden sehr gut mit dieser Ausweitung des impliziten Vertrags umgehen können und Fehlverhalten selten ist bzw. meist mit einem einfachen Gespräch korrigiert werden kann (McCord).

Der schlechtere Fall, Vertrauensbruch, kommt einem Bruch des impliziten Vertrags gleich. Die Forschung gibt eine klare Antwort, welches der richtige Umgang damit ist: „Tit for Tat" („Wie du mir, so ich dir"). Die Spieltheorie liefert empirische Evidenz, dass die langfristig erzielbaren Kooperationsgewinne unter Vertrauensbedingungen höher sind als unter Misstrauensbedingungen (Axelrod). Bei einem Vertrauensbruch stellt der Vorgesetzte ebenfalls die Kooperation ein, und zwar entschieden und klar. Das Fehlverhalten wird offen thematisiert und besprochen. Hier ist besonders aktive Wahrhaftigkeit gefragt, im Sinne einer authentischen, ungeschminkten Kommunikation, in der nichts verschwiegen wird und die Dinge auf den Tisch kommen. Das wahrgenommene Fehlverhalten wird direkt angesprochen, nicht um den heißen Brei herum, gleichzeitig aus der Sicht subjektiver Wahrnehmung und nicht als Anklage. Eine Vorverurteilung muss unterbleiben. Mancher „Fehler" stellt sich als Missverständnis, Kommunikationsproblem oder Wissensdefizit heraus und der wahrgenommene Vertrauensmissbrauch im Lichte zweier Perspektiven schrumpft zu einer einfach zu behebenden Störung. Ist dies nicht der Fall und auch nach der Klärung bleibt die Wahrnehmung eines Vertrauensbruchs, ist eine Sanktionierung unumgänglich. Diese muss sofort erfolgen und spürbare Folgen haben. Das Signal ist klar: Vertrauensbruch darf sich nicht lohnen. Ein unkooperativer Mitspieler muss – eine Zeitlang – für sein Verhalten bezahlen. Nur so kommt die Beziehungsbilanz wieder ins Gleichgewicht.

Wichtig ist gleichzeitig die Ergänzung zur „Wie du mir"-Regel: Nach einer angemessenen Zeit bietet der Vorgesetzte wiederum Vertrauen an. Dies schafft die Möglichkeit, sein Vertrauen wieder zurückzugewinnen und den ersten Vertrauensbruch „gutzumachen". Die nächste Chance stellt die Opportunität dar, aus der gemachten Erfahrung zu lernen.

Kooperationsgewinne sind unter Vertrauensbedingungen höher als unter Misstrauensbedingungen.

Bei mehrmaligem Fehlverhalten allerdings muss eine andere Lösung gefunden werden. Oft ist dies die Trennung von fehlbaren Mitarbeitenden. Dies mag hart erscheinen, ist aber in einem Vertrauenssystem unumgänglich, in dem das uneingeschränkte Funktionieren von Kooperation so wichtig ist und in dem es sich nicht lohnt, für wenige, die Vertrauen missbrauchen, die Freiräume von vielen einzuschränken. Die sinnvolle Handlungsmaxime lautet: Wenn Sie mit jemandem zusammenarbeiten, sollten Sie ihm vertrauen. Wenn Sie ihm aber nicht vertrauen, sollten Sie besser nicht mit ihm zusammenarbeiten (Sprenger).

Châteauform

Bei Châteauform ist man sich bewusst, dass es sehr lange dauert, eine wertebasierte Unternehmenskultur aufzubauen. Gleichzeitig kann diese sehr schnell beeinträchtigt werden. Der Gründer Jacques Horovitz sieht die Werteübereinstimmung als zentrales Kriterium bei der Personalbeurteilung: *„Wenn Mitarbeiter unsere Werte nicht teilen, trennen wir uns von ihnen – selbst wenn sie hervorragende Ergebnisse abliefern."*

2.4 Anwendung: Leistungsvereinbarung und -beurteilung

Zu den Managementüberzeugungen, die sich praktisch weltweit durchgesetzt haben, gehört das Axiom des „Management by Objectives". Eine zentrale Ausprägung stellt die Praxis der wiederkehrenden, jährlich oder sogar unterjährig stattfindenden Leistungs- bzw. Zielvereinbarungen dar – die Begriffe werden hier synonym verwendet. Warum wird das Instrument so flächendeckend eingesetzt? Sicher, weil es praktisch ist. Es schützt beide Seiten vor Willkür und Beliebigkeit und schafft Verbindlichkeit und Disziplin. Aus Vorgesetztensicht kann man – mindestens auf den ersten Blick – gut eine Steuerungsfunktion entfalten. Letztlich geht es ja darum, Menschen dazu zu bringen, das zu tun, was dem Unternehmen nützt. Damit wird auch klar, dass Leistungsvereinbarungen per se ein Grundmisstrauen spiegeln. Man hat sie eingeführt, als der Überblick über Leistungen schwierig wurde, kein Sichtkontakt mehr bestand, die Kontrolle des Einsatzes nicht mehr offensichtlich geschah. Deshalb haftet dem Instrument eine grundsätzliche Ambivalenz an – es kann nützlich sein, weist aber ein „Gschmäckle" der Machtausübung von oben nach unten auf – und es kommt auf die gelebte Praxis an, ob sein Einsatz als Ausdruck gelebten Vertrauens interpretiert wird oder aber ausgeprägtes Misstrauen signalisiert.

Die größten Probleme und Stolpersteine beim Einsatz von Ziel- bzw. Leistungsvereinbarungen sind die detaillierte Planung von Zielen, das Vorgeben der Ziele und die Verknüpfung der Zielerreichung mit extrinsischen Anreizen:

- *Ziele werden ausdetailliert.*
Bei der weit verbreiteten Praxis der „klassischen" Leistungsvereinbarungen bemüht man sich um Differenziertheit und Präzision. Mit den besten Absichten wird die angestrebte Leistung sehr detailliert in viele einzelne Facetten heruntergebrochen und mittels aussagekräftiger Zielwerte operationalisiert („man kann dann genauer messen und differenziert beurteilen"). Vermeintlich lässt sich so Leistung sauber feststellen. Allerdings sind mit dieser Praxis gleich mehrere Probleme verbunden. Die wichtigsten drei sind:
  - Ziele sind stets Abstraktionen von umfassenderen Unternehmenszwecken. Je stärker die Ziele präzisiert, eng gefasst und operationalisiert werden, desto eher verlieren sie die dahinterliegende ganzheitliche Absicht. Für einen Verkäufer ist dies beispielsweise Verkaufserfolg. Wird dieser Zweck zur besseren Überprüfung dann in der Leistungsvereinbarung als Verkaufsvolumenziel definiert, bestehen Anreize der kurzfristigen Maximierung durch Preisnachlässe, welche dem eigentlichen Verkaufserfolg der Firma zuwiderlaufen. Atomisierte Ziele verengen die ganzheitliche Wahrnehmung von Leistung, geben Anreiz zu kurzfristigem Aktionismus und bergen daher die Gefahr von „Scheuklappen" in sich (Pfläging).
  - Eine möglichst quantifizierte Messung erzeugt eine Illusion von Kontrolle und Objektivität. Im Zeitalter einer breit etablierten Controlling-Kultur wird in vielen Unternehmen einem Mess- und Zahlenfetischismus gehuldigt, der sich verselbst-

ständigt und von der ursprünglichen Absicht weit entfernt hat. Statt angemessener Orientierung an einem zentralen Indikatorenkranz ergibt sich im Dschungel historisch gewachsener, oft nicht miteinander verknüpfter Kennzahlensets eine veritable Paralyse durch Analyse. Dies wird bis auf die Ebene der einzelnen Leistungsbeurteilung durchgezogen, in den meisten Fällen ohne konzeptionelle Verbindung und Abstimmung der verschiedenen Kennzahlen von der obersten Leitungsebene bis hinunter zu den Mitarbeitenden an der Front. Zwar gaukeln numerische Messwerte Genauigkeit und Objektivität vor, sie können aber niemals das subjektive Urteil im Einzelfall ersetzen. Wie ist beispielsweise eine fünfprozentige Übertreffung eines Absatzziels zu interpretieren, wenn der Gesamtmarkt um sieben und der wichtigste Konkurrent um zehn Prozent zugelegt haben?

- Die flächendeckende Praxis ausdifferenzierter Leistungszielsetzung und -messung ist für alle Beteiligten mit hohem Aufwand verbunden, zeitraubend und teuer. Die Energie wird für „Management" aufgewendet statt Wertschöpfung im Dienste des Kunden.

Ziele sollen Richtung geben und Energien bündeln. Holistisch betrachtet ist Leistung zu vielfältig und facettenreich, als dass sie sich über ein Bündel von einzeln heruntergebrochenen Detailzielen abbilden ließe. Leistung hat nebst quantitativen auch qualitative Aspekte und ist zu einem substanziellen Umfang nicht adäquat messbar. Das Ganze ist mehr als die Summe seiner Einzelteile. Leistung ist ein hochgradig aggregiertes und multidimensionales Konstrukt, gerade im sozialen Kontext einer Unternehmung. Beispiele für hochkomplexe Kernzwecke von Unternehmen sind Phänomene wie Qualität, Kundennähe, Mitarbeiterzufriedenheit oder Innovationsstärke. Sie alle sind kaum adäquat auf der Ebene individueller Zielerfüllung messbar. Außerdem zeigt die neuere Hirnforschung, dass das neuronale Belohnungsnetzwerk positiver auf weniger präzise formulierte Zielvorgaben zu reagieren scheint, weil diese Neugier und Flexibilität im Denken eher bewahren als sehr differenzierte Leistungsziele (Waytz und Mason).

- *Ziele werden vorgegeben statt ausgehandelt.*
Leistungsvereinbarung steht zwar auf der Etikette des Instruments, de facto entpuppt es sich in der gelebten Praxis allerdings häufig als hierarchische Vorgabe von Zielen. Statt einer echten Vereinbarung im fairen und Commitment und Verbindlichkeit erzeugenden Dialog werden Ziele oft vom Vorgesetzten diktiert. Diese Unsitte hat in den letzten Jahren erkennbar zugenommen. Die Auswirkungen liegen auf der Hand: Die vorgegebenen Ziele werden als Fremdsteuerung wahrgenommen. Dahinter steht keine echte Akzeptanz. Die Potenziale der intrinsischen Motivation bleiben unberührt, es geht nur um „Sollen", „Wollen" ist nicht im Spiel.

- *Die Zielerreichung wird mit extrinsischen Anreizen verknüpft.*
Die Leistungserfüllung sollte nicht mit vorgängig fixierten Anreizen verbunden werden! („Tust du dies, dann bekommst du das.") Dies signalisiert Misstrauen („ohne Aussicht auf Belohnung würde sich der Mitarbeitende nicht reinhängen"). Zudem werden die Kriterien- und Belohnungsaushandlung zum Basar und die Beurteilung der Leistungserfüllung zum verminten Gelände. Werden Ziele mit Mechanismen von Belohnung und Bestrafung gekoppelt, kann kein halbwegs unbelastetes Zielvereinba-

rungs- und -beurteilungsgespräch mehr entstehen. Zu viel steht auf dem Spiel, als dass noch ein erwachsener Dialog auf Augenhöhe und in einer Atmosphäre des Vertrauens und Wohlmeinens möglich wäre. Aufrichtigkeit, Offenheit und Kompromissbereitschaft bleiben auf der Strecke. Stattdessen findet ein hochgradig ritualisiertes „Play the Game" statt, in dem beide Seiten versuchen, mit taktischen Maßnahmen das bessere Ende für sich zu behalten. Es entwickelt sich ein toxisches Gemisch aus Verteilungskampf, Beschuldigung, Rechtfertigung, Behauptung und Anzweiflung von Wirkungszusammenhängen. Je größer die meist monetären Anreize sind, desto eher wird umgangen, getrickst und manipuliert. Vertrauensbasierte Kooperation sieht anders aus. Und in der Umsetzung greift dann der Verdrängungseffekt (vgl. Kapitel 1): Die extrinsischen Anreize unterminieren mit der Zeit die intrinsische Lust an der Leistungserbringung. Zudem werden nur noch die definierten Kriterien verfolgt, statt sich an einer holistischen Leistungssicht zu orientieren. Ein Lehrstück und Fanal für die Dysfunktionalität massiver extrinsischer Anreize stellt die Finanzkrise ab 2008 dar: Das Weltfinanzsystem konnte nur deshalb so aus dem Ruder laufen, weil Großbanken und Finanzdienstleister ihre Manager und Mitarbeitenden mit abstrusen monetären Anreizen dazu verführten, immense, letztlich unkontrollierbare und systembedrohende Risiken einzugehen und diese den Aufsichtsbehörden und Kunden zu verschweigen.

Darüber hinaus besteht ein weiteres Problem: Kann man die unternehmerische Gesamtleistung überhaupt auf individuelle Leistungsbeiträge herunterbrechen? Kann man im Gesamtkontext die einzelne Mitarbeiterleistung überhaupt beurteilen? Dies ist oft schwierig bis unmöglich, weil in Unternehmen Leistung fast immer dadurch entsteht, dass verschiedene Akteure voneinander abhängig und miteinander agieren. Eher selten passiert dies durch sehr autonomes Handeln einzelner Personen. Leistung in Unternehmen ist fast immer ein Teamspiel. Entsprechend fällt es auch schwer, die individuelle Leistung zu messen.

Die dargelegten Problemkreise zeigen auf, dass Ziel- und Leistungsvereinbarungen hochkomplexe Instrumente sind, deren Einsatz sehr reflektiert und bewusst erfolgen sollte. In der Literatur bezeichnen sie kritische Stimmen als „Vertrauensprothese" (Sprenger), „Übung in Herrschaft" bzw. stellen einen sinnigen Vergleich an (Pfläging): Wer käme auf die Idee, in der privaten Beziehung mit dem Lebenspartner ein Zielvereinbarungs- oder -beurteilungsgespräch durchzuführen? Ist dies in einer vertrauensbasierten Kooperationsbeziehung nicht undenkbar (obwohl hier die gemeinsamen Ziele und Beiträge ebenfalls sehr wichtig sind)?

Ziel- und Leistungsvereinbarungen sollten nur reflektiert und bewusst eingesetzt werden.

Regeln beachten

Hier wird die pragmatische Ansicht vertreten, dass Leistungsvereinbarungen sinnvoll und auch Teil einer Vertrauenskultur sein können, sofern wichtige Regeln im Umgang beachtet werden. Leistungsvereinbarungen sind dann zweckmäßig, wenn es gelingt, die

Leistung mit wenigen, eher breiten und globalen Kriterien zu umreißen, partnerschaftlich zu vereinbaren und so Zielkonsens herzustellen. Zentral ist, dass die Zielkriterien sich auf ganzheitliche Leistungsdimensionen des Unternehmens beziehen und nicht reduziert werden. In der Folge ist dies ganzheitlich zu bewerten und der Erfüllungsgrad in wertschätzender Atmosphäre zu diskutieren. Sehr wichtig für die Identifikation mit den Zielen und das nachfolgende Commitment ist es, die Ziele und Ergebnisse gemeinsam zu vereinbaren. Ziele echt zu verhandeln – und nicht in einem hochpolitischen Prozess mit vielen taktischen Spielchen – setzt Vertrauen voraus! In einer Vertrauenskultur kann man danach die Person laufen lassen und muss die Zielerreichungswahrscheinlichkeit nicht durch permanente Kontroll-, Steuerungs- und Sicherungsmaßnahmen managen wollen.

Relative Zahlen verwenden

Sofern quantitative Ziele notwendig sind, bieten sich relative statt absolute Zahlen an, weil diese unflexibel sind und weder die eigene Dynamik noch die Veränderungen des Umfelds berücksichtigen. Sinnvoll ist beispielsweise die Orientierung am Wettbewerb (Benchmarking mit dem Hauptkonkurrenten oder dem Branchendurchschnitt) oder an der eigenen Leistung der Vorperiode (was das Ziel der kontinuierlichen Verbesserung und Entwicklung abbildet). Relative Ziele, etwa im Vergleich zum Wettbewerbsumfeld („wir wollen x Prozent besser als der Marktdurchschnitt sein"), kommunizieren konstante, externe Herausforderungen, machen meist kein Nachjustieren nötig, bleiben in der Regel relevant und anspruchsvoll, beinhalten meist echte Schlüsselindikatoren und erlauben eine neutrale Beurteilung unabhängig von den Umweltentwicklungen (Pfläging).

Ziele aushandeln

Bei der Auswahl der Ziele macht es Sinn, Mitarbeitende eigene Vorschläge machen zu lassen und dazu dann – bei Bedarf – zusätzliche Kriterien aus Sicht des Vorgesetzten in den Vereinbarungsprozess einzubringen. Dies stärkt die Identifikation mit den Zielen und lässt der intrinsischen Motivation breiten Raum. Gelingt es der Führungscrew, ein herausforderndes und offenes Zusammenarbeitsklima zu schaffen, in dem Mitarbeitende und Teams danach streben, die eigenen Leistungen kontinuierlich zu verbessern und Kompetenzen zu entwickeln, wird auch die Vereinbarung von Leistungszielen zu einem gemeinsam getragenen, verantwortungsvollen Prozess.

Beurteilungen sind subjektiv

Keine Beurteilung – selbst wenn sie auf „genauer Messung" basiert – kann vollkommen objektiv sein. Sie beruht stets auf Annahmen und ist letztlich immer eine individuelle Einschätzung des Erfüllungsgrads entlang meist ebenfalls subjektiv gewählter Kriterien. Das Bewusstsein darum macht den Weg frei für eine unaufgeregte, undogmatische und möglichst ganzheitliche

Nicht die Löcher sind im Fokus, sondern der Käse!

Leistungsbeurteilung. Der Scheinwerfer sollte bei der Leistungsbeurteilung auf das gerichtet sein, was da ist, erreicht wurde, Erfolge brachte. Der Käse ist im Blick, nicht die Löcher (wohlwissend, dass es vielleicht noch wichtige Dinge über den Käse hinaus gibt). Es empfiehlt sich wiederum, die Mitarbeitenden ihre Leistungseinschätzung selber vornehmen zu lassen, bei Bedarf zu ergänzen und im nachfolgenden Gespräch die gegenseitigen Sichtweisen abzugleichen. Das gemeinsame Einschätzen, Urteilen steht im Mittelpunkt, gleichzeitig die explizit ausgedrückte Wertschätzung für alles Geleistete und damit verbunden die bewusste Bewahrung und Stärkung der intrinsischen Motivation. Dies ist der positive Gegenentwurf zu einem patriarchalischen und die Hierarchie zementierenden Ritual, wie es Pfläging beschreibt: *„Mitarbeiterbeurteilungen, das weiß jeder, der einmal irgendwo gearbeitet hat, schaffen es, den motiviertesten Kollegen innerhalb einer Stunde in einen frustrierten Zombie zu verwandeln, der nur noch seine Zeit absitzt."*

Leistungsvereinbarung und -beurteilung entkoppeln

Sehr wichtig ist es auch, Leistungsvereinbarung und -beurteilung auf der einen Seite und Leistungsvergütung auf der anderen Seite zu entkoppeln. Die Separierung von Zielen und Bewertung einerseits und Belohnung andererseits ermöglicht es, sich auf anspruchsvolle Ziele ohne taktische Spielereien zu einigen. Die beiden Managementzyklen sind strikt zu trennen. Gelingt dies nicht, sind weder Leistungsvereinbarung noch Leistungsbeurteilung im offenen, vertrauensvollen Diskurs möglich. Im Lohngespräch geht es darum, die Leistung sehr ganzheitlich zu beurteilen und entsprechend den Fixlohn anpassen. Und wie schon in Kapitel 1 dargelegt: Es gibt gute Gründe, in der Leistungsgemeinschaft eines Unternehmens für den variablen Teil nicht die individuelle Leistung heranzuziehen, sondern ausschließlich das Gesamtergebnis (oder den Teamerfolg).

In einer so verstandenen, pragmatischen Auslegung kann ein Instrument wie eine Leistungs- oder Zielvereinbarung, welches ursprünglich aus Misstrauen geboren wurde, nützlich und einer Vertrauenskultur zuträglich sein.

Beispiel: Egon Zehnder International

Der Personaldienstleister Egon Zehnder ist mit etwa 1.600 Mitarbeitenden, davon 420 Beratern und 230 Partnern im Bereich des „Executive Search" weltweit der am internationalsten aufgestellte Player. Das Unternehmen mit 66 Standorten in 40 Ländern gilt qualitativ als „Porsche" im Bereich der Personalberatung.

Die in Zürich gegründete Firma genießt in der Wirtschaft ein sehr hohes Ansehen und ist für ihre kompromisslose Kundenorientierung bekannt. Die Zufriedenheit der Kunden zeigt sich darin, dass mehr als zwei Drittel aller Aufträge von bestehenden Kunden stammen.

> Ein in der Beraterbranche außergewöhnliches Geschäfts- und Steuerungsmodell stellen die beiden Schlüsselgrößen „externe Kunden" und „interne Zusammenarbeit" in den Mittelpunkt. Teamwork wird über alles gestellt, jegliche Starkultur ist verpönt. Die Berater tragen nicht einmal Titel auf ihrer Visitenkarte.
>
> Wenn ein Mitarbeiter Partner wird, erhält er ein Aktienpaket, das mit dem aller anderen Partner identisch ist. Jeder Partner erhält nebst einem fixen Lohn einen Gewinnanteil, der zu 60 Prozent gleich verteilt wird und zu 40 Prozent auf Seniorität beruht, also einzig davon abhängt, wie lange die Person schon Teil des Partnernetzwerks ist.
>
> Egon Zehnder setzt sehr stark auf vertrauensbasierte Kooperation, welche durch keine externen Anreize beeinträchtigt wird. Der Gründer meint: *„Wenn Organisationen wollen, dass ihre Mitarbeiter kooperieren, dann muss man neben einem fairen Grundgehalt gemeinsamen Einsatz und Ergebnisse belohnen. Und sonst nichts."* (Pfläging)

■ 2.5 Quintessenz

Volkswirtschaftliche Studien legen nahe, dass das Maß an Vertrauen in der Gesellschaft ein wichtiges Bestimmungsmerkmal für Wohlfahrt und Wettbewerbsfähigkeit einer Nation sind (Roman Herzog Institut). Der länderspezifische Grad des Vertrauens ist der kulturelle Schlüssel zum Wohlstand. Länder, in denen Menschen einander mehr vertrauen, weisen ein größeres Wirtschaftswachstum und eine höhere Lebenszufriedenheit auf. Nach Luhmann fällt dem Vertrauen die entscheidende Rolle für die Wissensgesellschaft zu, weil es soziale Komplexität reduziert.

Vertrauen ist ein ausgesprochen hilfreicher Mechanismus, um in einer überkomplexen Umgebung handlungsfähig zu bleiben. Wo der Handschlag noch etwas gilt, da kann man sich auf die wertschöpfende Arbeit konzentrieren. Die Zusammenarbeit von Coca-Cola und McDonalds wird seit 1954 jährlich mit einem Handschlag erneuert. Es ist sehr nutzenorientiert, bewusst eine Vertrauenskultur zu entwickeln. Jeder Mitarbeitende hat Vertrauen verdient und viele werden dies mit Zins und Zinseszins zurückbezahlen. In diesem Sinne ist Vertrauen nicht Gutmenschentum, sondern gelebte betriebswirtschaftliche Klugheit. Und eine Vertrauenskultur gehört zu den wichtigsten, gleichzeitig am wenigsten kopierbaren Wettbewerbsvorteilen von Unternehmen. Demgegenüber entspringt Bürokratie einer Misstrauenskultur. Sie vernichtet Wert (Vertrauenskapital) und erhöht die Transaktionskosten (durch Absprachen, Verhandlungen, Verträge, Regeln, Handbücher usw.). Misstrauensorientiert ausgelegte Instrumente lassen neue Tools entstehen. Diese verraten viel über das tatsächlich in einem Unternehmen vorherrschende Menschenbild.

Vertrauen bedeutet die permanente und situative Interpretation des angemessenen Verhältnisses von Kontrolle und Kontrollverzicht. Dabei braucht es Vertrauen im Allgemeinen, Misstrauen im Besonderen – nicht umgekehrt. Es ist wichtig, sich die unterschiedliche Wahrnehmung ins Bewusstsein zu rufen: Oft werden die sehr positiven Auswirkungen bestätigten Vertrauens zu wenig bemerkt und geschätzt, weil sie im Alltag einfach so geschehen und nicht weiter auffallen. Missbrauchtes Vertrauen dagegen wird sofort wahrgenommen und tut weh. Allzu schnell ist man bei den Konsequenzen. Wenn durch gelegentliches individuelles Fehlverhalten jedes Mal kollektive Regeln erlassen, Kompetenzen gekürzt und Spielräume eingeengt werden, wird mit Kanonen auf Spatzen geschossen. Gleichzeitig dreht sich die Abwärtsspirale der Misstrauenskultur, die „*das Bild vom Menschen erzeugt, das wir technokratisch zu bekämpfen versuchen*" (Kaduk et al.). Es lohnt sich, immer wieder die Opportunitätskosten getroffener Maßnahmen zu bedenken: Zusätzliche Einschränkungen können (vielleicht) Fehlverhalten reduzieren, verhindern gleichzeitig die Wahrnehmung von Chancen. Misstrauen führt zu engerer Führung, was als Vertrauensentzug und Bruch des impliziten Vertrags empfunden wird. Die Motivation sinkt, das unkooperative Verhalten nimmt zu, die Systemumgehungsintelligenz steigt. Die Tatsache von Vertrauensbrüchen sollte nicht zu einem generalisierten Misstrauen führen. Gelebtes Misstrauen ist unverhältnismäßig: Regulierungen schränken 95 Prozent der Menschen ein, weil fünf Prozent sie missbrauchen könnten. Misstrauen demoralisiert und Angst paralysiert – beide sind mit einer erfreulichen und potenzialausschöpfenden Unternehmenskultur nicht vereinbar. Sinnvoll interpretiert und reflektiert eingesetzt, können auch Leistungsvereinbarungen jenseits des Zielfetischismus Ausdruck gelebten Vertrauens sein.

Kontrolle und Kontrollverzicht müssen permanent abgewogen werden und sind von der Situation abhängig.

Beispiel: IBM Deutschland

IBM Deutschland setzt seit einigen Jahren auf das Vertrauensprinzip bei der Arbeitszeit: Die Arbeitnehmer sind für die Erfüllung der Ziele selbst verantwortlich. Wo sie dies tun, ist ihre Sache. Es gilt ein täglicher Arbeitszeitkorridor von 6 bis 20 Uhr. Darin können die Mitarbeitenden Arbeitszeit und Arbeitsort selbst bestimmen. Etwa 95 Prozent benutzen die Vertrauensarbeitszeit und 60 Prozent die Telearbeitsoption, arbeiten also teilweise von zu Hause aus (Home Office).

2.6 Transferportfolio

Nachfolgend werden wiederum Maßnahmen vorgeschlagen, wie eine Vertrauenskultur in der Praxis etabliert werden kann. Erstere sind eher grundlegender Natur, während Letztere teils pointierte Vorschläge sind, sozusagen für fortgeschrittene Firmenkulturen.

→ Wer Vertrauen gibt, verpflichtet andere zu Mündigkeit, zum Erwachsensein. Ein Vertrauensvorschuss ist – in aller Regel – eine selbsterfüllende Prophezeiung: Er erheischt eine Gegenleistung. Dies entspringt einem fundamentalen Prinzip des menschlichen Handelns: der Gegenseitigkeit, der Reziprozität. Wer nimmt, gibt auch – oft mehr, als er erhalten hat. So verstanden, ist Vertrauen eine ebenso weise wie rationale Maxime.

→ Das Vehikel für den Transport einer Vertrauenskultur ist die Kommunikation. Ein „Sie machen das" oder „Ich zähle auf dich" signalisiert den angebotenen Vertrauensvorschuss und ermutigt zur engagierten Verantwortungsübernahme. Bei Problemen ist die Kommunikation der entscheidende Mittler, ob der Ausgang der sachlichen Auseinandersetzung letztlich als positiv oder negativ bewertet wird. Sprechen Sie Probleme direkt und offen an, subjektiv beschreibend, ohne Anklage, hören Sie aktiv zu und lassen Sie Raum für die Relevanz einer anderen Sicht. Vor allem: Suchen Sie die gesichtswahrende Lösung nach vorne statt der rückwärtsorientierten Klärung der Schuldfrage.

→ Zeigen Sie sichtbar, dass Sie Ihren Mitarbeitenden vertrauen. Bringen Sie sie in die Verantwortung und statten Sie sie mit Handlungsspielräumen und Zeit aus.

→ Seien Sie sich bewusst, dass Vertrauen sich nicht in Leitbildern und Code of Conducts manifestiert, sondern im konkreten Verhalten von Vorgesetzten in der einzelnen Situation. Entsprechend ist für die Entwicklung einer Vertrauenskultur die Berufung von vertrauensfähigen Chefs ein Schlüsselthema. „Die Persönlichkeit ist der Stoff, aus dem das Vertrauen ist. (...) Die Managementtheorie hat die Führung weg von der Persönlichkeit definiert und damit ersetzbar, austauschbar und systemkonform gemacht. Aber Regeln und Normen schaffen kein Vertrauen – das kann nur die Persönlichkeit." (Bordt, zit. nach Lotter)

→ Machen Sie keine grundsätzlich misstrauischen Personen zu Führungskräften (ungeachtet aller anderen möglichen Qualitäten). Die Kosten eines Misstrauensregimes sind zu hoch. Ein guter Startpunkt für die Eignung zur Führungsperson ist die Zustimmung zur Haltung „Man muss Menschen mögen". Menschen mit der Fähigkeit, Vertrauen zu schaffen, sind Integrationsfiguren.

→ Wer vertraut, leistet einen Vorschuss an Optimismus. Vertrauen Sie nicht blind, sondern wahren Sie ein Mindestmaß an Kontrolle (gerade so viel, dass die „Bad Guys" nicht ermutigt werden). Verlangen Sie auch von langjährigen Mitarbeitenden, dass Ihr Vertrauen regelmäßig durch Ergebnisse gerechtfertigt wird.

→ Trennen Sie sich in allem Anstand von Mitarbeitenden, die schon mehrmals Ihr Vertrauen missbraucht haben und bei denen es Ihnen schwer fällt, noch an eine vertrauensvolle Zusammenarbeit zu glauben. Verzichten Sie im Gegenzug darauf, neue Regeln für alle aufgrund des Verhaltens weniger aufzustellen.

→ Reflektieren Sie mit der Führungscrew explizit die Frage: „Welche unser Spielregeln stehen im Gegensatz zu einer Vertrauenskultur?" Haben Sie den Mut, darauf zu verzichten.

→ Fragen Sie sich im Managementteam auch: „Was tun wir konkret, um in unserem Unternehmen eine Vertrauenskultur zu etablieren und zu bewahren?" Seien Sie sich bewusst, dass der Aufbau von Vertrauen einige Zeit in Anspruch nimmt und vieler stimmiger Maßnahmen bedarf, während ein Abbau sehr schnell zu bewerkstelligen ist.

→ Individuelles Vertrauen fällt einfacher als organisationales. Den Menschen zu vertrauen, die man kennt, gelingt besser, als „der Firma", „dem System" zu vertrauen. Je größer die Distanz, desto größer das Misstrauen. Schaffen Sie deshalb im Unternehmen kleine, überschaubare organisationale Einheiten, in denen die Menschen die Chance haben, sich gegenseitig persönlich kennenzulernen. Sie werden sehen: Das Ausmaß an organisationalem und gesamtem Vertrauen wird zunehmen. Selbst Systemvertrauen hat letztlich die Wurzel immer in einer Person (Bordt, zit. nach Lotter).

→ Pflegen Sie eine bewusste Fehlerkultur: Fehler werden als Lernfortschritte angesehen und Erkenntnisse daraus werden in einer entpersonalisierten Weise analysiert („Was lernen wir daraus?" Statt: „Wer ist schuld?"). Halten Sie sich vor Augen, dass Innovationsbereitschaft eine hohe Fehlertoleranz bedingt und den Verzicht auf Rechtfertigung und Kontrolle sowie die Akzeptanz von Unsicherheit notwendig macht.

→ Eine bewusste Fehlerkultur bedingt auch Fehlerakzeptanz („Wo gehobelt wird, fallen Späne"). Achten Sie darauf, dass das Führungsteam klar und deutlich gegen innen und außen für die Fehler der Mitarbeitenden einsteht.

→ Lackmustest einer gelebten Fehlerkultur ist die Bereitschaft des Managements, zu eigenen Fehlern zu stehen und diese gegenüber den Mitarbeitenden zuzugeben. Gehen Sie mit gutem Beispiel voran.

→ Schaffen Sie wo immer möglich die Zeiterfassung ab: Ergebnisverantwortliches Arbeiten verlangt, Arbeit und Zeit selbstverantwortlich einteilen zu können. Damit verbunden ist ein expliziter Steuerungswechsel von der Input- zur Outputsteuerung, vom Misstrauens- zum Vertrauensprinzip.

→ Führen Sie wo möglich offene, flexible, innovative Arbeitsmodelle ein. Für Personen mit entsprechendem Profil sollte Home Office möglich sein, allerdings nur bis zu einer definierten Obergrenze. Ein zentraler Unternehmenszweck ist immer noch, die Zusammenarbeit der Mitarbeitenden zu fördern (vgl. Kapitel 4). Gleichwohl zeigen Untersuchungen, dass in Unternehmen, die Home Office seit längerem zulassen, weniger Krankheitsabsenzen entstehen, die Burn-out-Rate sinkt und die Mitarbeitenden mehr Vertrauen in ihre Arbeitgeber haben und sich stärker mit ihnen identifizieren.

→ Setzen Sie bei Arbeitszeit und Ferienzeit auf Selbstbestimmung und Selbstkontrolle. Vertrauensarbeitszeit ermöglicht mehr Flexibilität für beide Seiten!

→ Räumen Sie Mitarbeitenden mit innovativen Aufgaben einen Zeitanteil für selbstständige, schöpferische Arbeit ein (mit minimaler Rechenschaftspflicht). Experimente bringen für die Zukunftssicherung oft mehr als Planung und die intrinsische Motivation sorgt für hohes Engagement und Commitment.

→ Deklarieren Sie geeignete Besprechungen und Meetings als freiwillig und offen (z. B. nimmt an Projektsitzungen teil, wer sich dafür interessiert und wer etwas dazu beitragen kann). Ziel ist, dass sich primär intrinsisch motivierte und geeignete Personen für ein Projekt engagieren.

→ Trennen Sie strikt Zielvereinbarung und -beurteilung einerseits und Lohngespräch andererseits.

→ Halten Sie sich vor Augen, dass bei der Mitarbeiterbeurteilung sowohl Daten, Zahlen und Werte (Messungen) als auch Tools (Instrumente) niemals die menschliche Urteilskraft ersetzen können. Es ist eine unveränderliche Tatsache, dass Leistung letztlich nur beurteilt, aber nicht erhoben oder gemessen werden kann. Diese Beurteilung ist unausweichlich subjektiv. Leistungsbeurteilung ist eine zentrale Funktion jeder Führungsperson; nehmen Sie die Verantwortung, zu urteilen, mutig wahr und stehen Sie zur Subjektivität Ihres Urteils. Damit können Sie auf aufwendige Prozesse und Instrumente verzichten, die eine Scheinobjektivität der Leistungsbewertung vorgaukeln. Wichtig sind wenige, ganzheitliche Leistungskriterien, gemeinsam vereinbart und getragen.

→ Statt eines „einsamen Vorgesetztenurteils": Lassen Sie Ihre Mitarbeitenden periodisch eine Selbstbeurteilung vornehmen und ergänzen Sie diese Selbstbeurteilung mit Kommentaren, Fragen, Ermutigungen. Rücken Sie den wertschätzenden, partnerschaftlichen Dialog ins Zentrum.

→ Erfolgreiche Führungskräfte in Vertrauenskulturen sind sich bewusst, dass sie auf dem Papier nur Vorgesetzte sind – echte Führende aber haben Folgende. Verdienen Sie sich diese Vorbildfunktion durch gelebte Glaubwürdigkeit („ich sage, was ich tue, und tue, was ich sage"), Verlässlichkeit, Echtheit, Integrität und Persönlichkeit.

→ Führen Sie in der Geschäftsleitung Mehrheitsentscheidungen ein und lassen Sie zu, dass Sie im Falle einer Minderheitsposition überstimmt werden.

→ Machen Sie sich als Führungsperson wählbar (und auch abwählbar). Deklarieren Sie, dass Sie von Ihrer Position zurücktreten, sollten Sie die Unterstützung und den Rückhalt des Teams verlieren.

→ Wenn Ihnen eine starke Fehlerkultur wirklich wichtig ist: Feiern Sie nicht nur gemeinsame Erfolge, sondern stoßen Sie auch auf misslungene Projekte und gescheiterte Vorhaben an. Erklären Sie deren positive Aspekte explizit.

■ 2.7 Literatur

Axelrod R. (2005). Die Evolution der Kooperation. München: Oldenbourg.

Benkler Y. (2011). Das selbstlose Gen. Harvard Business Manager, Oktober 2011, S.33–45.

Braun G und *Domke B.* (2015). Nichts für Feiglinge. Harvard Business Manager, Spezial 2015, S.76–79.

Brower H. H., Lester S. W., Korsgaard M. A und *Dineen B. R.* (2009). A Closer Look at Trust between Managers and Subordinates: Understanding the Effects of Both Trusting and Being Trusted on Subordinate Outcomes. *Journal of Management* 35(2), S. 247–327.

Kaduk S., Osmetz D., Wüthrich H. A und *Hammer D.* (2013). Musterbrecher. Die Kunst, das Spiel zu drehen. Hamburg: Murmann.

Lotter W. (2014). Deal? Brand Eins, 10/14, S. 36–44.

McCord P. (2014). Die Neuerfindung der Personalarbeit. Harvard Business Manager, April 2014, S. 53–61.

Osterloh M. und *Weibel A.* (2006). Statt Investition Vertrauen. Prozesse der Vertrauensentwicklung in Organisationen. Gabler: Wiesbaden.

Pfläging N. (2011). Führen mit flexiblen Zielen. Praxisbuch für mehr Erfolg im Wettbewerb. Frankfurt: Campus.

Roman Herzog Institut (Hrsg.) (2013). Vertrauen, Wohlstand und Glück. Forschungsergebnisse zu Wachstum, Wohlstand und Wohlbefinden. RHI-Information, Nr. 13, München.

Sprenger R. K. (2007). Vertrauen führt. Frankfurt: Campus.

Waytz A. und *Mason M.* (2013). Das Gehirn bei der Arbeit. Harvard Business Manager, Dezember 2013, S. 36–48.

3 Empowerment: konsequent befähigen und entschlacken

Herrscht in einem Unternehmen ein hohes Maß an gegenseitigem Vertrauen, schafft dies multiple Chancen. Der Soziologe Luhmann bezeichnete das Vertrauen als Mechanismus zur Reduktion von Komplexität, sogar als *„einzige Chance im Umgang mit Komplexität"* (Wüthrich). Komplexitätsreduktion ist auch dringend nötig: Der Grad der Komplexität in der Wirtschaft (gemessen an Leistungsanforderungen, die ein Unternehmen heute bewältigen muss) hat immens zugenommen. Unternehmen haben heute sechs Mal so viele Vorgaben zu erfüllen wie 1955.

Außerdem ist die Vernetzung deutlich gestiegen. Bildhaft wurde dies 2010 durch den Eyjafjallajökull-Effekt illustriert: Als der sechstgrößte Vulkan Islands ausbrach, nahm man dies zuerst – wenn überhaupt – als vernachlässigbare Randspalte zur Kenntnis. Wie stark vernetzt die heutige Weltwirtschaft ist, zeigte sich in den folgenden Tagen, als durch den großen Ausstoß an Asche der Flugverkehr über Nord- und Mitteleuropa in weiten Teilen und für mehrere Tage eingestellt werden musste. Ein kleiner Vulkan weit ab in Island war dafür verantwortlich, dass in Mitteleuropa plötzlich vieles still stand. Aus der Chaosforschung kennen wir das eingängige Sinnbild für Vernetzung: Der Flügelschlag eines Schmetterlings auf der einen Seite der Welt kann einen Sturm auf der anderen Seite auslösen (Lorenz). Lange Zeit konnte man das als bildhaft schöne, allerdings etwas übertriebene Zuspitzung abtun. In den letzten Jahren allerdings mussten wir immer stärker erkennen, dass das Maß der globalisierten Arbeitsteilung eine Dimension angenommen hat, die zunehmend bis in die feinsten Kapillaren des Wirtschaftssystems, bis ins kleinste KMU, spürbar ist. Wir erleben immer wieder, dass alles mit allem zusammenhängt und diese Interdependenz sich in unserer täglichen Arbeit niederschlägt.

Was ist die unternehmerische Reaktion auf die größere Komplexität? Auf einen Nenner gebracht heißt die Antwort oft einfach: „Mehr!" Im Gegenzug zu den gestiegenen Anforderungen versuchen viele Unternehmen, sich organisatorisch so aufzustellen, dass sie die unzähligen Ziele und Vorgaben erreichen können. Dafür ist der Grad der organisatorischen Komplexität in Firmen – z. B. die Zahl der Prozesse, Schnittstellen, Abstimmungsschleifen, Entscheidungsstufen – um das 35-Fache gestiegen (Morieux)!

Der massiven Zunahme der systemischen Kompliziertheit liegt ein nachvollziehbares Motiv zugrunde: Unternehmen tun dies nicht aus Spaß, sondern um die wahrgenommenen externen und zusätzlich intern gesetzten Erfordernisse zu erfüllen. Allerdings sind dabei viele Unternehmen zu einem Moloch der Unüberschaubarkeit geworden. Das Ausmaß an Regeln, Zielen, Planungen, Kontrollen und weiteren Führungseingriffen gefährdet ein sinnvolles und zweckdienliches Arbeiten, behindert wertschöpfende Tätigkeiten, ist unerfreulich und verdirbt den Spaß an der Sache. Und dies hat seinen Preis: Gemäß einer globalen Studie hat weltweit ein Viertel aller Angestellten innerlich gekündigt und verrichtet Dienst nach Vorschrift (Aon Hewitt). In Europa fällt dieser Anteil noch höher aus. Effizienzsteigerungen, Kostensenkungen und Wachstumszwang lasten schwer auf den Belegschaften. Mitarbeitende sehen oft keinen Zusammenhang mehr zwischen ihrem Einsatz und dem Unternehmenserfolg. Es scheint, als hätte viele das Gefühl verlassen, mit der persönlichen Leistung etwas bewegen zu können.

Arbeit als Belastung – als Menetekel mag die epidemische Zunahme von psychischen Krankheiten in den letzten Jahren gelten. Aktuell sind 35 Millionen Arbeitnehmer in der EU der Gefahr ausgesetzt, wegen Depressionen der Arbeit fernbleiben zu müssen. Viele Menschen fühlen sich heute von ihrer Arbeit überfordert, haben Schlafstörungen, sind antriebslos und ausgebrannt. Mehr von allem kann nicht die unternehmerische Lösung auf gestiegene Anforderungen sein. Dies führt oft ins Hamsterrad, zu Überlastung, Überforderung, Verlust des Sinnbezugs der Arbeit. Das Hamsterrad ist allerdings keine sinnstiftende Perspektive, sondern macht erst mutlos und danach platt.

Eine bessere Lösung findet sich häufig bei erfolgreichen Unternehmen. Ihr Rezept lautet: wenige, zentrale Prinzipien. Zwei solcher Kernprinzipien wurden in den ersten beiden Kapiteln dargelegt: das Primat der intrinsischen Motivation und die Pflege einer Vertrauenskultur. Firmen, die die intrinsische Motivation ihrer Mitarbeitenden hoch halten und auf Vertrauen basieren, brauchen deutlich weniger Detailregeln und Rahmenbedingungen. In diesem Kapitel steht ein weiteres Erfolgsprinzip im Fokus: Der Falle des „Immer mehr" kann entronnen werden, wenn Mitarbeitende bewusst befähigt werden und Firmen gleichzeitig ebenso gezielt auf vieles verzichten (selbst, wenn dieses – mindestens auf den ersten Blick – als wünschbar erscheint). Nachfolgend werden dazu Zusammenhänge und Lösungen aufgezeigt. Zuerst aber lohnt es sich, nochmals auf tiefliegende menschliche Motive einzugehen: Was motiviert uns tatsächlich bei der Arbeit?

■ 3.1 Zentrale Bedürfnisse bei der Arbeit: Autonomie und Kompetenzerleben

In Kapitel 1 wurden drei Grundmotive mit besonders starkem Einfluss auf das Verhalten identifiziert: Danach weisen Menschen die Primärmotive Zugehörigkeit, Macht sowie Leistung auf. In der Arbeitsumgebung spielen soziale Zugehörigkeitsmotive eine bedeutende Rolle. Wir werden darauf vertieft in Kapitel 4 unter der Perspektive der Kooperation eingehen.

Im vorliegenden Abschnitt geht es zuerst einmal stärker um die psychologischen Bedürfnisse im Umfeld der eigenen Arbeitstätigkeit, um das, was Personen in ihrem Tun vor allem motiviert. Wer nach dem Primärmotiv der Macht strebt, sucht Kontrolle, Dominanz, Bedeutung, Status oder Einfluss. Gerade im Arbeitsumfeld sehr wichtig ist dabei das Bedürfnis nach Autonomie. Die empirische Glücksforschung zeigt die hohe Bedeutung der Autonomie für die Arbeitszufriedenheit deutlich auf. Beispielsweise sind Selbstständige und Künstler gemäß eigenen Aussagen glücklicher als andere Berufsgruppen und haben eine höhere Arbeitszufriedenheit, obwohl sie mehr Arbeitsstunden leisten und weniger Geld verdienen. Ein wesentlicher Grund dafür ist das hohe Ausmaß an Selbstbestimmung, über die beide Gruppen verfügen (Frey). Menschen streben an ihrem Arbeitsplatz nach Selbstbestimmtheit des eigenen Handelns. Ist dies nicht der Fall, erleben sie einen Kontrollverlust und empfinden sich als unwichtig, abhängig oder unbedeutend. Menschen, die bei ihrer Tätigkeit keine Selbstbestimmung erleben, leiden unter Ohnmachtsgefühlen. Gerade Burn-outs haben selten mit dem Umfang der Arbeit zu tun als vielmehr mit der erlebten Fremdbestimmung. Das Gefühl der Kontrolle über die eigenen Belange ist eine wichtige Voraussetzung für körperliche und seelische Gesundheit. Autonomie gehört zum „Nukleus der Potenzialentfaltung" (Wüthrich).

Das ebenfalls zentrale primäre Leistungsmotiv ist Ausdruck des menschlichen Strebens nach Erfolg und Fortschritt, beinhaltet gleichzeitig auch die Lust an der Kreativität, Abwechslung, Neugier und Fantasie. Menschen wollen sich entsprechend der Selbstbestimmungstheorie der Motivation als kompetent erleben (Deci und Ryan). Der englische Begriff „Mastery" bringt dies auf den Punkt: Es ist ein tief gehendes Grundbedürfnis, sich selbst bei der Ausübung der Arbeitstätigkeit als wirksam und erfolgreich zu empfinden. Die negative Ausprägung verursacht Versagensgefühle; niemand möchte unfähig, schwach, nutzlos oder dumm dastehen. Wir fürchten uns vor dem Verlieren und davor, als Versager zu gelten bzw. uns selbst so wahrzunehmen.

Aus der Forschung wissen wir, dass die konkrete Ausgestaltung des Tätigkeitsfelds zu einer höheren Leistung und Wohlbefinden beiträgt, wenn es Autonomie und Kompetenzerleben der Mitarbeitenden fördert (Gagné und Deci; Frey). Dabei geht es bei beiden Bedürfnissen nicht um das tatsächliche Ausmaß, sondern vielmehr um die individuell gefühlte Entscheidungsfreiheit, die wahrgenommene Kompetenz.

 Menschen streben nach Selbstbestimmung.

Offensichtlich besitzen Individuen aller Kulturen dieselben psychologischen Bedürfnisse und streben nach persönlicher Weiterentwicklung und Integration. Intrinsische Motive wie Lust an der Sache, Kreativität und Neugier unterstützen dabei persönliches Wachstum und Integration und sind den Menschen generell wichtiger als extrinsische Werte. Die Verhaltensbiologie spricht in eingängigen Bildern von Trieb (intrinsische Motivation, Selbststeuerung) und Reiz (extrinsische Motivation, Fremdsteuerung). Wie eine Person die Bedingungen ihrer Arbeit wahrnimmt, hat großen Einfluss auf ihr Verhalten. Erlebt sie substanzielle Freiheitsgrade und spürbare Selbstkompetenz, unterstützt dies den Grundtonus an intrinsischer Motivation. Das innere Feuer brennt anhaltend. Nimmt sie allerdings ihren Handlungsspielraum als deutlich eingeschränkt wahr und erfährt wenige, dem eigenen Bemühen zuschreibbare Erfolge, wird die intrinsische Motivation untergraben und geschwächt. Ist dies der Fall, erfolgt oft eine Konzentration auf extrinsische Motive: Wenn die Freude an der Sache selbst schwindet, dann müssen wenigstens Status, Einfluss und Gehalt stimmen, sonst sinkt die Gesamtzufriedenheit massiv ab.

Zu einem bestimmten Grad können extrinsische Anreize psychologische Grundbedürfnisse wie den Wunsch nach Autonomie und Mastery kompensieren, allerdings um den Preis erhöhter Erwartungen an Ausmaß und Niveau dieser Anreize. Es entsteht eine „Abschöpfungsmentalität" (Sprenger) und weil die Reize mit der Zeit abflachen, müssen sie immer höher geschraubt werden. Was allerdings bei Anreizung und Belohnung zuerst stirbt, sind die Kreativität, die intrinsische Neugier, die spielerische Freude am Tun. Es entwickelt sich ein Tunnelblick: Man konzentriert sich auf den schnellsten Weg, um das Ziel zu erreichen, schaut kaum noch nach links oder rechts, lässt Chancen ungenützt, verspielt „Serendipity", die für Unternehmen immens wichtige Fähigkeit, glückliche Fügungen beherzt wahrzunehmen. Firmen wollen kein Personal mit Tunnelblick, sondern suchen eigenmotivierte Mitarbeitende. Dies allerdings bedingt, dass sie den konkreten Arbeitsbedingungen Gewicht beimessen und sich darum kümmern, wie ihre Angestellten die Arbeitsumstände erleben. Es kann sie nicht gleichgültig lassen, wenn die Belegschaft immer mehr unter einem Wust von Regelungen und Bürokratie ächzt. Sie sind sich auch bewusst, dass Unternehmen – mit den Worten von Edgar Schein, einer der Väter der Organisationspsychologie – ihrem Wesen nach „Zwangssysteme" darstellen.

Das Fazit aus den Erkenntnissen der Selbstbestimmungstheorie ist für Unternehmen von kaum zu unterschätzender Relevanz. Menschen wollen gute Arbeit leisten. Sie möchten das Gefühl haben, in der Organisation eine Rolle zu spielen, die etwas bewirkt. Viele Menschen suchen bei der Arbeit eine Umgebung, die es ihnen erlaubt, ihr eigener Boss zu sein – vergleichbar mit Jungunternehmern, die trotz enormem Arbeitsumfang, hohem Risiko und meist geringem Einkommen oft geradezu berauscht sind von der Befriedigung durch ihr selbst gestaltetes Tun. Freiheit führt in vielen Fällen zu einem Motivationsschub. Sie gibt den Mitarbeitenden das Gefühl, dass andere an ihre Arbeit glauben (Gassmann und Friesike).

Kurz: Zufriedenheit stellt sich dann ein, wenn Menschen eigenverantwortlich und kompetent agieren können. Dazu brauchen sie Autonomie, Freiräume, Selbstorganisationsmöglichkeiten, Handlungskompetenzen. Die folgenden Abschnitte zeigen auf, wie dies auch in Zeiten großer Dynamik und hoher Komplexität möglich ist.

Châteauform

Für den Gründer von Châteauform, Jacques Horovitz, war von Beginn an klar, dass er eine sehr kundenorientierte Unternehmung nur mit autonomen Teams aufbauen konnte. Nach seiner Erfahrung sind unabhängige Einheiten nicht nur innovativer als zentral geführte Organisationen, sondern sie können auch schneller reagieren und besser auf Kundenbedürfnisse eingehen. Das Konzept von Châteauform baut darauf, den Kunden das Gefühl einer zweiten Heimat zu vermitteln. Deshalb sind die Tagungsorte im Vergleich zu vielen großen Konferenzzentren relativ klein. Die einzelnen Standorte werden nicht von Managern geleitet, sondern von einem Paar. Die beiden Gastgeber richten ihr Schloss wie ein eigenes Heim ein, in dem sie Gäste empfangen, mit Wohnzimmer, Esszimmer, Freizeiträumen und verschiedenen Schlafzimmern. Das Familienprinzip wird durch die Bezeichnungen deutlich gemacht: Die „Nanny" erfüllt die Aufgabe eines Logistikmanagers, eine „Maîtresse de Maison" die einer Putzfrau. ∎

▪ 3.2 Konsequente Dezentralisierung: die Basis befähigen!

Man könnte sie als unternehmerische Gretchenfrage bezeichnen: Wer bestimmt hier? Wer hat das Sagen in Unternehmen? Dumme Frage, könnte man meinen: Natürlich die Chefin, der Chef! Vorgesetzte führen, Mitarbeitende führen aus. Das ist das hierarchische Grundprinzip. Es gibt sie noch, die Chefs, die sich selbst als Kapitän auf der Brücke sehen. Immer mehr Vorgesetzte entwickeln allerdings ein anderes Führungsverständnis, das Grenzen der eigenen Position anerkennt: In einer hochkomplexen, dynamischen Zeit kann der Chef nicht mehr alles selber und besser wissen. Der Regler, der Macher, der Alleskönner hat ausgedient. Gerade in erfolgreichen Unternehmen, auch in KMU, sehen sich Vorgesetzte zunehmend weniger als primäre Akteure bei Entscheidungen („alles geht über meinen Tisch"), sondern als Gestalter von Rahmenbedingungen. Diese ermöglichen es, dass dort entschieden wird, wo das größte Know-how ist: an der Basis. Dezentralisierung bedeutet, dass Entscheidungen nach dem Subsidiaritätsprinzip möglichst weit unten bei den handelnden Einheiten an der Front anzusiedeln sind.

Beispiel: Svenska Handelsbanken

Die Schwedische Handelsbank ist dezentral organisiert: Sie besteht aus einem flexiblen Netzwerk mit autonomen, selbst steuernden Einheiten, die stark kundenorientiert sind. Auf circa 11.000 Mitarbeitende und 700 Filialen in mehreren Ländern hat die Bank nur drei Führungsstufen. Es wird auf jährliche Zielvorgaben und Budgets verzichtet. Viel Bürokratie wird eingespart, weil Finanzziele und andere Vorgaben von oben keine Priorität haben. Dies führt zu weniger Kosten als bei der Konkurrenz und höherer Kundenzufriedenheit. Wenn die Bank profitabler ist als die Mitbewerber, erhalten alle eine Erfolgsbeteiligung. Darüber hinaus gibt es keine individuellen Boni oder variablen Lohnbestandteile (Röösli und Hope). ▪

Deming, der Mann, der bei Toyota das Produktionssystem (TPS) einführte, meinte: *„Führung bedeutet, die Angst aus der Organisation zu verbannen, so dass die Mitarbeitenden ermutigt werden, selber zu entscheiden."* Dafür muss man sie in die Verantwortung rufen. Gleichzeitig sind ihnen aber nicht nur Aufgaben („sollen") und Verantwortung („müssen"), sondern vor allem auch die dazu notwendigen Kompetenzen „dürfen") zu übergeben. Das eherne organisationale Gebot der Kongruenz von Aufgaben, Kompetenzen und Verantwortung (AKV) krankt in der Praxis oft an der Umsetzung. Als gleichmäßiges Dreibein könnte es stabil funktionieren, allerdings sitzen viele Angestellte auf einer schiefen Krücke mit verkürzten Kompetenzen. Aufgaben haben sie genug, Verantwortung im Sinne des „Dafür Geradestehens" auch, allein mit den notwendigen Befugnissen hapert es. Viele Chefs können oder wollen die Entscheidungskompetenzen nicht im gleichen Umfang delegieren. Oft steckt dahinter die Angst vor dem eigenen Macht- und Bedeutungsverlust: „Wenn die Mitarbeitenden alles entscheiden können, wofür braucht es mich dann noch?"

Damit verbunden ist auch die Sorge um den Kontrollverlust: „Wenn ich nicht direkt an den Sachen dran bin und die wichtigen Dinge selbst entscheide, dann habe ich zu wenig den Durchblick, bin nicht mehr über alles informiert und ich laufe Gefahr, ins Abseits gestellt zu werden. Ich will mir aber nicht auf der Nase herumtanzen lassen!" Dieses Denken ist nicht nur misstrauensgesteuert, sondern unterliegt zusätzlich einer fatalen Kontrollillusion. Führungskräfte haben de facto viel weniger wirkliche Kontrolle, als sie oft meinen. Und dort, wo versucht wird, mit allen Mitteln Kontrolle auszuüben, ist diese – wenn überhaupt – nur zum Preis völliger Unverhältnismäßigkeit zu haben, weil sie viel zu aufwendig, zu teuer und unerfreulich ist. Herb Kelleher, der Chef von Southwest Airlines, wurde einmal gefragt, ob er nicht Angst davor habe, die Kontrolle über das stark wachsende Unternehmen zu verlieren. Kelleher antwortete, dass er niemals Kontrolle hatte und auch nie welche haben wollte (Pfläging).

Es lohnt sich, der Frage nachzugehen, warum Kontrolle weitgehend eine Illusion ist, insbesondere bei qualifizierten Mitarbeitenden. Hilfreich dafür ist der Rückgriff auf eines der zentralsten Theorien der Wirtschaftswissenschaften, die Prinzipal-Agent-Theorie. Wichtig für das tiefere Verständnis ist, dass zwischen Führungsperson und Mitarbeiter eine Prinzipal-Agent-Beziehung besteht, das heißt, die Führungsperson ist Auftraggeber und der Mitarbeitende ist Beauftragter. Die Machtverhältnisse sind auf dem Papier also klar: Der Mitarbeitende hat als Agent nach bestem Wissen und Gewissen das zu tun, was ihm sein Vorgesetzter aufträgt.

 Es gibt keine allumfassende Kontrolle.

Allerdings ist das Verhältnis durch eine asymmetrische Informationsverteilung gekennzeichnet. Der Mitarbeitende ist in aller Regel weit besser als sein Vorgesetzter darüber informiert, wie anspruchsvoll die gesetzten Ziele sind, wie gut diese tatsächlich erreicht wurden und wie viel Mühe und Engagement dabei wirklich notwendig waren.

Die Überwachung des Agenten ist für den Prinzipal in der Regel mit einigem Aufwand verbunden und teilweise nicht einmal mit dem besten Willen und größten Einsatz annähernd genau zu bewerkstelligen. Dies gilt umso mehr, je anspruchsvoller und komplexer der Tätigkeitsumfang des Mitarbeitenden ist, und wird bei Wissensarbeitern nahezu unmöglich. Aufgrund der Informationsasymmetrie ist es für den Prinzipal de facto sehr schwierig, den tatsächlichen Erfüllungsgrad der aufgetragenen Aufgaben zu beurteilen. Der Agent kann ihm außerdem vorspiegeln, viel mehr Einsatz und Engagement als tatsächlich geleistet zu haben bzw. deutlich größeren Hindernissen als in der Realität begegnet zu sein. Zudem können die Agenten ihren Informationsvorsprung zu ihren Gunsten ausnutzen, indem sie sich bereits bei der Zielvereinbarung für leicht erreichbare Ziele einsetzen.

Insgesamt also gilt: Obwohl der Prinzipal als Beauftragter der „Chef" ist und der Agent dazu verpflichtet ist, dessen Aufträge in gewünschter Art und Weise zu erledigen, hat der Mitarbeitende aufgrund seines Informationsvorsprungs fast immer die besseren Karten. Eine wirksame Kontrolle ist umso weniger möglich, wenn es sich um eine anspruchsvolle, vieldimensionale Tätigkeit handelt.

Sofern, wie in der Theorie unterstellt, Opportunismus die Beziehung prägt, also der Mitarbeitende seinen Eigennutzen maximiert und die Informationsasymmetrie zu seinen Gunsten ausnützt, ist guter Rat teuer. Bürokratische Kontrolle (Überwachung, Controlling, Zeiterfassung, Reporting, enge Führung usw.) ist sehr aufwendig, entsprechend kostspielig, für beide Parteien wenig erfreulich und nachhaltig belastend für das Beziehungsverhältnis. Die gegenseitige Misstrauensspirale entfaltet ihre toxische Wirkung. Und wie dargelegt haben auch externe Anreize einen deutlichen Klumpfuß.

Für Führungspersonen ist es wichtig, die richtigen Schlussfolgerungen zu ziehen: Die Informationsasymmetrie zu ihren Ungunsten ist eine unverrückbare Tatsache. Aus Misstrauen geborene Abhilfen wie Überwachung, Kontrolle oder Anreize funktionieren aber nicht oder zu unverhältnismäßig hohen Kosten. Die gescheitere Lösung besteht darin, auf den – in der Theorie unterstellten, in der Praxis nur partiell vorhandenen – Opportunismus des Agenten einzuwirken. Dies geschieht, indem diesem ein inspirierendes Tätigkeitsfeld angeboten wird, in welchem die Lust an der Sache, also die intrinsische Motivation, zum Tragen kommen kann (vgl. Kapitel 1).

Ein angebotener Vertrauensvorschuss appelliert an die guten Absichten und begründet eine gegenseitige moralische Verpflichtung (vgl. Kapitel 2). Und eine sorgsame Personalauswahl (in der Sprache der Theorie: gehaltvolles Screening) sorgt dafür, dass primär Personen eingestellt werden, die bereit sich, sich für die Zwecke der Firma voll einzusetzen (vgl. Kapitel 5). „Gemeinsame Werte, Präferenzen und Ziele minimieren die Koordinationskosten", sagen die Experten dazu.

Diese Einsicht macht den Weg frei zu einer neuen Sicht auf das betriebliche Dauerthema Kontrolle: „Wenn ich schon nicht wirksam kontrollieren kann, dann kann ich mich mit gutem Gewissen von diesem Thema lösen." Stattdessen kommt ins Blickfeld, wie der Vorgesetzte die Mitarbeitenden bei deren Arbeit unterstützen kann. Wie können diese möglichst handlungsfähig gemacht werden? Was braucht es, damit die Personen an der Front ihr Potenzial optimal ausschöpfen?

Vertrauensvorschuss und sorgsame Personalauswahl (intrinsisch Motivierte) sind wirksamer als Kontrolle.

Gefragt ist ein Verständnis von Unternehmensführung als Systemgestaltung statt Gängelung (eine Engführung, die „dem modernen Äquivalent zur Pauke als Taktgeber auf phönizischen Galeeren" entspricht; Gassmann und Friesike). Ein solches Führungsverständnis geht davon aus, dass Führung nicht bedeutet, mehr Entscheidungen zu treffen als andere. Es bedeutet, sich selbst zurückzunehmen und andere mehr entscheiden zu lassen. Vieles, was grundsätzlich an Top-down-Disziplinierung eingesetzt wird, kann wegfallen, wenn vier Voraussetzungen erfüllt sind:

- Die Mitarbeitenden tragen die Verantwortung für die Resultate.
- Die Teammitglieder haben Zugang zu den notwendigen Informationen.
- Sie haben Entscheidungsbefugnis über die Schlüsselhebel, die das Ergebnis beeinflussen (Kompetenzen).

- Sie erhalten wahrnehmbare Rückmeldungen, insbesondere Anerkennung, hinsichtlich der erzielten Resultate.

Führung beruht dabei auf dem Selbstverständnis, andere zu unterstützen, erfolgreich zu sein. Damit verbunden ist ein Wechsel von der Inputsteuerung zur outputorientierten Sicht: Statt Stunden- und Anwesenheitskontrollen werden Freiräume gewährt und die Ausrichtung an gemeinsam vereinbarten Zielen und Ergebnissen steht im Vordergrund. Unternehmensführung wird so zur Ermöglichung, zur Übertragung von Kompetenzen. Ziel ist es, eine Gemeinschaft zu formen, die Mitarbeitende zur Eigeninitiative anhält, zur Selbstdisziplin anregt und animiert, zu entscheiden und Verantwortung zu übernehmen. Mitarbeitende, die sich trauen, Entscheidungen zu treffen, machen ein Unternehmen effektiv, schnell und unbürokratisch. Aus Vertrauen geborene, echte Befähigung bringt zudem die wichtigen arbeitsbezogenen Motive von Autonomie und Kompetenzerleben wirksam zum Tragen.

Erfolgreiche Unternehmensführung setzt auf Mitunternehmertum, weil die meisten relevanten Erfolgsfaktoren Intangibles sind, also mit den Mitarbeitenden verbunden und nicht erzwingbar. Unternehmen sind auf den Goodwill ihrer Angestellten angewiesen. Das Motto lautet dann wie bei Google: *„Tue alles, damit sich die Mitarbeitenden im Hause wohlfühlen, und nimm ihnen die zeitlichen Belastungen des Alltags möglichst ab."* (Güldenberg und North). Angestrebt werden so wenig Bürokratie und Kontrolle wie möglich zugunsten einer Fokussierung auf wertschöpfende Aktivitäten. Qualifizierte Mitarbeitende sollen das Gros der Zeit für ihre Kernkompetenzen verwenden können. „Mehr Handlungsspielräume" hat sich in einer Studie mit über 14.000 Beteiligten als jener Faktor erwiesen, der das Burn-out-Risiko am stärksten reduzieren konnte (Bruch und Kowalevski). In einer anderen Studie von Haufe mit knapp 12.000 Arbeitnehmern aus Deutschland, Österreich und der Schweiz wünschten sich 69 Prozent der Mitarbeitenden, Unternehmensentscheidungen stärker beeinflussen und mehr Verantwortung übernehmen zu können. 77 Prozent der Befragten gaben an, dass die Einbindung in Unternehmensentscheidungen sich positiv auf ihre Motivation und Leistungsbereitschaft auswirke.

Befähigung, Empowerment des Personals ist also ein Akt der betriebswirtschaftlichen Klugheit. Gleichzeitig wird dieses Selbstverständnis auch immer mehr von einem wachsenden Teil der Angestellten erwartet: Die Generation Y der Jahrgänge 1977 bis 1997 stellt aktuell bereits die Hälfte der Belegschaft (die Definition ist nicht einheitlich, teils werden nur die Jahrgänge 1981 bis 1996 dazugerechnet). Diese „Digital Natives" wollen einbezogen werden, es ist für sie selbstverständlich, dass sie eigene Ideen einbringen. Sie stehen Autoritäten eher kritisch gegenüber und halten den allwissenden Chef für Vergangenheit. Beispielsweise ist das Ausmaß an Unternehmergeist in jenen Firmen besonders hoch, die auf Dezentralisierung und Befähigung setzen. Diese haben flachere Hierarchien, geben seltener Regeln vor und ermutigen ihre Mitarbeitenden immer wieder, eigene Ideen zu verfolgen. Dazu räumen sie ihnen Arbeitszeit und Ressourcen ein (Engelen und Esser).

Beispiel: Materna (D) und Holzbau Blumer-Lehmann (CH)

Der IT-Dienstleister Materna aus Dortmund beschäftigt europaweit rund 1.400 Mitarbeitende, während der Holzbauer Blumer-Lehmann aus der Ostschweiz mit etwas über 200 Personen ein typisches KMU ist. Beide Firmen fördern die Autonomie und Risikobereitschaft der Mitarbeitenden in hohem Maße. Materna stellt für jede Erfolg versprechende Idee, die Angestellte einreichen, ein Budget bereit. Der Ideengeber erhält die Möglichkeit, die Umsetzung mitzuverantworten. Blumer-Lehmann gründet für neue Ideen mit Potenzial eine zusätzliche Abteilung und stattet die Personen mit entsprechenden Ressourcen aus. Die Abteilung wird als Cost-Center geführt, das heißt, es besteht nicht die unmittelbare Erwartung, dass Erträge generiert werden. Dies schafft den essenziellen anfänglichen Spielraum, um Neues zu entwerfen und die dazu notwendigen Investitionen auf den Weg zu bringen.

Konsequente Dezentralisierung bedeutet auch, die Struktur so schlank wie möglich zu halten. Seit den 1980er-Jahren wurden etwa ein Viertel der Hierarchiestufen abgebaut. Hierarchien fördern keine Eigeninitiative, sondern Gehorsam.

Châteauform

2010 ging Châteauform aufgrund des Wachstums von einer nach Funktionen zu einer nach Ländern geordneten Organisationsstruktur über. Die für die Regionen zuständigen Führungskräfte haben die Aufgabe, neue Standorte zu finden, das Geschäft zu entwickeln und die Schlösser bei der Verwaltung zu unterstützen. In der Hierarchie sind sie den Leitern der Seminarorte allerdings nicht übergeordnet. Châteauform will eine zunehmende Hierarchie vermeiden und den Unternehmensfokus nicht auf die interne Struktur richten, sondern auf den Kunden.

In einer Studie zur Auswirkung von Hierarchien auf die Wertschöpfung von Unternehmen zeigte sich, dass ein Hierarchieabbau die Effizienz von Firmen um 15 Prozent erhöht (Beckmann und Kuhn). Starke Hierarchien geben den Personen an der Basis das Gefühl der Machtlosigkeit; diese sind geistig weniger flexibel und konzentrieren sich mehr auf Details als auf das große Ganze. Während in einer streng hierarchisch gegliederten Unternehmung viel Information zwischen den Ebenen verloren geht, ist eine flache Hierarchie schneller, entscheidungsfreudiger und flexibler. Der Hierarchieabbau hat aber auch seine Grenzen: Flaschenhälse entstehen, es gibt nur noch wenige Aufstiegsmöglichkeiten und die Führungsspanne wird zu groß. Dennoch kommt eine befähigte Firma meist mit weniger Hierarchiestufen aus, sofern Verantwortungen und die dazu notwendigen Kompetenzen konsequent delegiert werden und dadurch die Führungsarbeit entlasten.

3.2 Konsequente Dezentralisierung: die Basis befähigen! 59

Beispiel: Siemens

Der breit aufgestellte deutsche Industriekonzern ist größenmäßig ein Gigant, gilt aber seit einiger Zeit als träge und bürokratisch aufgestellt. 2014 präsentierte der neue CEO Joe Kaeser ein Bündel von Maßnahmen, um das Unternehmen zu höherer Rendite, mehr Schlagkraft in den Märkten und besserer Organisation zu führen. Im Mittelpunkt der Reorganisation steht eine stärkere Dezentralisierung der Geschäftsbereiche. Zentrale Maßnahmen dazu sind der Wegfall einer Hierarchieebene sowie eine größere Unabhängigkeit der Divisionen.

Befähigung der Mitarbeitenden ist eine zentrale Voraussetzung für eine starke Innovationskultur – diese zeichnet sich durch folgende Elemente aus (Stern, zit. nach Gassmann et al.):

- Große Bedeutung von Empowerment und Eigeninitiative in einer Vertrauenskultur, die Fehler bewusst zulässt (vgl. Kapitel 2); der größte Feind der Kreativität ist die Angst.
- Entsprechende Rahmenbedingungen, also die Erlaubnis zu Experimenten und Aktivitäten außerhalb der Kernaufgaben. (Bei 3M haben zum Beispiel alle Mitarbeitenden die Möglichkeit, 15 Prozent ihrer Arbeitszeit in kreative Tätigkeiten außerhalb ihrer eigentlichen Tätigkeiten zu investieren.) Zeitliche Freiräume spielen gemäß neuerer Hirnforschung eine entscheidende Rolle bei bahnbrechenden Innovationen (Google-Produkte wie Gmail oder Google Earth sind das Ergebnis von Kreativzeiten); außerdem steigern unstrukturierte Zeitfenster für kreative Tätigkeit das Selbstwertgefühl, die Zufriedenheit und die Motivation der Mitarbeitenden (Waytz und Mason).
- Serendipity; die Gabe, den glücklichen Zufall auch zu nutzen, setzt ein hohes Maß an intrinsischer Motivation voraus (vgl. Kapitel 1).
- Hohe Diversität der Mitarbeitenden (vgl. Kapitel 6)
- Eine zentrale Bedeutung der Kommunikation und Kooperation im Unternehmen (vgl. Kapitel 4); Innovation ist fast immer das Ergebnis intensiv gelebter Kommunikations- und Austauschprozesse.

Innovation ist eines der Zauberworte der heutigen Unternehmensführung. Alle wollen es, niemand kann es „herbeimanagen". Die Lenkbarkeiten liegen an anderer Stelle, bei den Samen, den Wurzeln der Innovation und ihren Gärtnern: Nebst weiteren Prinzipien, die in bisherigen und kommenden Kapiteln diskutiert werden, sind Empowerment und ein systemisches Führungsverständnis notwendig (vgl. Abschnitt 3.4). Dagegen stellen komplizierte Prozesse und lange Entscheidungswege wahre Kreativitätsbremsen dar. Im nachfolgenden Abschnitt wird aufgezeigt, warum hier weniger oft mehr ist.

3.3 Entschlacken: Weniger ist mehr

Warum herrscht in vielen Unternehmen eine faktische Fehlervermeidungsstrategie mittels Regeln und Kontrollen? Einen Fehler zu beheben, ist in einigen Bereichen und Branchen teurer, als ihn vorher zu vermeiden, etwa in seriellen Produktionen, in der Industrie, Flugbranche oder Medizin. Allerdings gilt in vielen Umgebungen das Gegenteil, insbesondere, wenn kreative Prozesse eine Rolle spielen. Oft gewinnt man deutlich mehr, wenn in einer freiheitlichen Umgebung eine Abweichung, ein Fehler ex post rasch behoben wird. Versucht man stattdessen, ex ante durch ein Konglomerat von Einschränkungen den Fehler gar nicht entstehen zu lassen, wird durch die Regulierung auch vieles andere unmöglich: Schnelligkeit, Kreativität, Out-of-the-Box-Denken, Flexibilität, oft auch intrinsischer Antrieb. Die Gesamtkosten sind oft deutlich höher. Warum setzen trotzdem so viele Unternehmen auf eine Fehlervermeidungsstrategie? Weil jeder passierte Fehler evident ist, während jede verpasste Chance naturgemäß verborgen bleibt. In stark regulierten Unternehmen wird nicht erkennbar, welche positiven Effekte durch das Regeldickicht ebenfalls verhindert wurden. Dueck spricht mit Blick auf die zunehmende Bürokratisierung von Firmen vom Entstehen einer „systemimmanenten kollektiven Dummheit".

Es ist wichtig, den Zielkonflikten ins Auge zu sehen, statt sie zu negieren: „Immer mehr" funktioniert schlicht nicht. Die zur Verfügung stehenden Ressourcen sind begrenzt und nur bedingt erweiterbar: Dies gilt für Arbeitszeit ebenso wie für Verarbeitungskapazitäten oder Frustrationstoleranz. Wer an einem Ort mehr will, muss sinnvollerweise irgendwo anders Raum schaffen. Passiert dies nicht, fühlen sich zunehmend mehr Angestellte in der Beschleunigungsfalle: Mit Blick auf die Konkurrenz werden die internen Leistungsvorgaben erhöht. Die Ziele werden vorgegeben und wechseln ständig. Es werden eine Vielzahl von neuen Projekten lanciert, gerne parallel, Aufgaben und Prozesse verdichtet. Weil dies alles nicht so schnell zu den erhofften Ergebnissen führt, ändern sich auch noch die Managementmethoden. Die Handlungsspielräume sind klein, Regenerationsphasen gibt es nicht. Und die Menschen sind überbelastet, dauerbelastet, mit vielem gleichzeitig belastet, und das mit verheerenden Folgen: Kündigungsabsichten und Aggressionen, emotionale Erschöpfung und Resignation nehmen zu, während Effizienz, Gesamtleistung, Mitarbeiterbindung und Rentabilität abnehmen (Bruch und Kowalevski). Gemäß Bruch stecken heute 50 Prozent der Unternehmen in der Beschleunigungsfalle.

Allerdings haben sich nicht nur die Anforderungen von außen erhöht. Grundsätzlich neigt der Mensch zu mehr. Er ist gerne bereit, das Gute gegen das Neue einzutauschen. „Neu" ist nicht zufällig das häufigste Wort in der Werbung. „Neu" verspricht „Besser". Wir sind umzingelt von guten Absichten, gerade auch im Management. Selbstverständlich wollen wir, dass es besser wird, und bemühen uns entsprechend. Das bedeutet oft auch: „Mehr". Und „Mehr" hat Kosten, vor allem Opportunitäts-

 Zunehmende Komplexität kann nicht mit Regeln bewältigt werden.

kosten: Wenn man sich für etwas entscheidet, muss man fast immer auf anderes verzichten. Crowding-out nennen dies die Ökonomen. Das Phänomen besteht überall, wiegt allerdings umso schwerer, je größer die Firma ist. Größe hat viele Vorteile, aber Komplexität ist ein wahrer Killer. Und so wuchern die Regeln, Vorgaben und Weisungen mit den besten Absichten und der Gefahr, dass in einer Firma immer mehr Personen mit internen Abstimmungen, Koordinationen und Prüfungen beschäftigt sind, statt sich draußen um die Kunden zu kümmern. Schleichend wird die Firma innenorientierter, unüberschaubarer, komplexer und langsamer. Compliance statt Wertschöpfung. Bürokratie statt Kundenfokus. Dabei wissen wir: Nicht die Großen fressen die Kleinen, sondern die Schnellen die Langsamen.

Kleine Firmen haben hier unschätzbare Vorteile: überschaubar, einfach, unkompliziert, mit gesundem Menschenverstand schnell zu sein. Nicht umsonst kennen einige große Unternehmen ein zwingendes Amöbenprinzip: Jeder Firmenbereich, der auf mehr als 150 Mitarbeitende angewachsen ist, muss sich aufteilen. Kleine, eigenständige Einheiten mit möglichst vielen Handlungskompetenzen sind agiler am Markt und näher beim Kunden. Empirisch erhärtet ist zudem, dass die Fluktuationsrate mit zunehmender Größe und Komplexität des Unternehmens ansteigt (Simon).

Beispiel: Procter & Gamble

Procter & Gamble (P&G) gehört zu den führenden Konsumgüterherstellern der Welt. Zum breiten Produktportfolio gehören u. a. Marken wie Ariel, Braun, Duracell, Gillette, Meister Proper, Pampers, Swiffer oder Wella. Damit die circa 126.000 Mitarbeitenden in sinnvollen Strukturen arbeiten können, setzt Procter & Gamble auf familiäre und fokussierte Geschäftseinheiten, die als Profit-Center aufgestellt sind. Dies sorgt für kleine Teams, die sich einem Kunden, einer Marke oder einem Projekt verpflichtet fühlen. Ein wichtiges Prinzip ist, dass jede und jeder sofort Verantwortung übernehmen soll, selbst Praktikanten und Studenten.

Im Frühling ist Entschlacken angesagt. Schlank und rank wollen wir in den Sommer. Firmen können dies auch. Gegen die Verdrängung durch immer mehr Aufgaben, Regeln, Vorschriften, Prozesse hilft ein Frühlingsputzcheck: Bei der nächsten Geschäftsleitungssitzung geht es nicht nur darum, was anders, neu und zusätzlich gemacht wird, sondern auch explizit darum, was gestrichen werden kann, und zwar auf der Ebene sowohl der inhaltlichen Projekte als auch der Managementinstrumente: Welche geplanten Aufgaben und Projekte sind nicht zwingend nötig, weil weder sehr wichtig noch ausgesprochen dringlich? Inhaltlich Wichtiges ist für später zu terminieren, weniger Wichtiges zu streichen. Noch anspruchsvoller ist die Überprüfung von Managementsystemen: Auf welche Planungen und Prozesse können wir verzichten? Welche Vorschriften brauchen wir nicht mehr? Welche Controlling-Routinen haben sich überholt? Was ist nicht zwingend nötig? Und auf der Agenda wird ein stehender Punkt eingeführt: Was lassen wir sein, weil es letztlich nicht wertschöpfend ist?

Châteauform

Châteauform ist über die Jahre stark gewachsen. Die menschliche Tendenz, neue Regeln und Prozesse aufzustellen, um die Effizienz zu erhöhen, ist auch bei Châteauform spürbar, und so entstehen da und dort neue Formulare und Berichtswesen. Horovitz führt dazu aus: *„Solche Ereignisse führen zu etwas, das ich die ‚heimliche Organisation' nenne. Wer in Großunternehmen arbeitet, kennt die lähmende Wirkung von Bürokratie. Eine dezentrale Organisation, die flexible, selbstständige Mitarbeiter braucht, ist damit nicht zu vereinbaren. Darum veranstaltet Châteauform einmal im Jahr einen sogenannten ‚Kill the Rules Day'. Dort stellen unsere Mitarbeiter sämtliche Regeln vor, die neu entstanden sind. Wir streichen sie alle ersatzlos."*

Insbesondere der zweite Punkt – Abbau von Managementkrücken – ist die logische Konsequenz einer Vertrauenskultur, die auf Eigenmotivation setzt und dazu Freiräume und Handlungsbefugnisse schafft. Das Motto ist: „So viel Management wie nötig, so wenig wie möglich", im Wissen, dass verkrustete Strukturen und Bürokratie eine lähmende Wirkung haben. In vielen Unternehmen haben wir heute zu viel Management-Tools, die letztlich misstrauensbasiert sind. Und damit sind auch zu viele Stellen verbunden, die wenig Wertschöpfung generieren. Solche Stellen werden kaum je abgebaut, auch wenn der Bedarf nicht mehr unmittelbar vorhanden ist – die Personen finden immer wieder Tätigkeiten, um ihre Stelle zu rechtfertigen (man denke in vielen Unternehmen an die Unmengen an Controllern). Konsequenterweise muss das Grundgebot heißen: Fokus auf die wertschöpfenden Aktivitäten! Auf alles, was nicht direkt oder mindestens unterstützend mit der unternehmerischen Wertgenerierung zu tun hat, kann verzichtet werden. Nachfolgend sind Bereiche wie Controlling, Budgets und Jahresplanungen aufgeführt, für die heute oft gilt: Weniger wäre mehr.

Controlling auf wenige Zahlen konzentrieren

In vielen Unternehmen, vor allem großen, gibt es sehr viele Kennzahlen. Es ist keine Seltenheit, dass in einem mittleren Unternehmen insgesamt eine dreistellige Zahl an Kennzahlen erhoben wird. In großen wächst sich dies teils bis zum vierstelligen Ungetüm aus und es herrscht ein wahrer Kennzahlenfetischismus. Das Zahlenset ist oft historisch und zufällig gewachsen und nicht konzeptionell abgestimmt und integriert. In den meisten Organisationen gibt es schlicht zu viel nicht wirklich aussagekräftige und wertschöpfende Leistungsmessung, ja eigentliche Erbsenzählerei.

Die fatalen Konsequenzen einer Engfassung menschlicher Leistung können nicht genug betont werden. Leistung ist ein vielschichtiges, multidimensionales Konstrukt, das ein Panoptikum an verschiedenen Facetten beinhaltet, darunter so relevante wie die Ausrichtung auf angemessene Ziele in einer sich dynamisch verändernden Umwelt, langfristige Investitionen in Wissen und Können oder Aus- und Weiterbildung. Je eher ein Vorgesetzter dem Leistungsmessungsgedanken zugetan ist, desto häufiger konzentriert man sich auf quantifizierbare, leicht messbare und eher kurzfristig ausgerichtete Ziele und vernachlässigt dabei oft die qualitativen, weichen, komplexen und langfristigen Leistungsdimensionen. Meist sind diese aber wichtiger für den nachhaltigen Erfolg.

Eine Handvoll Schlüsselindikatoren auf jeder Organisationsebene und in jedem Verantwortungsbereich reichen fast immer aus. Bevor eine Kennzahl dauerhaft verwendet wird, sollte stets gefragt werden: „Kann der Indikator Verhalten verändern und zu letztlich wertschöpfenden Handlungen führen?" Ist dies nicht der Fall, kann auf die Größe verzichtet werden. So angewendet, dürfte sich das Controlling deutlich verschlanken (Pfläging).

Eine überschaubare Anzahl an Kennzahlen ist im Regelfall ausreichend.

Auf oberster Ebene steht eine substanzielle Balanced Scorecard im Zentrum, welche in jedem der wichtigen Leistungsbereiche – klassisch: Mitarbeitende, Kunden, Prozesse, Finanzen – wenige, wirklich aussagekräftige Kennzahlen abbildet, welche die Strategieumsetzung aufzeigen. Die Schöpfer der Balanced Scorecard, Kaplan und Norton, haben festgehalten: *„By twenty is plenty"*, also kann jeder Leistungsbereich mit maximal fünf zentralen Kennzahlen auskommen.

Die kluge, strategiebasierte, auf ganzheitliche Unternehmensleistung ausgerichtete Kennzahlenauswahl ist der kritische Akt im Controlling. Statt sich von farbigen Dashboards und blinkenden Tachos ablenken zu lassen, sind Führungspersonen gut beraten, die unternehmerischen Zusammenhänge als komplexes System zu sehen, in dem den Lenkbarkeiten hinter den Indikatoren die zentrale Bedeutung zukommt.

Ein systemisches Verständnis weiß um die mangelhafte Steuerbarkeit der „Hebel" und die komplexe Wirkungsdynamik. Gute Führung ist Systemgestaltung und behutsame Beeinflussung von relevanten „Lenkbarkeiten" und nicht hektisches Hebeln. Die Machbarkeit von Management ist klein. Kluge Führungskräfte verstehen die relative Aussagekraft von Kennzahlen und wissen, dass der wichtigere und viel anspruchsvollere Part jener der Umsetzung in richtige Schlussfolgerungen und sinnvolle Maßnahmen ist (Waibel und Käppeli).

Wie bei vielen Managementfunktionen gilt auch für das Controlling: „So viel wie nötig, aber gleichzeitig so wenig wie möglich!" Kunden kaufen kein Controlling. Der Traum vom Managementtacho, der analog zum Fahren auf der Straße auf einen Blick die allerwichtigsten Informationen zusammenfasst und damit ein einfaches Steuern ermöglicht, ist scheinobjektiv und anmaßend. Unternehmensführung setzt intime Kenntnisse der Gesamtorganisation als komplexes soziales System voraus. Unwägbarkeiten, Systembrüche, Inkonsistenzen, Zielkonflikte und neue Informationen spielen in diesem Kontext eine wichtige Rolle. Tagtäglich treten Situationen auf, die noch nie exakt in der gleichen Art und Weise eingetreten sind – anders als bei der Fahrt auf der Autobahn (Pfläging). Dafür braucht es ein systemisches Führungsverständnis und entsprechende Fähigkeiten in Form von Können. Ein Managementcockpit kann hier nur begrenzt unterstützen.

Beispiel: Aldi

Der inzwischen global operierende Handelskonzern Aldi gehört in der Sparte „Discount" zu den führenden Konzernen der Welt. Hinter dem System Aldi stehen eherne Erfolgsprinzipien. Zu den wichtigsten gehören Dezentralisierung, Autonomie und Einfachheit. Das Unternehmen gliedert sich regional in rechtlich selbstständige Gesellschaften, die klein und übersichtlich sind – über einer bestimmten Größe erfolgt in der Regel eine Zellteilung.

Diese dezentrale Struktur ermöglicht flache Hierarchien und schnelle Aufstiegschancen für die Mitarbeitenden. Führungspersonen werden nur aus den eigenen Reihen besetzt.

Die Firmenzentralen sind ähnlich spartanisch wie die Filialen besetzt, auch personell. Es gibt keine Controlling-Abteilung und fast keine Stäbe; Spezialaufgaben werden von den Führungspersonen in der Linie übernommen. Der Personalbereich ist ausschließlich administrativ tätig und besitzt keine Befugnisse gegenüber der Belegschaft. Die Leistungserbringung bleibt vollständig den regionalen Gesellschaften überlassen, die Zentralen fokussieren auf die Gestaltung des Geschäftsmodells.

Vorgesetzte lassen ihre Mitarbeitenden aufgrund der Verantwortungsaufteilung in knappen Rollenbeschreibungen entscheiden und handeln. Das Hochdelegieren von Entscheidungen der Basis an die Chefs ist nicht erlaubt.

Aldi operiert bewusst sehr einfach: überschaubare Anzahl von Produkten, einheitliche Preise, wenige Geschäftsprinzipien, kaum Controlling, einfache Informationssysteme, keine Jahresplanung, externe Beratung oder Marktforschung. Hierzu passen die kulturellen Werte der Askese und Bescheidenheit. Aldi fühlt sich der Einfachheit verpflichtet und verzichtet auf alles, was nicht als unabdingbar betrachtet wird, vor allem auch auf Bürokratie. Aldi hat gegenüber Mitarbeitenden und Lieferanten strenge ethische Grundregeln, zahlt gegenüber der Branche überdurchschnittliche Löhne und beteiligt alle am Filialumsatz (Pfläging, Brandes).

Budgets und Jahresplanungen reduzieren

Diese sind heute das vorrangige Instrument, um die Strategie zu konkretisieren und zu kommunizieren. Die Strategie wird dabei in quantitative, überwiegend finanzielle Kennzahlen übersetzt und in den einzelnen Organisationsbereichen detailliert. Dieser Prozess ist geprägt von Verhandlungen und taktischen Manövern und lässt relevante qualitative und immaterielle Dimensionen von Leistung außer Acht. Zudem ist er aufgrund von absoluten Werten oft inflexibel und innen- statt außenorientiert. Schon Jack Welch, ehemalige Führungsikone von General Electric, hielt fest, Budgetierung sei die ineffizienteste Managementpraxis überhaupt. Der ehemalige Geschäftsführer von Aldi, Dieter Brandes, schreibt, Budgets seien „die Krönung der unternehmerischen Bürokratie".

Und bessere Planung, raffiniertere Prognosen sind „More-of-the-same", die das Dilemma der prinzipiell unvorhersehbaren Zukunft nicht lösen. Letztlich lässt sich festhalten: Pläne sind nicht auf das Kerngeschäft ausgerichtet und damit nicht wertschöpfend, aufwendig und teuer, außerdem von chronischem Wunschdenken durchsetzt und deshalb immer Opfer von Manipulation (Pfläging).

Beispiel: Hilti

Hilti ist als weltweit tätiger Bauausrüster mit etwa 21.000 Mitarbeitenden Spezialist in der Befestigungstechnik. Bis 2005 war ein herkömmlicher Budgetprozess institutionalisiert: Das jährliche Budget wurde aufgestellt, dann umgesetzt, kontrolliert, obwohl sich in der Zwischenzeit die Rahmenbedingungen bereits wieder geändert hatten. Der riesige Aufwand für die Budgetierung wurde 2005 abgeschafft. Zwar wird nicht auf Planung verzichtet, aber es kommt eine Light-Variante zum Einsatz, mit langfristigen Verbesserungszielen und relativen Marktzielen. Zentrale Elemente bei Hilti sind ein hohes Maß an Vertrauen, das manche Kontrollen erspart, und gelebte Verantwortung der Mitarbeitenden.

Viele Firmen reagieren auf die zunehmende Komplexität und Dynamik mit stärkerer Planung und längeren Planungshorizonten. Das Gegenteil sollte der Fall sein: Auf eine ständig wachsende Unsicherheit sollte mit weniger Planung reagiert werden. „Proaktives Handeln" ist ein schönes Schlagwort, funktioniert aber in der heutigen Dynamik immer weniger. Wer kann auch nur schemenhaft abschätzen, was in drei Jahren sein wird? Detailliertes Planen der Firmenzukunft auf fünf Jahre hinaus ist grober Unfug. Der Blick in die Zukunft sollte nicht dadurch getrübt werden, dass etwas vorweggenommen, ausgewählt und entschieden wird. Statt mit Prämissen von heute auf morgen zu schließen und zu früh Handlungsoptionen zu bestimmen, besteht die strategische Herausforderung daraus, aus realen Entwicklungen zu lernen, neue Trends zu erkennen und auf die sich abzeichnenden Fakten zu reagieren (Pfläging). In einer solchen Sicht gewinnen Experimente und Trial-and-Error-Verfahren an Bedeutung (Kaduk et al.). Strategische Planung ist etwa bei Aldi unbekannt: Neues wird in ein paar Filialen ausprobiert. Wenn es nicht funktioniert, wird das Experiment beendet oder angepasst und wiederum getestet. Erst wenn sich Neues bewährt hat, wird es vom gesamten Konzern übernommen.

Beispiel: Southwest Airlines

Southwest ist Pionierin und mit mehr als 45.000 Mitarbeitenden weltgrößte Vertreterin im Segment der Billigfluggesellschaften. In diesem hartumkämpften Segment erwirtschaftet sie seit 1973 ununterbrochen Gewinn, was bisher keiner anderen Airline gelungen ist.

> Southwest macht vieles anders als die anderen, stellt Mitarbeitende an die erste Stelle, zahlt trotz Billigflug-Geschäftsmodell die höchsten Löhne, lehnt Hauruckaktionen wie Entlassungen zwecks Kostensenkung ab, pflegt eine Kultur des Spaßhabens, praktiziert Empowerment. Und Southwest ist sehr flexibel und schnell, weil sie auf vieles verzichten: Ohne Kostenrechnung, strategische Pläne, Langfristplanung und fixierte Ziele schafft die Firma Raum für ihre Mitarbeitenden, in Rekordgeschwindigkeit auf Marktveränderungen reagieren zu können.

Letztlich unterliegen Budgets und Planungen oft dem gleichen Bedürfnis nach Steuerungsmöglichkeiten und Kontrolle wie viele andere Managementtools auch. Es ist Zeit, sich im Management der weitgehenden Kontrollillusion zu stellen und den Blick auf das zu richten, was sinnvoller ist: die Übernahme eines systemischeren Führungsverständnisses. Deming, der Pionier des Qualitätsmanagements und Vater des Produktionssystems bei Toyota, zog mit Blick auf das bisherige Managementgebaren ein drastisches Fazit: *„Unser vorherrschendes Managementsystem hat die Menschen zerstört. Die Menschen verfügen von Geburt an über eine intrinsische Motivation, besitzen Selbstachtung, Würde, Neugier und Freude am Lernen. (...) In der Arbeitswelt werden die Menschen, die Teams, die Abteilungen eingestuft und bewertet, die oberen werden belohnt, die unteren bestraft. Management durch Ziele, Sollvorgaben, finanzielle Anreize und Businesspläne, all diese Maßnahmen, die jeweils für sich umgesetzt werden, Abteilung für Abteilung, verursachen weiteren Schaden, dessen Größe auch nicht nur annähernd abzuschätzen ist"* (zit. nach Senge).

■ 3.4 Anwendung: Führungsverständnis und Code of Conduct

Im Loslösen von misstrauensbasierten und kontrollorientierten Managementinstrumenten liegt eine große Chance: Der Kitt des Vertrauens ersetzt die Krücken der Bürokratie. Wenn Unternehmen ihre Strukturen verschlanken und die Regeln vereinfachen, steigen Effizienz, Kundenzufriedenheit und Unternehmenserfolg. Die bisherigen Ausführungen haben klar gemacht, dass eine transaktionale Top-down-Führung – Fokus auf Ziele setzen, Leistungskontrolle, Belohnung/Bestrafung – im 21. Jahrhundert nicht mehr funktional ist. Gefragt ist allerdings mehr als nur ein transformationales Verständnis von Führung, das menschenorientiert und inspirierend ist. Notwendig ist ein grundsätzlich anderes Systemverständnis. Dies setzt zuerst die Veränderung des eigenen Verhaltens voraus – individuelles Lernen als Voraussetzung für organisationales Lernen –, insbesondere im Bereich des persönlichen Führungsverständnisses.

Sich von tatsächlichen (oder nur vermeintlichen) Kontrollzwängen zu lösen, befreit. Im Kopf und in der Agenda. Im Kopf: „Als Führungsperson habe ich zwar eine Gesamtverantwortung, aber das heißt nicht, dass ich alles bis ins Detail überschauen muss. Ich kann, ja muss mich letztlich auch auf mein Team verlassen. Und es lohnt sich, loszulassen und Vertrauen in die guten Absichten meiner Mitarbeitenden aufzubauen." In der Agenda: „Nicht mehr alles überwachen zu müssen, schafft Raum für ein tiefergehendes Verständnis von Führung: Ich kann als Befähiger Menschen stärken und als Gestalter Einfluss auf günstige Rahmenbedingungen ausüben, damit meine Mitarbeitenden ihr Potenzial ausschöpfen können." Ein solcher, „altrozentrischer Führungsstil" (Vielmetter) kennzeichnet Menschen, die wissen, dass sie nur selbst stark werden, wenn sie andere stark machen. „Altrozentriker" weisen ein beachtliches Maß an Empathie, Integrität, Offenheit sowie emotionaler Reife und Intelligenz auf. Sie schaffen die Bedingungen dafür, dass Mitarbeitende in ihrer Arbeit Sinn und Bedeutung finden (vgl. Kapitel 5).

Vertrauen ersetzt Kontrolle.

Ein solches Führungsverständnis setzt den bewussten Machtverzicht voraus. Manager müssen loslassen wollen, dem Selbstbild des Machers abschwören. Auch zentrale Stellen (F&R, Personal usw.) müssen umlernen, in Richtung interne Dienstleister, „Enabler". Bei dm-drogeriemarkt dauerte der Prozess einige Jahre, bis die zentralen Supporteinheiten es als vorrangigste Aufgabe ansahen, den Filialen Dienstleistungen anzubieten. Der Geschäftsführer, Erich Harsch, sagt dazu: *„Der Zentrale die Arroganz auszutreiben, das war ein jahrelanger Prozess."* (Pfläging)

Châteauform

Einer der zentralen Werte von Châteauform heißt „Familiengeist". Das Unternehmen lässt die Leiter der einzelnen Standorte regelmäßig die Dienste der Unternehmenszentrale beurteilen. Châteauform schüttet einen Bonus aus, der an die Zufriedenheitswerte gekoppelt ist: jene der Standortteams an die Kundenzufriedenheit, jene der Unternehmenszentrale an die Zufriedenheit der Standortleiter. Damit soll das Verständnis, dass sich jeder Mitarbeitende als Dienstleister eines internen oder externen Kunden versteht, gefördert werden.

Um in einem Unternehmen das Führungsverständnis in Richtung Empowerment und Systemgestaltung zu transformieren, ist in aller Regel ein mehrstufiger Prozess notwendig. Die wichtigsten Schritte dazu sind:

- Diskussion und Anpassung des eigenen Verständnisses im Führungskreis,
- Erarbeitung eines verbindlichen Führungs-Code of Conduct im Führungskreis,
- Umsetzung.

Nachfolgend sind die einzelnen Schritte kurz ausgeführt.

Eigenes Verständnis im Führungskreis diskutieren und anpassen

Das veränderte Führungsverständnis und seine Wurzeln sind in einem ersten Schritt mit dem Führungszirkel in Workshops zu diskutieren. Es geht darum, die eigene Rolle als Führungsperson zu hinterfragen und auf die neue Realitäten anzupassen. Damit kann das Selbstverständnis von Führungspersonen in Richtung „Ermöglicher" entwickelt werden. Deren primäre Aufgabe ist es, die Zusammenarbeit von Menschen zu unterstützen sowie Gelegenheiten, Möglichkeiten, Räume usw. zur Verfügung zu stellen, in welchen Menschen eigenverantwortlich ihre Aufgaben lösen können.

Es geht um das Führen als Management von Rahmenbedingungen, welche den Mitarbeitern genügend Freiraum und ausreichend „Leitplanken" bieten (anstelle „Steuerung", also direktiver Einflussnahme auf Handlungen). Das ist Führen in einer systemischen Sicht (Führung kann Systeme verändern und weniger Individuen): Individuelles Verhalten kann kaum über eine Änderung der Person, aber durch Anpassungen des Systemrahmens beeinflusst werden. Vornehmste Aufgabe von Führung ist dann, bestehende Hindernisse auf dem Weg zum Ziel zu beseitigen.

Führungspersonen werden so zu Systemgestaltern, die das Primat der weichen Faktoren innerhalb der Unternehmensführung erkennen: Mitarbeiterführung, Motivation, Kommunikation, Kooperation und Veränderungskompetenz (weiche Faktoren) sind für den langfristigen Erfolg der Unternehmung wichtiger als harte (Strukturen, Prozesse, Steuerungsmechanismen) und bilden die Basis für nachhaltige Wertschöpfung.

Führungspersonen sind Systemgestalter.

In Unternehmen mit diesem Verständnis treffen Führungskräfte systematisch weniger Entscheidungen als in herkömmlichen Firmen. *„Führung wird hier zur Übung in Selbstbegrenzung, Selbstbescheidung und Demut."* (Pfläging) Die höchste von fünf Ebenen zur Einstufung von Managementqualitäten charakterisiert Level-5-Manager denn auch mit folgenden Eigenschaften: Bescheidenheit, Entschiedenheit, Zurückhaltung, Konsequenz und mangelnde Starallüren (Collins). Die bewusste Zurückhaltung anzunehmen, braucht Reflexion, damit es Führungspersonen gelingt, das Plus zu erkennen: den Gewinn „echten" Einflusses, als aktive Ratgeber, Coaches, Supporter, Feedbackgeber. Persönliche Autorität (Vorbildfunktion, Kompetenz, Glaubwürdigkeit, Authentizität) übernimmt die Stelle der Positionsmacht.

Châteauform

Bei Châteauform wird ein Führungsverständnis gefördert, bei dem sich die Teamleiter nicht als Macher, sondern als Dienstleister verstehen. Damit dies auch gelebt wird, wird Führung als wesentlicher Teil der jährlichen Schulungen thematisiert. Für die Standortleiter bestehen eigene Trainings zum Thema Führung. Ziel ist die Erkenntnis, dass das Team nicht den Standortleitern dient, sondern diese dem Team. Statt Befehle zu erteilen, steht die Orientierung im Vordergrund, wie die Standortleiter den Mitarbeitenden helfen können, ihre Aufgaben gut zu bewältigen.

Verbindlichen Führungs-Code of Conduct im Führungskreis erarbeiten

Um die Verbindlichkeit des entwickelten Führungsverständnisses zu erhöhen und besser im Arbeitsalltag umsetzen zu können, empfiehlt es sich, dies in Form eines internen Führungs-Code of Conduct schriftlich festzuhalten. Dazu bietet sich wiederum die Erarbeitung in Workshops an. Ein Führungs-Code of Conduct beinhaltet Menschenbilder und Verhaltensgrundsätze.

Menschenbilder definieren, von welchen Kernvorstellungen das Unternehmen ausgeht. (Beispielsweise: „Wir erachten die Theorie Y als Grundlage für eine gelebte Vertrauenskultur. Danach sind Personen intrinsisch motiviert und wollen von sich aus leisten. Menschen gehen dorthin, wo sie geachtet und geschätzt werden.")

Verhaltensgrundsätze setzen fest, zu welchen Basisannahmen sich das Unternehmen in der Zusammenarbeit mit den Mitarbeitenden bekennt, also was es als essenziell in der Führungsarbeit ansieht. Mögliche Beispiele sind:

- Bekenntnis zu Dezentralisierung, Gewähren von Freiräumen und Handlungskompetenzen an der Basis (Empowerment),
- Verbindlichkeit und Leistung als Gegenleistung zu Wertschätzung und Vertrauen (Basis impliziter Vertrag), Verzicht auf Kontrolle und Überwachung,
- Bekenntnis zu offener Feedbackkultur; Politik der offenen Türe und Ansprechbarkeit pflegen,
- Bekenntnis zu und Vorleben von traditionellen Werten wie: Vertrauen, Optimismus, Zuverlässigkeit, Ehrlichkeit, Transparenz, Berechenbarkeit und Leistungsorientierung,
- Bekenntnis zu gelebter Wertschätzungskultur: Individuelle Wertschätzung wird aktiv und wann immer möglich persönlich ausgedrückt (Lob, Anerkennung, Danksagung), kollektive Wertschätzung über Taten gezeigt (Anlässe, Feste, kleinere Belohnungen und Geschenke bei Geschäftserfolgen usw.),
- Tonalität/Sprache/Botschaften: trotz (oder gerade wegen) schwierigen Zeiten auf wohlwollende Aussagen und respektvollen Umgang achten,
- Führen durch Gestaltung von unterstützenden Rahmenbedingungen sowie Fördern und Entwickeln von Menschen; Führungspersonen als Vorbild.

Umsetzung

Auf der Grundlage des internen Führungs-Code of Conduct geht es im dritten Schritt darum, dies in der Unternehmung umzusetzen: Die Geschäftsleitung macht das zentrale Führungsverständnis immer wieder zum Thema (z. B. in Informationen und Ansprachen) und lebt dieses glaubhaft vor. Die gelebte Realität ist der Praxistest für eine veränderte Führungskultur. Zentral ist auch, dass dies nicht nur die oberste Führungsebene umsetzt. Alle Führungsebenen unterhalb der Geschäftsleitung nehmen eine wichtige Scharnierfunktion zwischen Geschäftsleitung und Basis wahr und sind so Kulturträger, welche Informationen transportieren und das Führungsverständnis implementieren.

▪ 3.5 Quintessenz

Es macht Sinn, sich in Erinnerung zu rufen, dass zwischen Vorgesetzten und Mitarbeitenden eine Prinzipal-Agent-Beziehung besteht: Der Prinzipal beauftragt den Agenten in der Hoffnung, dass dieser seine Aufgabe im Sinne des Prinzipals erledigt. Er kann jedoch das Engagement und die Qualitäten seines Agenten bloß mit Einschränkungen erkennen und sieht – wenn überhaupt – nur das Ergebnis von dessen Bemühungen. Der Agent verfügt über einen Informationsvorsprung, da er die eigene Qualität besser kennt und das eigene Verhalten selbst festlegen und entsprechend gut beurteilen kann. Dem ist mit Überwachung und Kontrolle bei anspruchsvollen Tätigkeiten kaum oder nur zu unverhältnismäßig hohen Kosten beizukommen. Betriebswirtschaftlich sinnvoller ist es, in die Qualität der Beziehung zu investieren, gute Rahmenbedingungen anzubieten und auf die intrinsischen Motive zu vertrauen.

In einer hochkomplexen Welt ist der Chef als Primärwisser nicht mehr die beste Lösung. Wer nur im Lichtkegel der eigenen Laterne optimiert, verpasst viele wichtige Aspekte des großen Ganzen. Viele Geschäftsleitungen überschätzen ihr Zusammenhangswissen und unterschätzen jenes ihrer Mitarbeitenden. Diese können meist, wenn man sie nur ließe! In der Politik hat die Demokratie über die Monarchie gesiegt, in der Wirtschaft noch nicht überall. Einsamen Entscheidern sei die Erkenntnis aus der Arbeitspsychologie ans Herz gelegt: Die wichtigsten Hauptmotivatoren der Arbeit sind Autonomie und Mastery. Beteiligt sein, selber gestalten können in einem Bereich, in dem man es gut kann, ist für qualifizierte Mitarbeitende einer der größten, wenn nicht der größte Motivator überhaupt!

Gerade in der Praxis zeigt sich oft eine halbherzige Umsetzung der Delegation: Aufgaben werden delegiert, in der Regel auch Verantwortlichkeiten. Gerade stehen müssen die Untergebenen also. Deutlich weniger konsequent delegiert werden allerdings die Kompetenzen. Wenn es also etwas Wichtiges und Außergewöhnliches gibt, landet es doch wieder auf der höheren

 Autonomie und Mastery sind die wichtigsten Hauptmotivatoren.

Ebene und der Vorgesetzte entscheidet. Ganz aus den Händen geben will der Chef die Fäden dann doch nicht. Es ist aber wichtig, dass die Front-Leute handlungsfähig sind. Das macht die Firma flexibel, schnell und innovativ. Dezentralisierte, überschaubare Unternehmenseinheiten (max. 150 Personen) gewährleisten eine optimale Kundennähe, dienen der Komplexitätsreduktion (z. B. in der Kommunikation) und halten schlank und effizient. Viele erfolgreiche Unternehmen, gerade auch die „Hidden Champions" der Nischen-Weltmarktführer, machen das konsequent (Simon). Ihnen ist auch bewusst, dass die zweite und dritte Ebene (Abteilungs-, Gruppenleiter) eminent wichtig sind, weil sie eine zentrale Scharnierfunktion einnehmen. Sie sorgen dafür, dass in der Breite genug Führungsarbeit geleistet wird; beispielsweise flächendeckende Zielvereinbarungen und Mitarbeitergespräche (was in vielen Unternehmen, gerade auch KMU, bis heute nicht Standard ist).

Es ist wichtig, in einer Zeit des Mehr bewusst zu verzichten, um Freiräume und Agilität zu schaffen. Menschen und Systeme müssen laufend Komplexität reduzieren, um handlungsfähig zu bleiben (Boos und Mitterer). Raus aus der Komplexitätsfalle: Für große Unternehmen gilt dies ganz besonders. Sonst läuft man Gefahr, dass sich die Mitarbeitenden im Netz von Vorgaben und Reglements verstricken. Wo Regelungsdichte und Dokumentationswahn steigen, entstehen „kulturelle Kollateralschäden" (Wüthrich): Hingabe, Leidenschaft und Spaß gehen verloren, Performancedruck, Angst, Dienst-nach-Vorschrift-Mentalität und kreativer Systembetrug nehmen zu. Ein regelmäßiger „Frühlingsputz" gibt den Anstoß, konsequent zurückschneiden, was in Firmen wuchert: Projekte, Ziele, Planungen, Budgets, Regeln, auch Kontrollen. Im Fokus bleiben wertschöpfende Tätigkeiten, „Management" braucht es so viel wie nötig, aber so wenig wie möglich. Im aktuellen Zeitalter, oft als „The Age of Less" bezeichnet, bleiben Firmen schlank, auf Wertschöpfung fokussiert.

Dazu müssen alle aktiv beteiligt sein. Die Welt dreht sich zu schnell, als dass Unternehmen heute auf das Mitdenken vieler verzichten könnten. Deshalb setzen erfolgreiche Unternehmen auf die Ermächtigung der Mitarbeitenden. Dies erhebt allerdings Vertrauen zur Grundlage und zeigt sich in einer offenen Kommunikation, transparenten Informationssystemen, intensiver Zusammenarbeit. Der Chef setzt auf persönliche Autorität statt auf Positionsmacht. Führen heißt Ermöglichen: Gestalten von Rahmenbedingungen, damit die Arbeit so wertschöpfend wie möglich wird.

Vertrauen ist der Königsweg, um mit der zunehmenden Komplexität umgehen zu können.

Damit befähigte Mitarbeitende selbstbestimmt entscheiden und handeln können, müssen alle notwendigen Informationen, Zahlen und Daten offengelegt werden. Empowerment bedingt hohe Transparenz und eine breite Informationsverfügbarkeit, damit das Mitdenken aller möglich ist.

Beispiel: Allsafe Jungfalk

Allsafe Jungfalk ist ein KMU im Bereich der Ladegutsicherung mit ca. 130 Mitarbeitenden in der Nähe von Konstanz am Bodensee. Das Unternehmen setzt stark auf Delegation der Entscheidungsbefugnis direkt zum einzelnen Angestellten. *„Damit das Unternehmen dem Markt entsprechend handelt, müssen alle mitdenken und mitgestalten können"*, sagt Geschäftsführer Detlef Lohmann und räumt beträchtliche Freiräume ein. Der Chef selbst trifft keine operativen Entscheidungen.
Bei der Firma gibt es keine regelmäßigen Meetings zu festen Terminen *(„dies sind Zeitfresser mit schlechten Ergebnissen")*, sondern nur Ad-hoc-Besprechungen. Statt eines Berichtswesens vom Rechnungswesen zur Geschäftsleitung werden alle für die tägliche Arbeit relevanten Informationen, Daten und Kennzahlen an schwarzen Brettern aufgehängt. Die Unternehmensinformationen sind in sehr großer Tiefe für alle zugänglich.
Allsafe Jungfalk wurde 2012 zum dritten Mal als Top-Arbeitgeber im Mittelstand ausgezeichnet (Albers).

3.6 Transferportfolio

Wie kann das Prinzip des Empowerment in die Praxis transferiert werden? Wie können Mitarbeitende befähigt, Organisationen entschlackt und Firmen schlank gehalten werden? Nachfolgend finden sich Gedankenanstöße und Maßnahmenvorschläge für die Umsetzung.

→ Verändern Sie die Sichtweise im Unternehmen und wechseln Sie von der Input- zur Outputperspektive: Aus dem Fokus rücken kontrollierbare, aber wenig aussagekräftige Inputgrößen wie Arbeitszeit oder Anwesenheit, während ergebnisorientierte Faktoren wie ganzheitliche Leistungen oder Wertschöpfung pro Kopf wichtiger werden.

→ Kontrollen sind (v. a. bei Wissensarbeitern) ineffizient, weil die Verfahren (wie Sichtkontrollen, Anwesenheitskontrollen, Management by walking around, Controlling-Systeme usw.) kaum zielführend gestaltet werden können und gleichzeitig sehr kostspielig sind. Außerdem sind sie nicht wertschöpfend, sondern vernichten sogar Wert, weil sie demotivieren und Kreativität verhindern. Akzeptieren Sie die Vorstellung von effektiver Kontrolle als Illusion und verzichten Sie auf misstrauensbasierte Managementinstrumente. Investieren Sie stattdessen in Bindungskräfte, die ihre Mitarbeitenden tatsächlich (moralisch) verpflichten, weil Sie ihnen einen Vertrauensvorschuss anbieten.

→ Fehler passieren – wenn Sie sich (wieder einmal) über konkretes Verhalten eines Mitarbeitenden ärgern und es sie in den Fingern juckt, „korrektes" Agieren durch mehr Kontrolle, eine neue Regel oder Vorgabe herbeizuführen, fragen Sie sich stattdessen: Wie kann der Rahmen so gestaltet werden, dass das gewünschte Verhalten wahrscheinlicher wird? Ansätze dazu können sein: Transparenz und Informationspolitik, Mission und Vision bzw. geteilte Firmenwerte oder Personalauswahl (vgl. Kapitel 5).

→ Überprüfen Sie sämtliche Kontrollmechanismen formeller und informeller Art mit dem Ziel, alles nicht zwingend Notwendige abzuschaffen oder mindestens zu reduzieren. Beispiele dafür sind Arbeitsanwesenheitskontrollen, Arbeitszeiterfassungen, permanente schriftliche Absicherungen wie Aktennotizen usw., cc-Mailkultur, Manuale, Organisationshandbücher, Richtlinien, Regeln, Kontrollen, regelmäßige Audits, anonyme Befragungen etc. Unter Umständen ist dazu ein regelmäßiger Check nötig (vgl. „Frühlingsputz" unten).

→ Verzichten Sie auf Stellenbeschreibungen: In einer dynamischen Umgebung sind diese selten aktuell. Stattdessen gilt: Schaffen Sie bewusste Freiräume, die die Selbstverantwortung der Mitarbeitenden fördern.

→ Lassen Sie Mitarbeitende über Ausgaben bis zu einem festgesetzten Betrag selbstständig entscheiden (ohne Rücksprachepflicht).

→ Delegieren Sie so viel Verantwortung wie möglich an die handelnden Einheiten an der Basis. Achten Sie auf die Kongruenz von Aufgaben, Kompetenzen und Verantwortung, insbesondere darauf, dass die Kompetenzen ebenso klar mitdelegiert werden. Für eine weitgehende Dezentralisierung sind zwei Grundsätze wichtig: Überschaubarkeit und Selbstbestimmung (als Rahmenbedingungen für Vertrauen).

→ Verantwortung ist der Zwillingsbruder der Freiheit. Schieben Sie dem „Monkey Game" einen Riegel vor: Lassen Sie nicht zu, dass Mitarbeitende die Verantwortung für eigene Entscheidungen nach oben delegieren. Spielen Sie diese Bälle konsequent zurück.

→ Wen befördern? Viele Menschen machen die Erfahrung, dass die unangenehmsten Führungspersonen jene sind, die – von der eigenen Wichtigkeit ungeheuer überzeugt – nur um sich selber kreisen (sozusagen im homoerotischen Eigenmachtrausch). Prüfen Sie die Fähigkeit von Führungskandidaten zu systemgestaltendem statt ego-orientiertem Management. Es kann für die Managementkultur einem Aufbruch zu neuen Ufern gleichkommen, jene Personen in Führungspositionen zu bringen, die auf Macht wenig Wert legen.

→ Achten Sie auf schlanke Organisationsstrukturen: Vermeiden Sie unnötige Hierarchien und bauen Sie wenn immer möglich Ebenen ab. Je größer Personen die eigene Distanz zum Zentrum des Unternehmens wahrnehmen, desto weniger fühlen sie sich für das Ganze verantwortlich.

→ Geben Sie dem explizitem Einbezug der zweiten Führungsebene (z. B. Abteilungsleiter) großes Gewicht, gerade in KMU: Diese sollten definierte und weitgehende Führungs- und Entscheidungskompetenzen haben, aber auch Verantwortung (z. B. hinsichtlich Zielerreichung entsprechend der Zielvereinbarung, gemessen über wenige zentrale Kennzahlen). In der Praxis zeigt sich immer wieder, dass die Führungskaskade zu wenig konsequent unten ankommt, wobei die kritische Ebene oft jene unterhalb der Geschäftsleitung ist. Pflegen Sie regelmäßige Abteilungsleitersitzungen mit der Geschäftsleitung bzw. führen Sie diese ein (mit dem Ziel, die Abteilungsleiter in die Verantwortung zu nehmen und bewusst zu Botschaftern und Kulturträgern zu entwickeln).

→ Verzichten Sie im Gegenzug auf die weit verbreitete Unsitte des organisatorischen Durchgriffs der Geschäftsleitung direkt zu Mitarbeitenden und umgekehrt. Dies ist reines Macht- und Kontrollgehabe und bis in die Knochen misstrauensbasiert. Wenn Sie eine echte Vertrauens- und Führungskultur implementieren wollen, sind organisatorische Durchgriffe absolut tabu.

→ Verzichten Sie weitgehend auf Planungen und Budgets. Sie bringen wenig und kosten viel (Zeit, Aufwand, Nerven). Gleichzeitig halten Sie die Leute vom Arbeiten ab.

→ Reduzieren Sie das Controlling auf wenige, strategisch relevante und auf verschiedene Bereiche fokussierte Kennzahlen (z. B. über eine zweckmäßige Balanced Scorecard). Verwenden Sie maximal fünf Schlüsselindikatoren pro Organisationsebene und Verantwortungsbereich. Bevor ein Indikator verwendet wird, sollte gefragt werden: Kann er Verhalten verändern und zu wirkungsvollen Handlungen führen? Von der Auslese der Kennzahlen sind die Qualität und Aussagekraft des Kennzahlensystems direkt abhängig.

→ Unterziehen Sie die Sitzungsarchitektur in Ihrem Unternehmen einer kritischen Prüfung. Analysieren Sie vor allem alle regelmäßigen, fix installierten Sitzungen auf ihr Kosten-Nutzen-Verhältnis. Menschen richten sich gerne in bekannten Strukturen ein. Dabei werden die reservierten Zeitgefäße meist ausgeschöpft: Wenn für eine Sitzung zwei Stunden anberaumt wurden, dann wird sie selten bereits nach einer Stunde geschlossen, weil die Besprechungspunkte ausreichend geklärt werden konnten. Hier spielt das Parkinson'sche Gesetz, wonach sich Arbeit in genau dem Maß ausdehnt, wie Zeit für die Erledigung zur Verfügung steht. Verschärfend kommt in Sitzungen das ebenfalls von Parkinson beschriebene Gesetz der Trivialität zum Zug: Die auf einen Agendapunkt verwendete Zeit ist umgekehrt proportional zu der jeweiligen Bedeutung. In Diskussionen werden oft die einfachsten Themen am ausführlichsten besprochen, nicht die wichtigsten. Mit dem Wissen darum lohnt es sich, genau zu prüfen, welche stehenden Sitzungen tatsächlich bedeutsam genug für eine regelmäßige Durchführung sind. Eine Alternative sind Sitzungen, die nur für spezifische Themen anberaumt werden. Deutlich zeiteffizienter als klassische Sitzungen sind Besprechungen, welche im Stehen durchgeführt werden, beispielsweise am Pausentisch. Ebenso hilfreich ist eine gezielte Sitzungsleitung, welche die Wichtigkeit der Besprechungspunkte im Blick behält.

→ Wo immer möglich: Nehmen Sie nicht nur Personen, sondern auch Unternehmensbereiche in die Pflicht und führen Sie eine Profitcenter-Organisation ein, d. h., bilden Sie teilautonome Organisationseinheiten mit Ergebnisverantwortung. Dies verstärkt bei den Teammitgliedern das Gefühl einer Schicksalsgemeinschaft und erhöht Commitment, Solidarität und Engagement.

→ In großen, divisionalen Organisationen ist auf Überschaubarkeit und Gruppenzusammenhalt zu achten. Menschen fühlen sich nachweislich in sozialen Gebilden, die mehr als 150 Menschen umfassen, nicht mehr gut aufgehoben und zugehörig. Große Unternehmungen sollten ihre Geschäftsbereiche nach dem Amöbenprinzip möglichst in kleine, handlungsfähige Einheiten von maximal 150 Personen unterteilen (Schnellbote statt Riesentanker). Diese zeigen sich empirisch als kundennäher, wachstums- und ertragsstärker, krisenresistenter und weisen eine höhere Kompetenz auf.

→ In Innovation, Angebotserstellung/Produktion sowie Logistik: Geschwindigkeit wird im internationalen Wettbewerb immer wichtiger. Vorrangiges Ziel im Bereich der Innovation ist oft die Verkürzung der Time to Market. Dies bedingt schlanke Organisationen mit umfassenden Entscheidungskompetenzen an der Front. Dafür müssen sich Organisationsabläufe (Prozesse) und Strukturen so schnell verändern können wie die Rahmenbedingungen. Diese Flexibilität setzt Kompetenzen und Eigenverantwortung voraus. Achten Sie auch in großen Organisationen darauf, dass der weit verbreitete Ordnungsmechanismus „zentrale Macht" (d. h. alle relevanten Entscheidungen oben in der Hierarchie) nicht greift, zugunsten Geschäftseinheiten mit weitgehender Autonomie.

→ Weil „Immer mehr" trotz Schlankheitsideal zur Natur des Menschen gehört: Führen Sie einen regelmäßigen, mindestens jährlichen Agenda-Schwerpunkt als „Boxenstopp" ein: Dabei geht es um die Priorisierung von aktuellen und geplanten Projekten in Form einer ABC-Analyse. Nur A-Projekte werden weiterverfolgt (weil sie wichtig und dringend sind). Wichtiges, aber nicht Dringliches (B-Projekte) wird für später eingeplant, weniger Wichtiges (C-Projekte) gestrichen.

→ Anspruchsvoller, aber noch wichtiger als die Reflexion und Priorisierung von Sachaufgaben ist das Schlankhalten von Management (weil Menschen und Organisationen trotz bester Absichten zum Wuchern neigen): Startpunkt kann ein regelmäßiger „Frühlingsputz" sein, in dem alle Vorschriften, Regeln und Prozessvorgaben auf den Prüfstand gestellt werden: Was braucht es wirklich, um die wertschöpfende Tätigkeit zu unterstützen? Alles andere kann gestrichen werden, zugunsten Freiräumen, Selbstverantwortung und Vertrauen auf die intrinsische Motivation der Mitarbeitenden.

→ Fragen Sie sich bei jeder neu geplanten Stelle: Ist diese unmittelbar wertschöpfend? Wenn nein, prüfen Sie sehr genau, warum diese wirklich nötig ist. Orientieren Sie sich im Grundsatz daran, darauf zu verzichten. Ist die Stelle einmal geschaffen, finden die Stelleninhaber immer gute Gründe, den eigenen Arbeitsplatz zu rechtfertigen (wie bei der Kontrollumgehung ist auch bei der Stellenrechtfertigung die menschliche Kreativität unerschöpflich). Ein späterer Abbau ist deshalb schwierig.

→ Führen Sie keine neuen Prozesse, Regeln und Vorschriften ein, wenn es nicht absolut notwendig ist. Halten Sie sich das Gesetz der Opportunitätskosten vor Augen: Etwas Zusätzliches tun heißt fast immer, dass etwas anderes unterbleibt. Unnötiges hinzuzufügen oder zu behalten, schadet einer Firma mindestens so sehr, wie Notwendiges zu unterlassen.

→ Machen Sie die Informationspolitik zur Chefsache. Institutionalisieren Sie regelmäßige (z. B. monatlich oder quartalsweise) und bei Bedarf außerplanmäßige Mitarbeiterinfos direkt von der Unternehmensleitung. Geben Sie umfassend Einblick in wichtige Größen der Geschäftsentwicklung (z. B. Geschäftsgang, Umsatzverlauf, Auftragsentwicklung, EBIT usw. samt Performance zur Vorperiode), außerdem Einschätzungen zum Markt, bemerkenswerte Ereignisse und vor allem auch erzielte Erfolge. Nutzen Sie die Gelegenheit, vor allem positive Entwicklungen und besondere Verdienste von Teams und Mitarbeitenden hervorzuheben und den Teamgeist zu stärken. Persönliche und mündliche Kommunikation hat gegenüber schriftlichen Kanälen Vorteile: Sie zeigt per se explizite Wertschätzung und kann diese durch die Art und Weise der Kommunikation zusätzlich betonen. Und es sind Rückfragen und Erklärungen möglich. Mithin kann ein Dialog entstehen.

→ Verfolgen Sie eine offene Informationspolitik, d. h., streuen Sie Wissen und Informationen strukturell möglichst breit. Eine offene Kommunikation fördert Vertrauen, Identifikation und Kreativität. Bei einer weitgehenden Transparenz gibt es keine Geheimnisse, praktisch alles (mit Ausnahme von personenbezogenen Daten wie Löhnen usw.) ist zugänglich, bis hin zu Geschäftsleitungsprotokollen. „Wir schalten das Licht an, damit alle in unserem Unternehmen sehen können." Die Folge ist kohärentes und konsistentes Handeln.

➔ Schaffen Sie für neue Ideen und Innovationen organisatorische Grundlagen, z. B. selbstorganisierte Teams oder eigene Abteilungen, ausgestattet mit den notwendigen Entscheidungsbefugnissen und Kompetenzen; diese sollten explizit Experimente und Ausprobieren in einer rechtfertigungsfreien Atmosphäre einschließen.

➔ Innovationen brauchen eine offene Fehlerkultur und ein inspirierendes Klima. Wenn Sie Innovationen fördern wollen, ist es sinnvoll, bewusste Freiräume (auch zeitliche) zu schaffen. Freiheit bedeutet auch, den Mitarbeitenden die Idee zu geben, dass sie sich auch mal irren können. Nicht jede Idee wird zum Erfolg, aber jeder Erfolg war einmal eine Idee. Würgen Sie neue, vielleicht ungewohnte Ideen nicht zu schnell ab, machen Sie gleichzeitig generelle Gütekriterien für die Ideenbewertung transparent, damit Entscheidungen (auch negative) nachvollzogen werden können.

➔ Bekämpfen Sie die Unkultur des „Immer mehr" – vor allem durch persönliches Vorbild. Mittels Pausen, Muße, Phasen des Nicht-Erreichbar-Seins – denn Daueraktivität ist Fast Food für die Seele – zeigen Sie Ihren Mitarbeitern auf, dass dies keine Karrierekiller sind.

➔ Feiern Sie Erfolge bewusst im Kreise der Belegschaft und zeichnen Sie das Team bzw. zentrale Akteure vor allen aus.

▪ 3.7 Literatur

Aon Hewitt (2011). *Globales Mitarbeiter Engagement.* 9. Dezember 2011.

Albers M. (2012). Der Beta-Chef. *Brandeins* 12/12, S.134-137.

Beckmann M. und *Kuhn D.* (2011). Auswirkungen des Hierarchieabbaus auf die Performance von Schweizer Unternehmen. *WWZ Forschungsbericht 02/11.*

Boos F. und *Mitterer G.* (2014). Einführung in das systemische Management. Heidelberg: Carl-Auer.

Brandes D. (2013). Einfach managen. *Redline.*

Bruch H. und *Kowalevski S.* (2012): Zwischen Hochleistung und Erschöpfung. St. Gallen: Universität St. Gallen.

Collins J. (2011): Der Weg zu den Besten. *Die sieben Management-Prinzipien für dauerhaften Unternehmenserfolg.* Frankfurt: Campus.

Deci E. L. und *Ryan R. M.* (2002). Handbook of self-determination research. Rochester: University of Rochester Press.

Dueck G. (2015). Die Dummheit ist systemimmanent. *Harvard Business Manager, Spezial* 2015, S. 102–105.

Engelen A. und *Esser F.* (2014). So fördern Sie Entrepreneure. *Harvard Business Manager*, Februar 2014, S. 10–11.

Frey B. S. (2013). Vom Glück des Arbeitens. *Finanz und Wirtschaft,* 23. November 2013, S. 3.

Gagné M. und *Deci E. L.* (2005). Self-determination theory and work motivation. *Journal of Organizational Behavior,* 26, S. 331–362.

Gassmann O., Frankenberger K. und *Csik M.* (2013). Geschäftsmodelle entwickeln. München: Hanser.

Gassmann O. und *Friesike S.* (2011). 33 Erfolgsprinzipien der Innovation. München: Hanser.

Güldenberg S. und *North K.* (2010). Die Führung von Wissensarbeitern − (k)eine Kunst. *io new Management*, 1–2/2010, S. 20–23.

Kaduk S., Osmetz D., Wüthrich H. A. und *Hammer D.* (2013). Musterbrecher. *Die Kunst, das Spiel zu drehen*. Hamburg. Murmann.

Lorenz E. N. (1993). The Essence of Chaos. Seattle.

Morieux Y. (2011). Kontrolle ist gut, Vertrauen ist besser. *Harvard Business Manager*, November 2011, S. 46–50.

Pfläging N. (2011). Führen mit flexiblen Zielen. *Praxisbuch für mehr Erfolg im Wettbewerb*. Frankfurt: Campus.

Röösli F. und *Hope J.* (2009). Warum Schildkröten schneller sind als Hasen. *io new Management*, 4/2009, S. 23–26.

Senge P. M. (2011). Die fünfte Disziplin. *Kunst und Praxis der lernenden Organisation*. Stuttgart: Schäffer-Poeschel.

Simon H. (2012). Hidden Champions − Aufbruch nach Globalia. Frankfurt: Campus.

Sprenger R. K. (2010). Die Entscheidung liegt bei dir! Wege aus der alltäglichen Unzufriedenheit. Frankfurt: Campus.

Vielmetter G. (2014). Die Altrozentriker kommen. *Harvard Business Manager*, Oktober 2014, S. 32–41.

Waibel R. und *Käppeli M.* (2013). Betriebswirtschaft für Führungskräfte. *Die Erfolgslogik des unternehmerischen Denkens und Handelns*. Zürich: Versus.

Waytz A. und *Mason M.* (2013). Das Gehirn bei der Arbeit. *Harvard Business Manager*, Dezember 2013, S. 36–48.

Wüthrich H. (2011). Zutrauen − loslassen − experimentieren. *Zeitschrift Führung + Organisation*, 04/2011, S. 212–219.

4 Kooperation fördern: auf den Rahmen kommt es an!

Als Kooperation wird die zielgerichtete, arbeitsteilige Zusammenarbeit von Lebewesen bezeichnet. Naturwissenschaftler berichten, dass Tiere kaum bereit sind, mit Artgenossen außerhalb der Großfamilie zu kooperieren. Dies galt auch für unsere prähistorischen Vorfahren. Irgendwann aber in den vergangenen 10.000 Jahren begannen wir auch mit Fremden zusammenzuarbeiten. So gelang es uns, unser tief verwurzeltes, instinktives Misstrauen und unsere Gewaltbereitschaft gegenüber anderen zu überwinden. Unbekannten zu vertrauen, ist in freier Wildbahn riskant. Dieser Schritt ermöglichte es allerdings zum ersten Mal, komplexe Aufgaben gemeinsam zu erledigen. Die moderne Arbeitsteilung war geboren. Erst dadurch konnten größere und komplexere Gesellschaften entstehen und ein höheres Niveau an Wohlstand erreicht werden. Wie auch die Sprache ist die Fähigkeit, jemand Fremden zu vertrauen, nur uns Menschen eigen. Wahrscheinlich beruht die gesamte moderne Zivilisation auf dieser Art von Zusammenarbeit und Vertrauen (Seabright).

Evolutionsbiologen bezeichnen die Erzeugung von Kooperation in einer konkurrenzorientierten Welt als vermutlich bemerkenswertesten Aspekt der Evolution. Die Evolution hat Kooperation entstehen lassen, bevor diese sich nach ökonomischen Maßstäben zu lohnen begann (Kaduk et al.). Erst in den letzten Jahren verdichten sich die Forschungserkenntnisse aus den wissenschaftlichen Disziplinen, die sich mit menschlichem Verhalten beschäftigen – Psychologie, Soziologie, Wirtschafts- und Politikwissenschaften – dass Menschen keineswegs geborene Egoisten sind. Kinder werden nicht mit der Einstellung des Gegeneinanders geboren. Schon kleine Kinder entwickeln die Motivation, zu teilen und anderen zu helfen. Wenn sie die Wahl haben zwischen kooperativen Spielen und Wettbewerben, wählen sie gemäß Forschungsergebnissen mehrheitlich die Kooperation (Sprenger). Experimente zeigen, dass bei psychisch durchschnittlich gesunden Menschen die Glückssysteme des Gehirns anspringen, wenn sie eine altruistische Entscheidung getroffen haben (Bauer, zit. nach Kaduk et al.). Der Mensch ist von Natur aus nicht nur auf Rivalität hin angelegt, sondern auch – und zwar in beträchtlichem Maße – auf Kooperation.

Obwohl die arbeitsteilige Kooperation in der Nationalökonomie seit Adam Smith eine zentrale Produktivkraft darstellt, ist das Bild des eigennützigen Rationalisten seit Jahrhunderten tief in der Ökonomie verankert. Viele tayloristische Prinzipien der Anreizung, Motivierung, Belohnung und Bestrafung basieren auf der Überzeugung, dass Menschen nur so dazu zu bringen sind, sich im Interesse des Unternehmens zu verhalten. Ganze Managementsysteme bauen auf Überwachung und Kontrolle, Zuckerbrot und Peitsche, um Personen zum richtigen Tun anzuhalten.

Dieses Menschenbild erhält zunehmend deutlichere Risse. Elinor Ostrom erhielt 2009 den Nobelpreis für Wirtschaftswissenschaften zugesprochen für die Erkenntnis, dass Gemeingüter sich jahrhundertelang als gut funktionierende Systeme selbst erhalten konnten. Und Entwicklungen und neue Unternehmen der letzten Jahre – beispielsweise Wikipedia, Kundenbewertungsportale oder die Open-Source-Bewegung – machen offensichtlich, dass das Menschenbild eines ausschließlich an seinem eigenen Wohlergehen interessierten Homo Oeconomicus zu kurz greift. Aber auch schon längere Zeit bekannte Formen der organisationalen Zusammenarbeit wie Genossenschaften, Interessengemeinschaften, Joint Ventures oder Einkaufszusammenschlüsse belegen die Relevanz kooperativer Formen, die allerdings lange Jahre vom ökonomischen Mainstream wenig beachtet wurden. Eine Vermutung ist, dass während der Jahrzehnte des Kalten Krieges die Erforschung von kollektiven Phänomenen in der westlichen Hemisphäre nicht im Vordergrund stand, weil dies eine Bedrohung für das kapitalistische Weltbild hätte darstellen können.

Im Alltag lässt sich erleben, dass Menschen miteinander zusammenarbeiten und sich korrekt, fair, großzügig und reziprok verhalten. Tatsächlich sind Systeme, die mit Belohnungen und Sanktionen auf das Eigeninteresse der Menschen abzielen, oft weniger produktiv als solche, die sich an sozialen Motiven der Menschen ausrichten. Vor allem sind sie auch weniger nachhaltig und stabil.

Die Finanz- und Wirtschaftskrise ab 2008 hat gezeigt, dass in einer Umgebung sehr ausgeprägter extrinsischer Anreize wie dem Investmentbanking dysfunktionale Auswirkungen mit verheerenden Ausmaßen möglich sind. Die bizarren Vergütungspraktiken der Banken- und Finanzwelt haben Exzesse provoziert, die vor 2008 nicht einmal dem fantasievollsten Thrillerautor eingefallen wären. Starke monetäre Belohnungsaussichten setzen selbst in einer Umgebung intelligenter Menschen letztlich Vernunft, gesunden Menschenverstand und die Moral außer Kraft. Die Rübe vor der Nase bzw. die Geldbündel vor Augen werden zum Selbstzweck und der heiligt die Mittel. Die Belohnung wird auf dem schnellst möglichen Weg angestrebt und auch Abkürzungen – selbst vom moralisch korrekten Weg – werden in Kauf genommen. Je stärker die Anreize, desto größer wird die Verantwortungsdiffusion. Im Investmentbanking erzeugt eine Kultur des „Hire and Fire" ein giftiges Betriebsklima, in dem es weder Vertrauen noch Loyalität oder Sicherheit gibt. Das Resultat ist, dass sich Banker keinen Deut um die langfristigen Interessen der Bank scheren, weil dieser ihrerseits die langfristigen Interessen der Angestellten egal sind. Der Autor des Banking Blog des „Guardian", Joris Luyendijk, beschreibt diese Angstkultur, in der Menschen ebenso disponibel sind wie die Kugelschreiber, Telefone oder Computer, die sie benutzen. Man redet in einer distanzierten Sprache über sie und spricht zum Beispiel von der Reduktion der „Kopfzahl", des „Sitzfleischs" oder einfach nur des „Körpers". Eine Entlassungsrunde ist eine „Säuberung" oder „Schlachtung". Personen sehen sich in dieser Umgebung nicht als Teil eines größeren Ganzen, wie ein interviewter Risikoprüfer ausdrückt: *„Wir müssen uns von der Vorstellung ‚einer Bank' verabschieden. Dieser Ausdruck impliziert eine Einheitlichkeit der Ziele und Aktivitäten, als gäbe es eine übergeordnete Vision, welche die Bank verfolgt. Aber es gibt nichts dergleichen. Eine Bank ist eine Ansammlung von Individuen in mächtigen Positionen. Jedes Individuum ist Herr seiner eigenen ‚Welt'. Sie sprechen auch von meiner ‚Welt' (...) Man arbeitet nicht für die Bank, man arbeitet für ein Individuum, das eine Welt um sich herum aufbaut."* (Luyendijk)

Die systemische Betrachtung offenbart hier eine Anreizstruktur, welche die Mitarbeitenden fortwährend dazu anhält, nur ihren eigenen, kurzfristigen Absichten zu folgen. Es ist nicht verwunderlich, dass ein solches System voll isolierter Individualinteressen weder nachhaltige Wertschöpfung noch lebensdienliche Nutzengenerierung hervorbringen kann. Man hat es mit einer reinen Söldnertruppe zu tun, in der niemand gewillt ist, etwas zu tun, es sei denn, er erhalte dafür eine spezifische Belohnung. Damit wird das Prinzip Unternehmen als zusammenarbeits- und synergieorientierte Organisation ad absurdum geführt. In diesem Kapitel wird konträr dazu aufgezeigt, warum Kooperation für ein Unternehmen von essenzieller Bedeutung ist.

4.1 Wissensgrundlagen

Dieses Axiom ist für das unternehmerische Gesamtverständnis eminent wichtig: Der primäre Zweck von Unternehmen ist es, Zusammenarbeit effizient zu organisieren und die Transaktionskosten zu senken. Nobelpreisträger Ronald Coase hat 1937 dargelegt, dass Kooperation letztlich der zentrale Grund dafür ist, dass ein Unternehmen besteht. Bräuchte man keine Kooperation, würde man betriebliche Transaktionen über Märkte organisieren.

In Experimenten zu kooperativem Verhalten zeigte sich, dass sich rund 30 Prozent aller Menschen egoistisch verhalten. 50 Prozent der Menschen zeigen systematische und vorhersehbare Kooperation. Manche davon kooperieren nur unter bestimmten Bedingungen, beispielsweise nach der „Wie-du-mir-Regel": Sie vergelten Freundlichkeit mit Freundlichkeit und Gemeinheit mit Gemeinheit. Andere verhalten sich bedingungslos kooperativ, sogar, wenn es ihnen persönlich Nachteile bringt. Die übrigen 20 Prozent zeigen ein unberechenbares Muster, d. h., manchmal entscheiden sie sich für kooperatives Verhalten, manchmal dagegen. In keiner Gesellschaft, die unter kontrollierten Bedingungen erforscht wurde, hat sich eine Mehrheit der Personen egoistisch verhalten (Benkler).

Studien haben weiterhin gezeigt, dass sich Menschen in ihrem Verhalten durch die äußeren Umstände beeinflussen lassen. In einem Experiment wurde der Hälfte der Teilnehmer gesagt, sie spielten das auf Gemeinnutz ausgerichtete „Community Game". Der anderen, identisch zusammengesetzten Hälfte wurde mitgeteilt, es handle sich um das „Wall Street Game". Im „Community Game" spielten 70 Prozent der Teilnehmer von Anfang an kooperativ und blieben auch während der gesamten Spieldauer dabei. In der „Wall Street"-Gruppe war die Prozentverteilung umgekehrt: 70 Prozent der Probanden arbeiteten nicht zusammen, darunter 30 Prozent, die zuerst auf kooperatives Verhalten setzten, aber damit aufhörten, als dieses nicht erwidert wurde. Daraus lässt sich schlussfolgern, dass nur ein Teil der Menschen ein fixes Verhalten zeigt, während rund 40 Prozent der Teilnehmer sich durch das Setting des Spiels beeinflussen lassen. Wer überzeugt war, in einer eigennutzorientierten Umgebung zu sein, handelte entsprechend. Wer an eine prosoziale Gemeinschaft glaubte, verhielt sich konsistent zu dieser Prämisse. Viele Menschen sind also nicht einfach egoistisch oder sozial, unabhängig von den Rahmenbedingungen, sondern sie passen sich dem jeweiligen Verhalten in der Organisation an (Liberman et al., zit. nach Benkler). In Kapitel 3 wurde aufgezeigt, wie wichtig die Vorleistung eines Vertrauensvorschusses durch Führungskräfte ist, um die Entwicklung zu einer Vertrauenskultur in Gang zu bringen.

 Die meisten Menschen wollen kooperieren.

4.2 Warum Menschen zu Kooperation neigen

Warum sind Menschen in einer grundsätzlich als wohlwollend und kooperativ wahrgenommenen Umgebung ebenfalls oft und verhältnismäßig bereitwillig zur Zusammenarbeit bereit? Obwohl es bisher keine universelle Theorie der Kooperation gibt, bestehen einige Anhaltspunkte.

1. Weil konstruktive Zusammenarbeit dem Primärmotiv der sozialen Zugehörigkeit entspringt

Erinnern wir uns: Welche sind die primären Motive von Menschen (vgl. Kapitel 1)? Der Wunsch nach Zugehörigkeit ist tief in uns verwurzelt und umfasst zentrale Aspekte des Bedürfnisses nach sozialer Eingebundenheit, wie Sicherheit, Zuwendung, Angenommensein und Freundschaft. Wir sehnen uns nach einem Rahmen, in dem wir aufgehoben sind, und fürchten uns vor der Wahrnehmung der Wertlosigkeit, wenn wir uns zurückgewiesen, ausgeschlossen oder allein gelassen fühlen. Der Mensch ist ein zutiefst soziales Wesen. Kooperation stellt eine wesentliche Form sozialer Interaktion dar und fördert die Wahrnehmung von Teilhabe an der Gemeinschaft. Personen, die miteinander zusammenarbeiten, erleben sich als Bestandteil eines größeren Ganzen. Viele Menschen haben ein Grundbedürfnis nach Beteiligung und sozialer Interaktion und dieses können sie im Kontext einer Firma, also eines zweckgerichteten sozialen Systems, gut zum Tragen bringen.

Konstruktive Zusammenarbeit entspringt dem Primärmotiv der sozialen Zugehörigkeit.

2. Weil intelligente Personen erkennen bzw. aus der Erfahrung ableiten können, dass sich Zusammenarbeit häufig zum Nutzen aller Beteiligten auswirkt

Ein kooperatives System entspricht einem System auf höherer Ebene im Vergleich zu einem ohne gegenseitige Beteiligung. Viele Menschen in sozialen Systemen sind sich bewusst, dass die individuelle Ausbeutung von kollektiven Ressourcen in einer Firma möglicherweise kurzfristig den Eigennutz zu maximieren vermag, aber ein Zügeln von egoistischen Interessen zugunsten von gemeinschaftlichen Zielen einen gemeinsamen, nachhaltigen Nutzen sichern kann („Wir alle kommen weiter, wenn ich meinen Beitrag zu gemeinsamen Zielen leiste, statt mich nur auf meine persönlichen Interessen zu konzentrieren"). Solche Personen vermögen den Investitionscharakter von Kooperationsbeiträgen zu erkennen und einen höheren Gesamtnutzen für alle im Kooperationssystem zu antizipieren.

Intelligente Personen erkennen bzw. können aus der Erfahrung ableiten, dass sich Zusammenarbeit häufig zum Nutzen aller Beteiligten auswirkt.

3. Weil Teilnehmer durch die Kooperationsvorleistung des Partners zum konstruktiven Mitspielen verpflichtet werden (Reziprozität)

Wenn einzelne Beteiligte den ersten Schritt machen, setzt dies oft eine Kaskade des „Quid pro quo" in Gang. Die Überlegung dahinter lautet: Wenn ich kooperiere und damit meinen guten Willen zeige, verpflichte ich meinen Mitspieler zu einer Gegenleistung („Do ut des"), worauf wiederum ich in die Pflicht genommen werde. Dies entspricht der Grundlogik des reziproken Altruismus: Ein erster altruistischer Beitrag bringt möglicherweise mehr Kosten als Nutzen, aber durch die gegenseitige Abfolge mit wechselseitigen Geber- und Empfänger-Rollen wird die Kooperation etabliert und zur Norm erhoben. Einmal in Gang gebracht, zeigen sich die positiven Effekte der Kooperation auf den Gesamtnutzen.

Teilnehmer werden durch die Kooperationsvorleistung des Partners zum konstruktiven Mitspielen verpflichtet.

Das Bedürfnis nach Reziprozität, also einem auf Gegenseitigkeit beruhenden Austausch, ist tief in den Menschen verwurzelt. Vielen Personen ist es beispielsweise unangenehm, erhaltene Geschenke nicht zu erwidern. Der Soziologie Mauss hat die Reziprozität des Umgangs mit Gaben in archaischen Gesellschaften anschaulich und als universelle Kulturleistung beschrieben.

Nach Erkenntnissen von Soziologen und Anthropologen ist die Reziprozitätsregel eine der verbreitetsten und grundlegendsten Normen der menschlichen Kultur. Ein von vielen geteiltes und starkes Gefühl des Verpflichtetseins hat die Sozialevolution der Menschheit maßgeblich beeinflusst, da es dazu führte, dass eine Person einer anderen etwas schenken konnte (wie Nahrung, Energie, Zuwendung), in der Zuversicht, dass ihm das Geschenk nicht verloren ging. Dies bewirkte eine Senkung der natürlichen Hemmschwelle gegen den Austausch ideeller und materieller Güter, mit dem einer anfangen muss, indem er eine persönliche Ressource an einen anderen Menschen weitergibt. Hoch entwickelte und gut koordinierte Systeme der gegenseitigen Hilfeleistung, des Schenkens, der Verteidigung und des Handelns wurden möglich und brachten den Gesellschaften, die über sie verfügten, beträchtliche Vorteile.

Bei so eindeutig positiven Konsequenzen für die Kultur ist es nicht verwunderlich, dass das Reziprozitätsgebot nach dem Sozialisationsprozess, den alle Menschen durchlaufen, so tief in jeder Person verwurzelt ist. Bei einem anderen in der Schuld zu stehen, empfinden die meisten Menschen als höchst unangenehm. Der Zustand des inneren Missbehagens, kombiniert mit der Möglichkeit äußerer Schmach – im Falle unerwiderter Vorleistungen als Profiteur dazustehen – kann erhebliche psychische Kosten verursachen. Im Lichte dieser Kosten betrachtet ist es nachvollziehbar, dass zur Begleichung der Schuld viele Individuen oft mehr zurückgeben, als sie empfangen haben (Cialdini).

Ein auf Gegenseitigkeit beruhender Austausch ist tief in uns verwurzelt.

Menschen sind voneinander gegenseitig abhängig, der Säugling von der Mutter, das Kind von den Eltern, Mutter und Vater in der gesamten Erziehungsarbeit. Durch die

Wechselseitigkeit ergeben sich Beziehungen und Vertrauen kann wachsen. Auch in Unternehmen spielt die Austauschbeziehung eine bedeutsame Rolle. Mitarbeitende, die höhere Löhne als marktüblich erhalten, geben dem Unternehmen etwas zurück, beispielsweise einen höheren Arbeitseinsatz. Und wenn eine Firma Gewinnrückgänge zu verzeichnen hat und trotzdem die Löhne konstant hält, reagieren die Teilnehmenden ebenfalls mit höherem Engagement, was auf eine gefühlte Verpflichtung zur Reziprozität hinweist (Hannan).

Nun wäre es verkürzt zu glauben, dass ein Kooperationsmuster, einmal ausgelöst, einem Selbstläufer gleichkommt und automatisch weitergeführt wird. Die skizzierten Erklärungen können deutlich machen, warum es eine menschliche Neigung zur Kooperation gibt. Wie reibungslos diese funktioniert, wie anhaltend das Muster ist und ob sich immer wieder Personen finden, die den ersten Schritt machen, hängt von vielen konkreten Einflussfaktoren ab.

Auf den Punkt gebracht: Ob geben seliger ist als nehmen, entscheiden viele Menschen immer wieder aufs Neue, je nach Person, Situation und Organisation. Firmen haben ein großes Interesse daran, das Geben zu fördern. Jeder effektiven Zusammenarbeit, jeder Qualitätsverbesserung, jeder Innovation und jedem ausgezeichneten Service liegt die Bereitschaft zugrunde, anderen beim Erreichen ihrer Ziele zu helfen. Unternehmen, in denen dieses Verhalten die Norm darstellt, profitieren mannigfaltig, wie eine neuere Metaanalyse unter Einschluss von 38 Studien und mehr als 3.500 Unternehmen aufzeigt. Das Ergebnis: Der Zusammenhang zwischen der Hilfsbereitschaft der Angestellten und positiven Unternehmensergebnissen war stabil. Mehr altruistisches Verhalten ging mit besseren Werten bei Rentabilität, Produktivität, Effizienz und Kundenzufriedenheit einher, außerdem mit weniger Kosten und geringerer Fluktuation. Hilfsbereite Angestellte fördern die Abstimmung und das effiziente Lösen von Problemen. Zudem entsteht so eine von Zusammenhalt geprägte kooperative Unternehmenskultur (Podsakoff et al., zit. nach Grant).

■ 4.3 Hände weg vom Kooperationskiller interner Wettbewerb!

Unternehmen stehen heute in einem permanenten Wettbewerb mit ihren Konkurrenten. Viele Führungskräfte neigen dazu, auch einen internen Wettbewerb in der Firma als etwas Positives zu sehen. Wenn ein Unternehmen allerdings die Zusammenarbeit der Mitarbeitenden unterstützen möchte, sollte sie den internen Wettbewerb minimieren.

Warum sollte der Wettbewerb unter Mitarbeitenden nicht gefördert werden? Menschen sind als soziale Wesen grundsätzlich auf andere Menschen bezogen und Vergleiche spielen eine wichtige Rolle. Dies gilt auch für das reiche Biotop eines Unternehmens: Soziale Vergleichsprozesse sind wesentlich. Der Mensch ist relativ bezogen: Er vergleicht sich mit den „Significant Others", der Referenzgruppe, also Menschen in seiner Umgebung, welche einen vergleichbaren beruflichen und sozialen Hintergrund haben. Der englische Philosoph Bertrand Russell hat dies auf den Punkt gebracht: „Bettler beneiden keine Millionäre, sondern andere Bettler, die mehr verdienen als sie selbst" (Binswanger). Neid und Missgunst sind eine menschliche Realität.

Weil wir am Arbeitsplatz die meiste Lebenszeit verbringen und in aller Regel von Personen aus unserer Bezugsgruppe umgeben sind, findet sich hier eine reiche Spielwiese für soziale Vergleiche. Die absolute Höhe des Einkommens ist für das Glücksempfinden beispielsweise weniger relevant als das Einkommen im Vergleich zu den Kollegen (Binswanger). Ist einmal ein Mindestniveau überschritten, zählt das relative Einkommen mehr als das absolute. Deshalb sollte beispielsweise auch auf eine immer wieder geforderte Lohntransparenz verzichtet werden. Erfahrungen in verschiedenen Ländern wie der Schweiz, England und den USA zeigen, dass nach der Einführung einer gesetzlichen Pflicht zur Veröffentlichung der höchsten Löhne in börsennotierten Unternehmen die Lohnspirale angefacht statt wie erhofft gedämpft wurde. Grund ist der Statuswettbewerb, der gerade bei den hohen Einkommen der internationalen Topmanager eine extreme Form angenommen hat. Lohn ist sehr wichtig als Ausdruck der Wertschätzung. Diese Wahrnehmung ist es, die für eine dauerhafte Zufriedenheit sorgt. Die absolute Höhe bzw. eine Lohnerhöhung per se tun dies nicht: Der Gewöhnungseffekt tritt bei höherem Einkommen, grundsätzlich bei materiellen, wohlstandsbezogenen Faktoren, sehr schnell ein und die Wirkung verpufft (Frederick und Loewenstein). Studien zeigen, dass sich das Glücksempfinden selbst im Falle von hohen Lottogewinnen nach einem kurzen Höhenflug drei Monate später wieder auf dem üblichen, personenabhängigen Niveau eingependelt hat (Oswald und Gardner). Lohntransparenz ermöglicht den permanenten Lohnvergleich und facht nur den Lohnwettbewerb an.

Die Forschung macht deutlich, dass sich Menschen im relativen Vergleich immer an den obersten Positionen orientieren (Steins). Wenn jemand in einer Vergleichsgruppe von zehn Personen an dritter Stelle liegt, wird die Unzufriedenheit über die beiden besseren Plätze größer sein als die Zufriedenheit, die Mehrheit hinter sich gelassen zu haben. In einem System ohne Lohntransparenz bestehen mehr Chancen, dass Löhne als Ausdruck von guten Leistungen und unternehmerischer Wertschätzung wahrgenommen werden. Ohne direkten Vergleich wird damit der Lohn eher als angemessen und fair erlebt, was die Kooperationsbereitschaft unterstützt.

Die Zusammenarbeit zwischen Menschen wird unterstützt, wenn diese den Kontext der Firma als fair empfinden. Das ist beispielsweise mit einem klaren, einfachen und transparenten Vergütungssystem mit eher geringer Lohnspreizung der Fall. Verallgemeinern lässt sich dies zu einer unternehmerischen Haltung, welche den Teamgedanken in den Vordergrund rückt

Menschen sind auf Menschen bezogen.

und den Gemeinsinn betont. Alle Rahmenbedingungen sind auf das Gemeinsame auszurichten, nicht das Unterschiedliche. Unternehmen verhalten sich klug, Konkurrenz und Wettbewerb nicht zusätzlich zu fördern. Wettbewerb betont die Unterschiede zwischen Menschen, sucht das Trennende, nicht das Verbindende. Menschen haben eine inhärente Neigung dazu, sich zu vergleichen. Unternehmen sollten davon absehen, dies zusätzlich anzufachen, beispielsweise unter dem Label der „Leistungskultur". Dies ist ein oft gehörtes Schlagwort, aber verschiedene unter dieser Affiche laufende Maßnahmen haben problematische Folgen, etwa eine Leistungsbeurteilung nach fixen Kategorien (Forced Ranking System). Wenn unabhängig von der individuellen Leistung immer ein bestimmter Prozentsatz auch der ungenügenden Kategorie zugeordnet werden muss – in aller Regel mit weitreichenden Folgen – dann ist nicht mehr das persönlich Erreichte Maßstab, sondern nur noch der relative Rang in der Gruppe. Abgesehen davon, dass die meisten Menschen ein solches Verhalten als unfair empfinden, werden aus Kollegen Konkurrenten gemacht und dysfunktionales Verhalten wird gefördert.

Zur Problematik von Vergleichen kommt ein Weiteres. Erinnern wir uns an die Primärmotive aus Kapitel 1: Macht gehört zu den drei Kernbedürfnissen und Menschen streben dabei nach Aspekten wie Kontrolle, Dominanz, Bedeutung, Status oder Einfluss. Das Bewusstsein von knappen Ressourcen ist tief im Menschsein verankert, ebenso wie die Bereitschaft, den Wettbewerb darum zu bestreiten. Zwischen den Primärbedürfnissen der Zugehörigkeit („Teil einer Gruppe sein, kooperieren, gleich sein") und der Macht („Gruppe dominieren, beherrschen, besser sein") bestehen im sozialen Kontext eines Unternehmens klare Zielkonflikte.

Der Zielkonflikt zwischen primären Macht- und Zugehörigkeitsmotiven wird grundsätzlich durch eine transparente hierarchische Positionierung gemildert: Personen werden für bestimmte Funktionen eingestellt und kennen ihren Platz sowie ihre Aufgaben und Möglichkeiten in der Hierarchie. Im Kulturraum einer Firma ist in aller Regel klar, nach welchen Regeln das Spiel um Macht und Aufstieg gespielt wird.

Für Unternehmen, die die Zusammenarbeit zwischen den Mitarbeitenden fördern wollen, ist es zweckdienlich, den Statuswettbewerb nicht anzufachen. Dieser spielt grundsätzlich in einem hierarchischen System wie einem Unternehmen eine Rolle: Personen vergleichen sich hinsichtlich Position, Einfluss, Einkommen und Macht. Nach außen wird Status durch Symbole wie Titel, Funktionsbezeichnungen (Direktor usw.), Kompetenzen (z. B. Budget, Personal), aber auch die Anzahl der Untergebenen und die Positionsmacht demonstriert.

Die Unternehmenskultur als Trägerin der DNA einer Firma signalisiert den Stellenwert von Status und Macht über die äußerlich sichtbaren Artefakte. Dazu gehören Aspekte der Organisationsstruktur (z. B. Hierarchiegefälle, Kontrollspanne), Umgangsformen (z. B. Sie- oder Du-Kultur, Kleidervorschriften) Managementinstrumente (z. B. Feedback-, Anreiz-, und Gehaltssysteme) ebenso wie Rituale (z. B. Kommunikationsmuster, Verhalten bei Feiern). Diese Insignien einer Unternehmenskultur transportieren viel vom Selbstverständnis einer Firma: Gibt es eine Teppichetage des Topmanagements, weitab von der werktätigen Basis? Existiert das protzige Eckbüro des Geschäftsleiters samt Chefsekretärin, an der man es kaum je vorbeischafft? Siezt man sich noch nach Jahren der Zusammenarbeit? Bestehen konservative Kleidervorschriften? Sitzen in der Kantine Vorgesetzte und Untergebene nicht am gleichen Tisch? Wird der Kopf gesenkt, wenn der Chef vorbeikommt? Je nachdem wird mehr oder weniger auf Rang und Status und entsprechenden Wettbewerb gesetzt.

Problematisch am Statuswettbewerb ist, dass er neben Gewinnern auch Verlierer produziert und dass diese in der Mehrzahl sind, was hohe Unzufriedenheit generiert. Kooperationsorientierte Unternehmen verfügen meist über wenig Hierarchiestufen, rücken Statusindikatoren in den Hintergrund und pflegen eine Unternehmenskultur, welche das gemeinsam Verbindende (wie Selbstverständnis, Werte, Zwecke, gemeinsame Erfolge) und nicht die Unterschiedlichkeit von Personen betont. In dieser Kultur werden individuelle Kompetenzen und Leistungen vor Rang und Position gestellt, persönliche und moralische Autorität ist wichtiger als formale. Zugehörigkeits- und Leistungsmotive werden stärker adressiert, Machtmotive so wenig wie möglich bedient.

Auf den Punkt gebracht: Vertrauen und Wettbewerb sind gegensätzlich angelegt. Unter ausgeprägten Wettbewerbsbedingungen ist es schwierig, dauerhafte gegenseitige Beziehungen und damit eine offene Zusammenarbeitskultur aufzubauen. Unternehmen sollten auf alles verzichten, was den internen Wettbewerb entfacht. In heutigen Unternehmen stellen oft Teams und nicht einzelne Personen die elementaren Leistungs- und Lerneinheiten dar. Das Teamlernen ist deshalb von entscheidender Bedeutung.

Wettbewerb produziert immer auch Verlierer.

Gleichzeitig macht es Sinn, die Führungscrew für eine kooperationsfreundliche Kultur zu sensibilisieren. Zusammenarbeit ist zentral in Unternehmen, gleichzeitig ist sie abhängig vom horizontalen Vertrauen untereinander. Damit Zusammenarbeit gelingt, muss ein Unternehmen sich als Problemlösungsgemeinschaft mit Blick auf eine gemeinsam zu gestaltende Zukunft wahrnehmen. Es braucht also kollektive Identität (vgl. Kapitel 5). Leitfragen für die Sensibilisierung für eine Kollaborationskultur können sein:

- In vielen Stellenausschreibungen werden Personen mit sozialen Kompetenzen gesucht. Insbesondere der Teamfähigkeit wird eine große Bedeutung zugemessen. Wie werden soziale Kompetenzen in unserem Unternehmen gefördert?
- Verhalten wir uns als Unternehmen auch so, dass die Kollaboration unterstützt wird? Oder sind viele Rahmenbedingungen, Anreize und Mechanismen anders ausgerichtet? Welche unserer Rahmenbedingungen sind wenig unterstützend für Kooperation?
- Verzichten wir auf Maßnahmen zur Entfachung von internem Wettbewerb?
- Nehmen wir unsere Vorbildfunktion wahr?

Anschließend bietet sich ein Gemeinschafts-Workshop an, um eine kollaborative Kultur im Unternehmen zu verankern. Ziel ist die Förderung der Erkenntnis, wie zentral Zusammenarbeit im Unternehmen für die Entwicklung einer kollektiven Identität ist. Primär generieren gemeinsame Probleme die Motivation zur Zusammenarbeit.

Wichtige Fragen zur gemeinsamen Klärung sind beispielsweise (Sprenger):
- Brauchen wir uns gegenseitig?
- Wie können wir Erfolg als gemeinsamen Erfolg, Misserfolg als gemeinsamen Misserfolg erleben?
- Welche Vorteile habe ich, wenn es dem anderen gut geht? Welche Nachteile ergeben sich, wenn es dem anderen schlecht geht?

- Welche gemeinsamen Probleme kennen wir, die nur gemeinsam gelöst werden können?

In der Folge können Maßnahmen implementiert werden, welche die Entwicklung von kollaborativen Kompetenzen zum Ziel haben und eine kollektive Lernkultur in Gang bringen. Um den Austausch zu fördern, können Firmen beispielsweise kreative Ideenräume schaffen: Es muss nicht immer ein Intranet sein, ein Plakat oder Flipchart an der Wand mit einer wichtigen Frage tut es auch. Angebote zur gegenseitigen Vernetzung bilden die Voraussetzung dafür, auf die Weisheit der Vielen zu setzen. Dies schließt die intensive, im Idealfall institutionalisierte Zusammenarbeit mit Lieferanten und Kunden mit ein. Die aktive Zusammenarbeit mit Lieferanten und Kunden gehört zu den wichtigsten Treibern der Etablierung von Unternehmertum (Engelen und Esser). Innovationsfreudige Firmen betrachten ihre Kunden und Lieferanten nicht nur als Teil der Wertschöpfungskette, sondern sehen in ihnen Inspirationsquellen, Feedbackgeber und Mitentwickler von Geschäftsideen. Ein Open-Innovation-Ansatz kann – beispielsweise für KMU – auch relativ niederschwellig, etwa durch den Einbezug von ausgesuchten, besonders fortschrittlichen Kunden (Lead User) eingeführt werden. Für größere Unternehmen mit mehr Ressourcen können Modelle des Crowdsourcings in Frage kommen.

Zusammenarbeit ist für die Entwicklung einer kollektiven Identität zentral.

Beispiel: Migros

Der größte Schweizer Einzelhändler, Migros, entwickelte vor ein paar Jahren die kollaborative Plattform Migipedia. Ursprünglich sollte diese in erster Linie Kundenmeinungen aufnehmen. Mittlerweile hat sie sich aber zur Ideenschmiede und Open-Innovation-Basis weiterentwickelt. Ergebnisse dieser Zusammenarbeit mit Kunden sind der Bio Glückstee, die Konfitüre Erdbeermund, der Brotaufstrich Herbstsünde, eine Zahnpasta mit Mojito-Geschmack, „Dirty Harry", das Duschgel für unkomplizierte Männer, sowie die Döner Büx, der Döner in der Dose.

Die Schwarmintelligenz von einbezogenen und ermächtigten Mitarbeitenden zeigt sich nicht nur beim Ideen- und Innovationsmanagement, sondern allgemein in breiterer Mitwirkung. Bessere Lösungen sind so in vielen Bereichen zu erwarten: beispielsweise bei der Gestaltung von Arbeitsplätzen, Schichtplänen oder Prozessen bis zur Personalrekrutierung und Entwicklung von Strategien. Der Nutzen von Mitwirkung übersteigt die Kosten deutlich: Es resultieren weniger Stress, größerer Einsatz, mehr Zufriedenheit und eine bessere Akzeptanz von Veränderungen. Und nach wie vor gilt bei Wandelprozessen immer noch als wichtigstes Gebot, Betroffene zu Beteiligten zu machen. „Mitarbeitende haben weniger Angst vor dem Wandel an sich, sondern davor, gewandelt zu werden." (Senge) Ein CEO beschreibt dies so: *„Ein Change-Prozess mit Mitarbeitereinbindung ist wie eine Wanderung mit Rucksack. Man kommt zwar nicht so schnell voran wie* *ohne Rucksack, da es kräftezehrender ist, aber dafür hat man alles Wichtige dabei und kann nach kurzen Pausen wieder weiterwandern oder am Ziel gleich mit den Erkundungen beginnen."* (Gassmann et al.)

Auf Zusammenarbeit ausgerichtete Firmen schaffen es, das unternehmerische Wissen zu verbreitern, beispielsweise, indem sie Einblicke in weitere Unternehmensbereiche ermöglichen, etwa durch Stellvertreterschulungen, Wissensaustauschgruppen, Job Rotation.

Châteauform

Bei Châteauform ist man davon überzeugt, dass Menschen vor allem lernen, indem sie beobachten, was andere besser machen als sie selbst. Das Unternehmen fördert einen intensiven Austausch zwischen den einzelnen Tagungsorten. Einmal im Jahr unterstützen die Mitarbeitenden eines Standorts darum für jeweils drei Tage einen anderen, in dem es aufgrund einer hohen Auslastung viel zu tun gibt. Zur Einarbeitung werden Paare und Köche, bevor sie ihre erste Stelle antreten, für zwei bis sechs Monate auf die sogenannte „Flying School" geschickt: Sie helfen in verschiedenen Schlössern aus, lernen deren Methoden kennen und machen sich mit der Organisation vertraut. Die Standortleiter werden ermutigt, alle drei Jahre das Schloss zu wechseln. Dafür erhalten Sie zusätzliche Unternehmensanteile und es werden Sprachkurse gezahlt, wenn ein Paar den Sprung in ein anderes Land wagt. Neuen Standortleitern wird in den ersten drei Monaten ein Mentor zur Seite gestellt – Patentante oder Patenonkel genannt – die den Neuankömmlingen helfen, innovative Ideen zu verwirklichen bzw. die Fehler der Vergangenheit zu vermeiden. Jeder erhält die Möglichkeit, innerhalb des Unternehmens zu wechseln: Mitarbeitende in der Zentrale können sich beispielsweise für die Leitung eines Schlosses bewerben und auch der umgekehrte Weg steht offen. Experimentierfreude wird gefördert, indem in einem Unternehmensblog die besten Innovationen vorgestellt werden.

Wissen bedingt Transparenz. Immer mehr Unternehmen machen Wissen über Wissensplattformen oder ein Intranet zugänglich. Die junge Generation wird als Digital Natives bezeichnet. Sie sind in einer Kultur des Mitdenkens, Mitredens, Mitmachens aufgewachsen und erwarten, dass sie auch im Job Netzwerkzeuge nutzen können. Ob wir es wollen oder nicht, wir werden facebookisiert: Wenn Junge nicht mitreden können, gründen sie eine Betriebsgruppe auf Facebook, XING oder Google – und reden dort Klartext. Unternehmen beugen dem vor, indem sie auf Engagement, Kollaboration und dem Bewusstsein aufbauen, ein gemeinsames Ziel zu verfolgen und eine geteilte Identität aufzuweisen.

4.4 Anwendung: wie Unternehmen Kooperation fördern können

Die gefundene substanzielle Kooperationsbereitschaft von vielen Menschen könnte ein zentraler Grund sein, weshalb das Zuckerbrot-und-Peitsche-Modell nicht besonders gut funktioniert. Statt uns vor allem egoistische Motive zu unterstellen, hätten die meisten Unternehmen mehr davon, uns mittels geeigneter Rahmenbedingungen darin zu unterstützen, unsere kooperativen, großzügigen Charaktereigenschaften zu entfalten. Wenn nur ca. ein Drittel eher eigennutzorientiert agiert, wird ein großes Potenzial verschenkt, wenn ein soziales System auf diese 30 Prozent zugeschnitten ist. Zudem werden Mechanismen der Überwachung und Kontrolle benötigt, um die Funktionsweise sicherzustellen. Wie in Kapitel 3 beschrieben, sind immer noch viele Managementinstrumente auf das „Command-and-Control-Modell" aus dem Industrie- und Maschinenzeitalter ausgerichtet. Diese binden beträchtliche Managementkapazitäten, während Systeme, die auf intrinsischer Motivation und Vertrauen gründen, auf manche nicht wertschöpfende Aktivitäten verzichten können.

Wenn deutlich mehr Personen kooperativ statt eigenorientiert funktionieren, lohnt es sich im unternehmerischen Umfeld, auf Vertrauen zu setzen. Dies gilt umso stärker, je mehr es sich um eine Wissensorganisation handelt. Die meisten Leistungsfaktoren sind dort sogenannte „intangibles" wie Know-how und Kompetenzen, die nicht eingefordert werden können. Oft sind exzellente Leistungen das Ergebnis von gut funktionierenden Teams, in denen Fähigkeiten geteilt, Wissen ausgetauscht, Arbeitsschritte kombiniert werden.

 Vertrauen ist die Basis.

Wie kann Kooperation in Unternehmen gefördert werden? Nachfolgend werden dazu verschiedene Ansatzpunkte aufgezeigt (Benkler):

Intensiv kommunizieren

Für die Etablierung einer starken Kooperationskultur sind sowohl Umfang als auch Art und Weise der Kommunikation zwischen den Mitgliedern essenziell. Personen, die intensiv miteinander kommunizieren, haben mehr Vertrauen und verhalten sich einfühlsamer. Zudem gelangen sie leichter zu Lösungen als Mitglieder einer Gruppe, die nicht miteinander sprechen. Eine Vielzahl von Experimenten zeigt auf, dass sich kein Faktor so sehr auf den Grad der Kooperationsbereitschaft eines Teams auswirkt wie die Fähigkeit, miteinander zu kommunizieren.

> **Beispiel: 3M**
>
> Einer der wichtigsten Grundsätze von 3M lautet: Fehler gehören zum Alltag. Es gibt keinen Flop, von dem man nicht etwas lernen könnte. Spencer F. Silver, der Leiter eines Forschungsteams bei 3M, war mit der Entwicklung eines neuen Superklebers beauftragt. Das Resultat war allerdings ein Schlag ins Wasser: Statt eines besonders leistungsfähigen Leims kam ein Stoff mit lausigen Hafteigenschaften heraus. Silver machte daraus keinen Hehl, sondern berichtete seinen Kollegen freimütig von seinem Misserfolg.
>
> Ein weiterer wichtiger Grundsatz von 3M lautet: Die Belegschaft ist zum Treppenhausgespräch und Kaffeeklatsch verpflichtet. Man möchte, dass von Labor zu Labor ein intensiver Austausch gepflegt wird, auch mit informellen Gesprächen.
>
> Auf diese Weise hörte ein anderer Forscher, Arthur l. Fry, vom Flop des Silver-Teams. Zunächst konnte er mit der Information nicht viel anfangen. Erst vier Jahre später traf ihn der Blitz der Erleuchtung: In der Kirche wollte er im Gesangbuch die Lieder markieren und ärgerte sich, dass die Zettel immer wieder herausflatterten. Plötzlich erinnerte er sich an den schwachen Klebstoff von Silver und erkannte schlagartig dessen Potenzial.
>
> Der Rest ist Geschichte: Aufgrund einer offenen Fehlerkultur konnte so das Blockbuster-Produkt „Post-it" geboren werden (Osterwalder). ∎

Unternehmen, die die Kommunikation ihrer Mitarbeiter fördern wollen, messen der Raumgestaltung hohes Gewicht bei. In einer Studie wurden tragbare Soziometer eingesetzt, welche aufzeichneten, wie Menschen miteinander sprechen, wer mit wem redet, wie sich die Menschen im Büro bewegen und wo sie ihre Zeit verbringen. Dabei wurden drei wesentliche Elemente erfolgreicher Kommunikation ermittelt:

- Exploration (Interaktion mit Menschen aus möglichst vielen anderen sozialen Gruppen),
- Engagement (einigermaßen gleichmäßige Interaktion mit Menschen aus der eigenen sozialen Gruppe) und
- Energie (Interaktion mit mehreren Menschen insgesamt) (Pentland).

Diese neuen Forschungsergebnisse machten deutlich, dass Unternehmen ihre Arbeitsflächen weniger unter Effizienzkriterien (Kosten pro Quadratmeter), als vielmehr unter dem Aspekt der Leistungsverbesserung betrachten sollten. Als zentrales Ergebnis zeigte sich, dass der persönliche Kontakt zwischen Mitarbeitern mit Abstand am wichtigsten ist. Dabei erhöht nicht nur die geplante Interaktion zwischen Wissensarbeitern die Unternehmensleistung, sondern auch die nicht geplante Interaktion in der Firma sowie außerhalb. Entsprechend können Investitionen in Umbauten, die mehr auf Kontaktförderung als auf Effizienz zielen, den Umsatz oder die Zahl neuer Produkteinführungen steigern. Eine Datenreihe ergab beispielsweise, dass bei Vertriebsmitarbeitern, die den Kontakt zu Kollegen aus anderen Teams um 10 Prozent steigerten (mehr Exploration), die eigenen Umsätze ebenfalls um 10 Prozent stiegen (Waber, Magnolfi und Lindsay).

Die Ergebnisse machen deutlich, dass der persönliche Kontakt an sich erheblich wertvoller ist, als die meisten meinen. Dies kann nicht durch digitale Kommunikation ersetzt werden. Es gibt Belege dafür, dass digitale Kommunikation sogar auf den persönlichen Kontakt angewiesen ist. Studien kamen zu dem Ergebnis, dass räumliche Nähe umso wichtiger wird, je schneller die technologische Entwicklung voranschreitet. Bei Ingenieuren, die in räumlich geringer Entfernung arbeiteten, war die E-Mail-Frequenz viermal so hoch wie bei Kollegen an unterschiedlichen Standorten. Dies verkürzte die Projektlaufzeiten um 32 Prozent (Waber).

Als Vorbild wirken und glaubwürdig sein

Menschen wissen, dass Firmen soziale Systeme sind, die Zusammenarbeit voraussetzen. Indem Führungskräfte eine bestimmte Vorgehensweise als „kooperativ" oder eine Gruppe als „Gemeinschaft" darstellen, können sie Menschen zu Kooperation bewegen. Wenn diese Behauptung allerdings nicht glaubwürdig ist, hält die Kooperationsbereitschaft nicht lange an. Zusammenarbeit muss glaubhaft vorgelebt und sichtbar gefördert werden. Nur aufgrund von Appellen und Etikettierungen stellt sie sich nicht ein. Das bedeutet, dass für Vorgesetzte das Vorleben zentral ist. Führungspersonen, denen es gelingt, ein Gefühl der Gegenseitigkeit zu schaffen, können mit substanziellen Rückerstattungen rechnen. Sinnvoll ist, den Mitarbeitenden glaubhaft das Verständnis einer wechselseitigen Partnerschaft zu vermitteln und mit gutem Beispiel voranzugehen.

Beispiel: Egon Zehnder International

Bei Egon Zehnder spielt die interne Solidarität eine wichtige Rolle. Ein ehemaliger CEO beschreibt dies so: *„Es hat Zeiten gegeben, in denen wir uns unserer Werte bewusst werden mussten. Wir haben uns darauf geeinigt, wahre Kollegen zu sein. Wenn erforderlich, dann tragen wir andere Kollegen mit."* Eine Anwendung dieses Prinzips ist beispielsweise, dass die Partner in schwierigeren Zeiten geringere Vergütungen erhalten, damit sich jüngere Berater sicher fühlen können.

Das egalitäre Vergütungssystem spielt für Egon Zehnder eine entscheidende Rolle, um die Kultur kundenbezogener Problemlösung und intensiver interner Zusammenarbeit zu fördern (Pfläging). Für den klassischen Headhunter, der auf Provisionsbasis arbeitet, ist der Kollege in der eigenen Firma immer auch Rivale und das schmälert den Anreiz, vertrauliche Informationen in die eigene Datenbank einzuspeisen. Bei Egon Zehnder ist die aufwendig betreute Datenbank Hauptwerkzeug des Kooperationsgedankens. Die Berater halten alle Informationen zu Topmanagern im gemeinsamen System fest, welches allen zugänglich ist. Die intensive Teamkultur führt zu einer Datenqualität und -vielfalt, die Egon Zehnder von der Konkurrenz abhebt (Schütz).

Empathisch sein

Je mehr wir uns Menschen verbunden fühlen, desto eher sind wir zur Zusammenarbeit bereit. Verbundenheit stellt sich durch Gemeinsamkeiten ein, zum Beispiel gemeinsam geteilte Aktivitäten. Während das Empathieniveau der bestehenden Belegschaft nur begrenzt bzw. mit hohem Aufwand entwicklungsfähig ist, tun Führungskräfte, welche die Kollaboration im Unternehmen fördern wollen, gut daran, empathische Personen einzustellen (vgl. Kapitel 7). Dies gilt im besonderen Maß für Führungspersonen selbst.

Auf Belohnungen und Sanktionen verzichten

Kooperation ist ein wertvolles Gut, das auf intrinsischen Motiven aufbaut. Firmen sollten nicht auf Systeme setzen, welche extrinsische Anreize für vermehrte Kooperationen vorsehen. Die Gefahr von Verdrängungseffekten der intrinsischen Motivation ist zu groß (vgl. Kapitel 1).

Gruppenzugehörigkeit fördern

Auch Solidarität mit einer Gruppe weckt in uns die Bereitschaft, unsere persönlichen Interessen zugunsten kollektiver Ziele hintanzustellen. Das Wecken von Teamgeist fördert also unsere Kooperationsbereitschaft. Wenn Menschen sich als Teil einer größeren Gruppe mit einer gemeinsamen Identität verstehen, sind sie zu Beiträgen bereit, die sie nur aus Eigeninteresse nicht leisten würden. Alle, die schon einmal Teil eines großartigen Teams waren, kennen dies: Gruppen, deren Mitglieder gut aufeinander eingespielt sind, die einander vertrauen, die sich in den Stärken ergänzen und in den Schwächen ausgleichen, die große, gemeinsame Ziele verfolgen, können Außergewöhnliches leisten. Das ist die Kraft des Wir. Empirische Studien zeigen, dass gute Freunde am Arbeitsplatz mit verschiedenen positiven Effekten verbunden sind: niedrigere Fehlzeiten, weniger Krankheitstage, niedrige Unfallquote, höhere Kundenzufriedenheit, weniger Stress, mehr emotionale Unterstützung und gesteigerte Kooperation (Weiland).

 Beispiel: Toyota

Toyota ist absatzmäßig der größte Automobilhersteller der Welt. Kernstück des Erfolgs ist das Produktionssystem TPS, das Maßstäbe hinsichtlich Lean Management, Wertschöpfungsorientierung, Flexibilität und Qualität setzt. Entscheidungen werden unternehmensweit vor dem Hintergrund von zwei Prinzipien getroffen. Erstens hat die langfristige Geschäftsentwicklung Vorrang vor kurzfristigen finanziellen Zielen. Und zweitens versteht sich Toyota als lernendes System, das Ziele durch unablässige Reflexion und kontinuierliche Verbesserung erreicht.
Dabei spielt das Team eine zentrale Rolle: Durch Gruppenarbeiten, Arbeitssicherheit, Job Rotation, Job Enrichment, Qualitätszirkel sowie Anerkennungen, die auf den Gemeinschaftssinn abzielen, konnte Toyota erreichen, überwiegend monotone Fabrikarbeit erträglich zu machen. Bei Toyota wird ein sozialer Kontext geschaffen, in dem kollegiale Unterstützung und Gruppenzugehörigkeit entstehen.

Auf Fairness setzen

In allen menschlichen Kulturen genießt Fairness einen hohen emotionalen Wert. Vermutlich haben Menschen Fairness seit Urzeiten in kleinen Gruppen entwickelt. Die entsprechenden Emotionen fördern ein Verhalten, das der Gruppe und damit auf lange Sicht auch dem Einzelnen Vorteile bringt (Sigmund et al.). Menschen ist es wichtig, gerecht behandelt zu werden. Beispielsweise erachten es viele Personen als fair, wenn sie einen angemessenen Anteil am Firmenüberschuss erhalten, den sie durch ihre Arbeit und ihr Engagement miterarbeitet haben. Experimente deuten darauf hin, dass die meisten Spielteilnehmer eine gleichmäßige Verteilung bevorzugen, sofern es keine guten Gründe für einen anderen Verteilschlüssel gibt. Wenn Spielteilnehmer sich unfair verhalten – also beispielsweise eine sehr eigennützige Verteilung vorschlagen – werden sie von einer substanziellen Anzahl der Mitspieler bestraft, selbst wenn diese dadurch ebenfalls Nachteile erleiden.

Hier zeigt sich, dass das Homo-Oeconomicus-Modell zu kurz greift: Aus Fairnessempfinden nehmen viele Menschen eigene Nachteile in Kauf, um andere für ihre Unfairness zu bestrafen. Die meisten Menschen erwarten Fairness und Solidarität und sind willens, diese zu erwidern. Tatsache ist: Je fairer Mitarbeitende die Rahmenbedingungen in einem Unternehmen einschätzen, desto eher sind sie zur Zusammenarbeit bereit. Auch das Vorenthalten von Informationen schafft ein ungerechtes Umfeld. Deshalb ist Transparenz so wichtig (vgl. Abschnitt 3.5). Gemäß neuerer Hirnforschung wirkt eine faire Umgebung auf alle Menschen wie eine Belohnung (Waytz und Mason).

Sinn stiften

Menschen wollen nicht nur zu einer Gemeinschaft zugehörig sein, sondern Teil eines größeren Ganzen. Wenn sie überzeugt sind, das Richtige zu tun, steigt ihre Kooperationsbereitschaft. Klar definierte Werte sind eine zentrale Voraussetzung von Kooperation (vgl. Kapitel 5). Wenn die Angestellten eines Unternehmens sehen, dass andere sich wertebasiert verhalten, stärkt dies die sozialen Normen und motiviert die Gruppenmitglieder, sich ebenfalls daran zu halten. Nicht nur, weil sie dies als richtig empfinden, sondern auch, weil sie das tun möchten, was innerhalb der Gruppe als üblich gilt (soziale Bewährtheit).

Auf Reziprozität und Reputation bauen

Häufig beruht Kooperation auf langfristiger Gegenseitigkeit (Reziprozität) (Cialdini). Andauernde reziproke Kooperationsbeziehungen sind sehr wertvoll, gleichzeitig verwundbar, wenn von einer Seite aus irgendeinem Grund die Kooperationsbestätigung ausbleibt. Die Reputation des Partners ist ein wesentlicher Faktor, der dabei hilft, dass die Qualität der Beziehung nicht bei einmaligen Störungen beeinträchtigt wird. Reputation entspricht materialisiertem Vertrauenskapital. Studien zu Gruppen in Unternehmen, Gesundheitswesen (Operationsteams), Militär und Sport (Basketball) haben gezeigt, dass Teams, die seit langem zusammenarbeiten und gut eingespielt sind, teilweise deutliche Leistungsvorteile aufweisen. In einer Studie verringerte sich die Anzahl der Fehler um 19 Prozent und die Abweichung vom Budget um 30 Prozent, wenn die

Vertrautheit um 50 Prozent stieg (Huckman und Staats). Es lohnt sich also, gut funktionierenden Teams Sorge zu tragen und sie möglichst zusammenzuhalten (was kein Widerspruch zu einer schrittweisen, bewussten Integration von neuen Teammitgliedern zwecks Impulsen von außen ist; vgl. die Ausführungen zu Diversität in Kapitel 6).

Vielfältig motivieren

Organisationen, die auf Kooperation setzen, sollten nicht nur materielle Interessen ansprechen. Weil Menschen vielfältige Motive bei der Arbeit verfolgen, haben Unternehmen Vorteile, die ebenfalls verschiedene der hier skizzierten Motivatoren – wie Teamzugehörigkeit, Sinnstiftung, Empathie, Vorbildwirkung, faire Rahmenbedingungen – einsetzen, um die Kooperationsbereitschaft zu fördern.

Eine zentrale Erkenntnis aus der Kooperationsforschung ist, dass Menschen nicht einfach kooperativ oder unkooperativ sind, sondern dass der organisatorische und kulturelle Rahmen sehr stark das Ausmaß der Kooperationsbereitschaft beeinflussen kann (Cialdini). Wir alle haben schon Situationen erlebt, in denen wir zwischen unseren persönlichen Interessen und dem kollektiven Wohl hin- und hergerissen waren. Manchmal haben wir den egoistischen Motiven nachgegeben, weil wir vielleicht den Eindruck hatten, die Umgebung handle ebenfalls so. In anderen Fällen war es uns wichtig, einen kooperativen Beitrag zu leisten, unabhängig vom Verhalten der anderen, einfach aufgrund der eigenen Wertvorstellungen. Und manchmal fiel uns sogar das Hintanstellen von substanziellen persönlichen Interessen leicht, weil dieses Verhalten in einer etablierten Kollaborationskultur üblich war. Viele Menschen sind auf der Skala ihrer Kooperationsbereitschaft variabel. In einer Umgebung, die dies unterstützt und reproduziert, ist ein beträchtlicher Teil zu bedeutenden Kooperationsleistungen bereit. In einer Firma, deren Kultur durch Einzelkämpfertum und Ellbogenmentalität geprägt ist, verhalten sich viele Personen ebenfalls eigennutzorientiert und unkooperativ.

 Châteauform

Entsprechend des Werts „Familiengeist" erhalten alle Aktienanteile. Damit hat jeder Mitarbeitende ein Interesse am Wohlergehen des gesamten Unternehmens. Die Entwicklung eines Gemeinschaftsgefühls wird als zentrale Aufgabe der Führungspersonen angesehen. Die materiellen Anreize werden in diesen Dienst gestellt: Einen Bonus für besonders hohe Kundenzufriedenheitswerte erhält das ganze Team oder niemand. Und ein Gewinnanteil für alle wird nur ausgeschüttet, wenn das gesamte Unternehmen gut abgeschnitten hat.

4.5 Quintessenz

Der gesetzte Rahmen eines Unternehmens bringt – je nachdem – unterschiedliche Eigenschaften einzelner Menschen stärker zum Tragen: Kommandowirtschaft den eigennützigen Selbstoptimierer, vertrauensbasierte Kooperation den gemeinwohlaffinen Mitspieler. Der „Command-and-Control"-Ansatz generiert oft Egoismus, Rücksichtslosigkeit, Ellenbogenmentalität, Machtausübung und Manipulation und verschenkt viel Potenzial der vertrauensvollen Zusammenarbeit. Viele Experimental- und Feldstudien haben kooperative Systeme gefunden, die häufig stabiler und effektiver funktionieren als solche, die auf Anreizen basieren (Tomasello). Es liegt also im klaren Interesse von Firmen, dass ihre Angestellten sich kooperativ verhalten.

Menschen haben eine eindeutige Vorliebe für faire Bedingungen und verstehen intuitiv, dass diese ein Verhalten fördern, welches der Gruppe und damit auf längere Sicht auch dem Einzelnen Vorteile bringt. Neurowissenschaftliche Studien konnten deutlich machen, dass in unserem Gehirn ein Belohnungskreislauf aktiviert wird, wenn wir miteinander kooperieren (Rilling et al.). Die Praxis zeigt, dass manche Personen sich für freiwillige Kooperation entscheiden, einfach, weil es sich gut anfühlt. Es gibt also eine – möglicherweise durch das Primärmotiv der Zugehörigkeit unterstützte – natürliche Neigung zur Zusammenarbeit. Erfolgt eine bewusste Vorleistung, kann ein Kooperationssystem der Reziprozität entstehen. Die Fähigkeit, anderen zu vertrauen, ist konstituierend für jede Form der Kooperation.

Offensichtlich gehören Gegenseitigkeit und Rückerstattungserwartungen zum Wesen der menschlichen Spezies. Menschen haben ein neurobiologisch verankertes Gefühl für soziale Fairness. Wir können das Streben nach Gleichgewicht als Grundmoment sozialer Beziehungen ansehen. Menschen erwidern Gefallen, sozusagen in einer Balance des Gebens und Nehmens: Nicht zufällig sind in vielen Sprachen Wendungen wie „Ich bin Ihnen sehr verpflichtet" zum Synonym für „Danke" geworden, wie das englische „Much obliged" oder das portugiesische „Obrigado". Und Führungspersonen, die intensiv kooperieren, animieren ihre Umgebung ebenfalls zur Zusammenarbeit (Reziprozität). Vorgesetzte, denen es gelingt, ein Gefühl der Gegenseitigkeit zu schaffen, können mit substanziellen Rückerstattungen rechnen. Sinnvoll ist, den Mitarbeitenden glaubhaft das Verständnis einer wechselseitigen Partnerschaft zu vermitteln und mit eigenem guten Beispiel voranzugehen. In einem solchen System sind Mitarbeitende zu vermehrten Kooperationsleistungen bereit. Nicht umsonst lautet die alte Weisheit: „Wie man in den Wald hineinruft, so schallt es heraus."

 Kooperation ist gewinnbringend – in vielerlei Hinsicht.

Eine zentrale Erkenntnis aus der Kooperationsforschung ist, dass Menschen nicht einfach mehr oder weniger kooperativ sind, sondern dass der organisatorische und kulturelle Rahmen sehr stark das Ausmaß der Kooperationsbereitschaft beeinflussen kann (Cialdini). Deshalb haben Führungspersonen einen potenziell beträchtlichen Einfluss auf den Umfang an Zusammenarbeit in ihrem Team. Die unternehmerischen Rahmenbedingungen, die Firmenkultur und das persönliche Verhalten der Vorgesetzten sind entscheidend für das Entwickeln einer Kooperationskultur. Zentrale Aspekte sind das gelebte Primat der Kommunikation, intensiver Teamgeist, faire, das Gemeinsame betonende Managementsysteme sowie eine sinnstiftende Unternehmensidentität.

Zeitgemäße Unternehmen sind um die Idee der Zusammenarbeit errichtet. Es herrscht ein Klima des Miteinanders, in dem sich die Mitglieder gegenseitig unterstützen, herausfordern, inspirieren und zu guten Leistungen anspornen. Dafür ist die Geschäftsleitung zu sensibilisieren: Gemeinschaft ist der soziale Leim einer Firma und sorgt dafür, dass das Ganze mehr ist als die Summe der Einzelteile. Gemeinschaftssinn basiert auf Vertrauen und einer familiären Kultur, welche integrierend wirkt und von Vergleichen, Benchmarkings, Ranglisten und anderen Wettbewerbsformen absieht. Der Geschäftsleitung kommt hier in ihrer Vorbildfunktion eine zentrale Rolle zu: Sie muss den Familiensinn durch eigenes Vorleben fördern und die Kultur prägen: für alle spürbar sein, einen harmonischen Umgang unterstützen, Respekt und Vertrauen in den Mittelpunkt stellen. Jungen, erfolgreichen, überschaubaren Unternehmen gelingt es besser als großen Firmen, „Gemeinschaft" bzw. eine Art „Familie" zu sein. Gute Beispiele für größere Unternehmen, die dies dennoch geschafft haben, sind Pixar, Google, Toyota oder Southwest. Damit Zusammenarbeit gelingt, muss ein Unternehmen oder Team sich als Problemlösungsgemeinschaft mit Blick auf eine gemeinsam zu gestaltende Zukunft wahrnehmen (Sprenger; vgl. Kapitel 5).

Letztlich schafft Kooperation soziales Kapital mit einer hohen unternehmerischen Rendite. Die Welt von morgen ist durch gegenseitige Abhängigkeiten geprägt. Daher werden auf Kooperation bauende Systeme den Team-IQ erschließen und sich gegen konkurrenzbasierte durchsetzen (Hamel).

Beispiel: Comet

Die Schweizer Technologiefirma Comet ist mit knapp 1.000 Mitarbeitenden in der Röntgen- und Vakuumtechnik tätig, die sich durch hohe Innovationsgeschwindigkeit auszeichnet. Gleichzeitig sind Innovationen kapitalintensiv und langwierig in der Entwicklung. Gemäß Comet wird in der Branche immer noch unterschätzt, dass innovative Ideen oft aus Kundenimpulsen heraus entstehen. Comet hat selber die Kundenzusammenarbeit institutionalisiert. Beispielsweise konnte die Ebeam-Technologie auf den Markt gebracht werden, welche zusammen mit dem Kunden und führenden Hersteller von Getränkeverpackungen, Tetra Pak, entwickelt wurde. Der Rollout der neuen Produktion wird sich ab 2015 über fünf und mehr Jahre erstrecken. Der CEO von Comet, Ronald Fehlmann, hält nichts davon, die Innovationsfreude der Mitarbeitenden mit materiellen Anreizen zu fördern. Die Ausrichtung von Boni sei heikel und die Bemessung schwierig, zudem seien die Anreize meist kurzfristig orientiert. Comet führe „*mehr über Wertschätzung als über monetäre Anreize*". Fehlmann erachtet eine gute interne Kommunikation für wichtiger als irgendwelche Boni.

4.6 Transferportfolio

Mit welchen konkreten Maßnahmen können Führungspersonen die Kooperation in ihren Unternehmen fördern? Nachfolgend finden sich Ideen und Gedankenanstöße für den Transfer in die Praxis.

→ Wissen ist die Ressource der Zukunft. Für die Innovationsfähigkeit eines Unternehmens braucht es geteiltes Wissen – Menschen überlassen ihr Wissen nur, wenn ihnen Vorteile und keine Nachteile daraus entstehen. Je mehr Vertrauen, desto eher wird Wissen geteilt, ohne Regeln, Verträge, Rechtsanwälte. In Unternehmen mit niedrigerem Vertrauen horten Menschen ihre Ideen und teilen sie nur oberflächlich (wenn überhaupt). Arbeiten Sie an der Entwicklung einer Vertrauenskultur (vgl. die Maßnahmen in Kapitel 2) als Grundlage für eine offene Kooperation.

→ Analysieren Sie die Rahmenbedingungen und die gelebte Kultur in Ihrem Unternehmen: Werden Unterschiede betont oder Gemeinsamkeiten in den Vordergrund gestellt? Stehen Karriere, Aufstiegsmöglichkeiten, Status und Macht im Zentrum oder besteht eine Schicksalsgemeinschaft, die auf unterschiedliche, aber gleich geschätzte Beiträge zu einem größeren Ganzen setzt? Machen Sie alles, um Vergleiche zwischen Personen nicht anzuheizen, und achten Sie auf ein Setting, das möglichst viele Menschen als fair wahrnehmen. Das Fairnessempfinden gehört zu den wichtigsten Voraussetzungen für eine starke Kooperationskultur.

→ Wenn Sie wollen, dass Ihre Mitarbeitenden sich zugunsten der Firma einsetzen, erbringen Sie Vorleistungen. Unterstützen Sie sie bei ihren Zielen, stellen Sie ihnen Ressourcen (Zeit, Personal, Infrastruktur, Geld usw.) zur Verfügung. Schaffen Sie ein Gefühl der Gegenseitigkeit und betonen Sie, dass Sie ihre Unterstützung als Teil einer wechselseitigen Partnerschaft betrachten. Die Forschung suggeriert, dass Sie so mit einer beträchtlichen Gegenleistung rechnen können.

→ Fördern Sie sehr bewusst eine offene Kommunikations- und Austauschkultur: Schaffen Sie Begegnungszonen, in denen sich Mitarbeitende treffen können (Pausen- und Aufenthaltsräume, Kaffeeküche oder -bar, Kantine, Cafeteria usw.). Treffen Sie eine gemeinsame Pausenregelung, in denen regelmäßige Treffs erwünscht, aber freiwillig sind. Fördern Sie auch den informellen Austausch und lassen Sie beispielsweise Gespräche auf den Gängen zu. Denken Sie daran, dass Kommunikation der Hauptmotor der Zusammenarbeit ist.

→ Betrachten Sie Umbauten als Investitionschance zur Steigerung der Unternehmensleistung und weniger als Mittel zur Effizienzverbesserung. Achten Sie auf eine Gestaltung, welche auf Kontaktförderung setzt, und zwar nicht nur in der eigenen Arbeitsgruppe, sondern zwischen allen Mitarbeitenden. Büros sind keine Immobilien, sondern Kommunikationswerkzeuge und damit strategische Wachstumsinstrumente.

→ Schaffen Sie für interne Spezialisten Möglichkeiten, um sich fachlich auszutauschen und ein Zusammengehörigkeitsgefühl zu entwickeln, mit dem Ziel der gegenseitigen Information und des Erfahrungsaustauschs (z. B. ein regelmäßiges Pausentreffen der Konstrukteure am Stehtisch mit vom Unternehmen bereitgestelltem Kaffee und Croissants oder ein halbjährlicher Führungszirkel, damit Führungskräfte Raum und Zeit finden, konkrete Führungsherausforderungen auszutauschen und zu reflektieren).

→ Tragen Sie funktionierenden Teams Sorge. Oft sind diese sehr viel effizienter und effektiver als weniger gut harmonierende Gruppen. Eine dosierte Blutauffrischung darf sein, abgesehen davon macht es Sinn, eingespielte Teams möglichst unbehelligt ihre Arbeit machen zu lassen.

→ Fördern Sie die Kultur der direkten Kommunikation: Formulieren Sie die Erwartung, dass möglichst oft direkt bzw. per Telefon miteinander gesprochen wird, statt E-Mails zu schreiben. Dazu gehört, dass E-Mails zwischen räumlich nahe liegenden Personen verpönt sind. Sofern notwendig, definieren Sie schriftlich die gewünschte Mailkultur (z.B. grundsätzliches Primat des persönlichen Gesprächs, Mails als sekundärer Kommunikationskanal, Bcc-Mails sind verboten, cc-E-Mail-Kultur ist sehr bewusst einzusetzen und so weit wie möglich zu reduzieren usw.).

→ Führen Sie den E-Mail-freien Freitag ein (in Kalifornien ersetzt dieser zunehmend den „Casual Friday"). An diesen Tagen ist es verboten, E-Mails an Arbeitskollegen zu senden. Stattdessen wird das persönliche, direkte Gespräch erwartet. In Unternehmen, die dies eingeführt haben, ist nicht nur die Arbeitsqualität stark gestiegen, sondern auch die Freude an der Arbeit selbst (Gassmann und Friesike).

→ Fördern Sie die interne Zusammenarbeit wo sinnvoll durch Maßnahmen der zusätzlichen Vernetzung der Mitarbeitenden untereinander (z. B. Intranet, soziale Netzwerke wie Wikis, Microblogs, Blogs usw.)

→ Führen Sie einen freiwilligen monatlichen Mittagslunch mit einem Mitglied der Geschäftsleitung ein: Wer will, ist eingeladen. Der Mittagslunch umfasst einen Informationsteil zu aktuellen Gegebenheiten sowie einen Austauschteil, in welchem individuelle Anliegen diskutiert werden können.

→ Kommunizieren Sie intern bewusst erfolgreich gemeisterte Herausforderungen, Jubiläen, Honorierungen, Verbesserungsvorschläge usw. (in der Hauszeitung, am Anschlagbrett). Dies transportiert den Teamgedanken und schafft Anerkennung. Reservieren Sie in internen Organen (in der Hauszeitung oder am Anschlagbrett usw.) einen regelmäßigen Ausschnitt, der für das Sichtbarmachen von Unternehmenspersönlichkeiten der Mitarbeiterbasis vorgesehen ist (z. B. Porträt eines Mitarbeitenden mit Foto und Interessen).

→ Ermöglichen Sie den Einblick in andere Abteilungen. Ziel ist, das Gesamtverständnis über die Zusammenhänge im Unternehmen zu verbessern (bereits bei mittleren Unternehmen ist dieses oft nur noch ansatzweise vorhanden) und das wechselseitige Verständnis zu fördern. Dazu wird die Möglichkeit für regelmäßige Einblicke in andere Abteilungen ins Leben gerufen. Dies kann auf unterschiedliche Art und Weise und mit unterschiedlicher Intensität bzw. Dauer geschehen. In manchen Abteilungen braucht es mehr Zeit, um die Zusammenhänge zu verstehen. Konkrete Maßnahmen können z. B. regelmäßige Kurzbesuche (z. B. zwei Stunden) oder eine

Job Rotation (z. B. zwei bis drei Tage) sein. Bei Southwest haben rund 75 Prozent der Mitarbeitenden im Laufe der Jahre am Programm „Walk a Mile" teilgenommen und für einen Tag den Arbeitsplatz eines Kollegen aus einem anderen Bereich kennengelernt – Piloten arbeiteten als Bodenpersonal oder Bodenpersonal im administrativen Bereich. Auch wenn die Planung anspruchsvoll war, hat sich das Programm als unschätzbare Quelle erwiesen, um gegenseitiges Verständnis, Wertschätzung, Problemlösung und Zusammenarbeit zu fördern (Pfläging).

➜ Setzen Sie auf die Weisheit der Vielen und beziehen Sie zur konkreten Lösung von unternehmerischen Fragestellungen, welche für viele Personen relevant sind, auf freiwilliger Basis die Belegschaft mit ein (z. B. in Form von Arbeitsgruppen): beispielsweise bei der Gestaltung von Arbeitsplätzen, Schichtplänen oder Prozessen bis zur Personenrekrutierung und Entwicklung von Strategien. Je sensibler und heikler das Thema, desto konsequenter sollten Sie auf den Grundsatz setzen, dass Betroffene zu Beteiligten gemacht werden.

➜ Geben Sie zur Aktivierung des kollektiven IQ jedem Mitarbeitenden die Chance, jederzeit eine „Weisheit der Vielen"-Sitzung zu organisieren, bei der dieser ein aktuelles Problem aus dem eigenen Aufgabenbereich präsentiert und dann alle Teilnehmer um Rat und Lösungsvorschläge bittet. Je nach Firmengröße und Problemstellung macht es Sinn, den Adressatenkreis sinnvoll einzugrenzen (Groeneveld und Küffer).

➜ Feiern Sie Feste, zelebrieren Sie Erfolgserlebnisse und pflegen Sie Teamanlässe, insbesondere geschätzte Firmentraditionen (z. B. Mitarbeiterausflug, Skitag, Weihnachtsessen, Firmenjubiläen). Überprüfen Sie die Schaffung weiterer Teamanlässe – falls jetzt das Kostenargument aufkommt: Es gibt kaum Maßnahmen mit höherem Return on Investment – und organisieren Sie gemeinsame Events (z. B. Feiern eines Projektabschlusses, Sommergrill, Fußball-Viewing, Firmenfrühstück usw.). Dies stärkt den Kitt des Zusammenhalts.

➜ Achten Sie auf eine schlanke Hierarchie und bauen Sie nicht zwingend nötige Ebenen ab. Hierarchie ist in einem Wettbewerbsumfeld eine förderliche Bedingung, da sie die Konkurrenzorientierung unterstützt. Mitglieder einer Organisation werden zu Gegnern im Wettbewerb um knappe Positionen. Unter kompetitiven Bedingungen ist Misstrauen aber intelligentes Verhalten. Weniger Hierarchie läuft meist einher mit der Erhöhung der Verantwortung sowie (insgesamt) einer Reduktion von Bürokratie und Kontrolle.

➜ Unternehmen sind mit Blick auf die Kooperationsförderung auf dem richtigen Weg, wenn sie es schaffen, das Gefühl einer Problemlösegemeinschaft zu etablieren („Wir sitzen alle im gleichen Boot und sind darauf angewiesen, dass alle in dieselbe Richtung rudern"). Gemeinsame Probleme sind eine zentrale Quelle der Motivation zur Zusammenarbeit. Probleme sind wichtig, die als gemeinsam anerkannt werden und nur gemeinsam zu lösen sind. Halten Sie für die Bewältigung von Problemen die Organisationsstruktur einfach und verzichten Sie auf komplexe Lösungen wie etwa Matrixorganisationen. Sofern eine Parallelstruktur zusätzlich zur normalen Organisationsstruktur notwendig wird, empfiehlt sich eine Projektgruppe als mobiles Wissensarbeiterteam mit hohem Projektmanagement-Know-how. Eine Projektorganisation ist beispielsweise geeignet für die Einführung neuer Prozesse (wie z. B. Wandelvorhaben), die Entwicklung und Einführung neuer Produkte, die Behandlung von Managementproblemen, die Abwicklung von komplexen Großaufträgen.

→ Sofern die Projektabwicklung dringlich ist, lohnt es sich, die einbezogenen Personen an einem Ort zusammenzufassen. Achten Sie auf das Primat der direkten Kommunikation (statt Mails usw.). Stellen Sie wenn möglich Projekträume als arbeitsbezogene Begegnungsräume zur Verfügung, in denen es möglich ist, Visualisierungen und Materialien (Ideenskizzen, Flipcharts, Fotos, Projektpläne usw.) über einen festgelegten Zeitraum auszubreiten und stehen bzw. hängen zu lassen.

→ Stellen Sie Personen ein, die zusammenarbeits- und nicht wettbewerbsorientiert sind. Starke Wettbewerbs- und Statusorientierung, Egozentrik, Narzissmus, ausgeprägter Ehrgeiz sowie hohes Macht- und Erfolgsstreben sind Eigenschaften, welche nicht kooperationsfreundlich sind.

→ Kooperation gehört zum nützlichsten Verhalten in Firmen, lässt sich aber nicht messen. Ein umfassendes Leistungsfeedback sollte die explizite Beurteilung und Wertschätzung der Kooperationsleistung beinhalten. Vertrauen Sie dabei auf das eigene Urteilsvermögen statt auf quantitative Indikatoren.

→ Das Bedürfnis nach Reziprozität ist tief in uns Menschen verankert. Menschen erwidern gern Geschenke, viele sogar selbst dann noch, wenn sie sich keinen langfristigen Vorteil erhoffen können. Für die Lohngestaltung heißt dies: Großzügigkeit kann sich lohnen. Ein guter Lohn signalisiert Wertschätzung. Nehmen Mitarbeitende ihren Lohn als fair und gut wahr, sind sie oft bereit, dies mit größerem Engagement und besseren Leistungen zu vergelten. Bezahlen Sie deshalb wenn möglich Löhne, die mindestens etwas über dem Marktniveau liegen. Es könnte eine Investition in die Zukunft sein.

→ Die Frage der Belohnung zeigt den Mitarbeitenden sehr deutlich auf, wie ernst sie es mit der Kooperation tatsächlich meinen: Wenn Sie überzeugt sind, dass letztlich nur im Team die nötigen Wettbewerbsvorteile erzielt werden und der Gesamterfolg zählt, dann belohnen Sie keine Einzelleistungen mehr, sondern ziehen Sie als Grundlage für individuelle Lohnbestandteile ausschließlich Kooperationsergebnisse (Teamerfolg, Gesamtresultat) heran. Nichts transportiert das Selbstverständnis einer Schicksalsgemeinschaft so klar wie eine generelle Gewinnbeteiligung.

→ Streichen Sie keine Stellen, nur um temporär Kosten zu sparen. Dies ist oft kurzfristiger Aktionismus, der mehr zerstört als einspart. Es gibt große Unternehmen, die dies selbst in umkämpften, zyklischen Branchen und ausgesprochen schwierigen Zeiten nie getan haben (wie Toyota oder Southwest). Arbeitsplatzsicherheit ist ein hohes Gut und viele Mitarbeitende gewichten es sehr stark. Der unsichtbare Pakt der gegenseitigen Loyalität ist ausgesprochen wertvoll. Unternehmen, die ihn nicht brechen, profitieren von hoher Mitarbeitertreue und langfristiger Leistungsfähigkeit.

→ Sehen Sie von wettbewerbsorientierter Transparenz auf der Ebene der einzelnen Person ab. Verzichten Sie auf alles, was die Kooperation stört (wie Ranglisten von internen Benchmarks, 360-Grad-Beurteilungen, Lohntransparenz usw.). Expliziter Wettbewerb, z. B. internes Benchmarking, führt zu einer Verengung der Leistung und gibt Anreize zu Umgehung und Manipulation (externes Benchmarking mit Branchenkonkurrenten hat keinen Einfluss auf die Kooperation). Vor allem signalisiert es, dass die Firma auf Konkurrenz setzt. Vertrauensvolle Zusammenarbeit kann sich so nicht einstellen.

→ Lassen Sie explizite interne Leistungsvergleiche sein. Verzichten Sie insbesondere auf die Koppelung von im Voraus definierten Kriterien mit Belohnungen. Es ist eine zentrale Aufgabe der Vorgesetzten, Leistung zu erkennen und kollektiv (als Teamleistung) und individuell (als persönliche Leistung) zu würdigen. Leistung als Ganzes ist deutlich vielfältiger und lässt sich nicht auf Kennzahlenwerte und Ranglisten reduzieren.

→ Wenn Sie die Potenziale der internen Kooperation ausschöpfen wollen: Stellen Sie mehr Frauen an. Diese sind oft weniger machtorientiert, gleichzeitig kommunikativer und kooperativer als Männer.

→ Setzen Sie für kritische Probleme auf internes Crowdsourcing. So können etwa neue Geschäftsideen oder Kostensparpotenziale mit einer Art firmeninterner Börse evaluiert werden. Dabei werden in Diskussionsforen Ideen und Kritiken gesammelt, die in die Weiterentwicklung des „Produkts" einfließen. Die an der „Börse" erfolgreichsten Ideen werden aufgegriffen und mit realen Budgets ausgestattet. Bei einem Erfolg partizipieren alle, die zur neuen Idee beigetragen haben.

→ Unternehmen können aus der Zusammenarbeit über die Wertschöpfungskette mächtige Potenziale für die Verbesserung und Weiterentwicklung des eigenen Leistungsangebots erschließen. Prüfen Sie die Absicht, strategische Partnerschaften mit ausgesuchten Lieferanten und Kunden aufzubauen und einen entsprechenden institutionalisierten Austausch zu pflegen.

■ 4.7 Literatur

Benkler Y. (2011). Das selbstlose Gen. *Harvard Business Manager*, Oktober 2011, S. 33–45.

Cialdini R. B. (2013). Die Psychologie des Überzeugens: Wie Sie sich selbst und Ihren Mitmenschen auf die Schliche kommen. Bern: Huber.

Coase R. (1937). The Nature of the Firm. *Economica*. New Series. Band 4, Nr. 16, S. 386–405.

Engelen A. und *Esser F.* (2014). So fördern Sie Entrepreneure. *Harvard Business Manager*, Februar 2014, S. 10–11.

Frederick S. und *Loewenstein G.* (1999). Hedonic Adaption. In: *Kahneman D., Diener E.* und *Schwarz N.* (Hrsg.), *Well-being: The Foundations of Hedonic Psychology*, S. 302–329. New York: Sage.

Gassmann O., Frankenberger K. und *Csik M.* (2013). Geschäftsmodelle entwickeln. München: Hanser.

Gassmann O. und *Friesike S.* (2011). 33 Erfolgsprinzipien der Innovation. München: Hanser.

Grant A. (2013). Die richtige Dosis Altruismus. *Harvard Business Manager*, Juli 2013, S. 59–65.

Groeneveld S. J. und *Küffer C.* (2015). Inspired at Work. Zürich: Versus.

Hamel G. (2009). Mission: Management 2.0. Harvard Business Manager, April 2009, S. 86–95.

Hannan R. L. (2005). The combined effect of wages and firm profit on employee effort. *The Accounting Review*, 80, Heft 1, S. 167–188.

Huckman R. und *Staats B.* (2014). Die Vorteile eingespielter Teams. *Harvard Business Manager*, Februar 2014, S. 6–9.

Liberman V., Samuels S. und *Ross L.* (2004). The Name of the Game: Predictive Power of Reputations versus Situational Labels in Determining Prisoner's Dilemma Game Moves. *Personality and Social Psychology Bulletin*, 30. Jahrgang, Nr. 9, S. 1175.

Luyendijk J. (2014). Lohn der Angst. *NZZ Folio Nr. 272*, März 2014, S. 18–21.

Mauss M. (1990). Die Gabe. *Form und Funktion des Austauschs in archaischen Gesellschaften*. Frankfurt: Suhrkamp.

Osterwalder J. (2010). Post-it: Vom Flop zum Hit. *St. Galler Tagblatt*, 12. April 2010.

Oswald A. und *Gardner J.* (2007). Money and Mental Wellbeing: A Longitudinal Study of Medium-Sized Lottery Wins. *Journal of Health Economics*, 26, S. 49–60.

Pentland A. (2012). Kommunikation ist der Schlüssel. *Harvard Business Manager*, Mai 2012, S. 36.

Pfläging N. (2011). Führen mit flexiblen Zielen. *Praxisbuch für mehr Erfolg im Wettbewerb*. Frankfurt: Campus.

Podsakoff N. P., Whiting S. W., Podsakoff P. M. und *Blume B. D.* (2009). Individual- and organizational-level consequences of organizational citizenship behaviors: A meta-analysis. *Journal of Applied Psychology*, 94 (1), S. 122–141.

Rilling J., Gutman D., Zeh T., Pagnoni G., Berns G. und *Kilts C.* (2002). A Neural Basis for Social Cooperation. *Neuron*. 35, S. 395–405.

Seabright P. B. (2010). The Company of Strangers: A Natural History of Economic Life. Princeton: University Press.

Schütz D. (2013). Wie ein Orden. *Bilanz* 11/2013, S. 33–40.

Senge P. M. (2011). Die fünfte Disziplin. *Kunst und Praxis der lernenden Organisation*. Stuttgart: Schäffer-Poeschel.

Sigmund K., Fehr E. und *Nowak M. A.* (2002). Teilen und Helfen – Ursprünge sozialen Verhaltens. *Spektrum der Wissenschaft*, März 2002, S. 52–59.

Sprenger R. K. (2007). Vertrauen führt. Frankfurt: Campus.

Steins G. (2014). Sozialpsychologie des Schulalltags: Band I: Grundlagen und Anwendungen. *Pabst*.

Tomasello M. (2010): Warum wir kooperieren. Berlin: Suhrkamp.

Waber B. (2013). People Analytics: How Social Sensing Technology Will Transform Business and What It Tells Us about the Future of Work. Financial Times Prentice Hall.

Waber B., Magnolfi J. und *Lindsay G.* (2015). Der Wert der Gestaltung. *Harvard Business Manager*, Januar 2015, S. 34–44.

Waytz A. und *Mason M.* (2013). Das Gehirn bei der Arbeit. *Harvard Business Manager*, Dezember 2013, S. 36–48.

Weiland D. (2014). Wertvolle Freunde. *Harvard Business Manager*, November 2014, S. 96–97.

5 Sinnstiftung: „Alle großen Dinge werden um ihrer selbst willen getan"

Wir haben gesehen, dass Belohnungen keine dauerhaften Bindungen hervorrufen (vgl. Kapitel 1). Firmen sind allerdings auf Dauerhaftigkeit angelegt. Wenn Unternehmen in der Lage sind, ihren Mitarbeitenden eine Umgebung anzubieten, in der diese ihren intrinsischen Motivationen nachgehen können, entspricht dies dem Idealfall. Anspruchsvoller wird es, wenn in Firmen Dinge getan werden müssen, die sich wenig oder nicht mit den persönlichen Interessen decken. Dies dürfte selbst bei sehr eigenmotivierten Mitarbeitenden für einen substanziellen Anteil des Arbeitsportfolios der Fall sein. Für viele Personen, die aus den verschiedensten Gründen nicht ihrem Traumjob nachgehen können, ist dies eine permanente Alltagsherausforderung. Was also schafft anhaltende Bindung über die reine Lust an der Sache hinaus? Wie können die Interessen der Belegschaft und jene des Unternehmens gekoppelt werden?

Eine Fabel handelt von drei Männern, die Steine klopfen. Auf die Frage, was sie da tun, antwortet der Erste: „Ich klopfe Steine." Der Zweite sagt: „Ich verdiene den Lebensunterhalt für meine Familie." Und der Dritte entgegnet: „Ich baue an einer Kathedrale." Es darf erwartet werden, dass diese drei Männer sich unterschiedlich stark für ihre anstrengende Arbeit motivieren können. Das Erleben von Sinnhaftigkeit bei der Arbeit gehört zu den stärksten Motivatoren überhaupt.

Menschen wollen etwas leisten, was der Mühe wert ist. Es ist sehr unterstützend, wenn sie als wertvoll empfinden, wofür die Firma steht. Personen möchten einer gemeinsamen Sache dienen. Vor allem wollen Menschen einen Sinn in dem erkennen, was sie tagtäglich tun (Goffee und Jones). Mark Twain sagte dazu: *„Die zwei wichtigsten Tage deines Lebens sind der Tag, an dem du geboren wurdest, und der Tag, an dem du herausfindest, warum."*

Ein Unternehmen kann hier mit der konkreten Arbeitsgestaltung großen Einfluss auf die wahrgenommene Sinnhaftigkeit ausüben. Seit Charlie Chaplins Film „Modern Times" haben wir eine feste Vorstellung von einer vollkommen sinnentleerten Tätigkeit, wie sie es bei der tayloristischen Fließbandfertigung gab. In den letzten Jahrzehnten wurde bei der konkreten Stellendefinition zunehmend darauf geachtet, dass zu eng gefasste, isolierte und monotone Tätigkeitsschritte abgebaut werden. Mittels verschiedenen Ansätzen (wie etwa Job Enlargement, Job Enrichment, Job Rotation oder die Verlagerung eines Bündels von Tätigkeiten in die Autonomie einer selbstverantwortlichen Gruppe) können in aller Regel eintönige und atomisierte Arbeitsprofile vermieden werden. Unternehmen sehen sich hier in der Verantwortung, für ihre Belegschaften herausfordernde, ganzheitliche Stellen zu definieren und anzubieten, welche ein erfülltes und sinnstiftendes Arbeiten ermöglichen.

Über die konkrete Arbeitsplatzgestaltung hinaus rückt für die unternehmerische Sinnstiftung das normative Management in den Mittelpunkt. Normatives Management hat zum Ziel, aufgrund von unterschiedlichen Anliegen und Interessen der verschiedenen Anspruchsgruppen eine ethische Legitimation für die unternehmerische Tätigkeit zu schaffen. Angesichts divergierender Wertvorstellungen der Stakeholder besteht ein grundsätzliches Konsensproblem: Was will das Unternehmen, was wollen die einzelnen Interessengruppen? Kann eine Übereinstimmung erreicht werden? Firmen spüren heute von verschiedenen Seiten Legitimationsdruck und sind aufgefordert, grundlegende Wertfragen des unternehmerischen Handelns zu klären.

Unternehmen tun dies in aller Regel, indem sie sich Gedanken über ihre Mission und Vision machen und festhalten, welche Werte sie in ihrem Handeln leiten sollen. Wer als Unterneh-

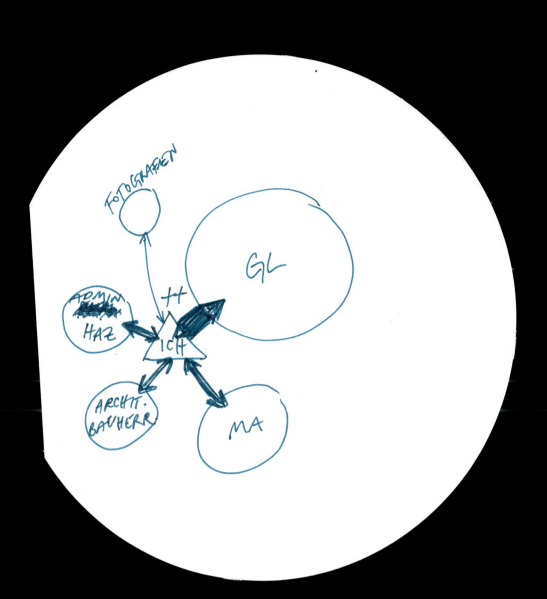

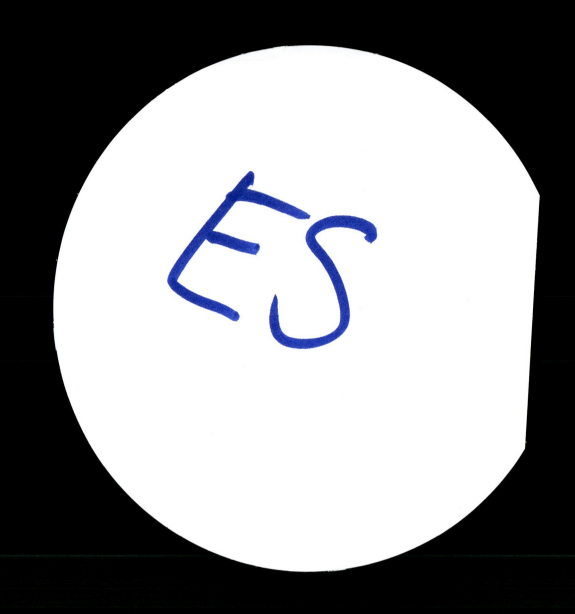

men mit seinem Selbstverständnis und seiner Ausrichtung Sinn stiften kann, schafft Identifikation hinsichtlich geteilter Werte und Ziele. Das ist es, was Mitarbeitende über die individuellen Interessen hinaus gemeinsam bewegt! Geteilte Werte und Ziele sind für viele Menschen zentral – wenn ich und das Unternehmen dasselbe wollen, dann kommen wir weit.

■ 5.1 Mission und Vision: Ziele vergehen, Zwecke bestehen

Die zentrale Funktion der oft in Leitbildern auftauchenden Zwillingspaare Mission und Vision ist es, Orientierung und Handlungsleitung nach innen zu schaffen sowie die unternehmerische Tätigkeit mittels positiver Öffentlichkeitsarbeit nach außen zu legitimieren. Oft werden die beiden Begriffe nicht differenziert und synonym gebraucht. Dabei ist die unterschiedliche Aussage für Unternehmen von Bedeutung. Mission und Vision sind nicht das Gleiche und eine gehaltvolle, bewegende Mission ist deutlich wichtiger als die daraus abgeleitete Vision. Warum ist dies so?

Die unternehmerische Mission hat unser Selbstverständnis zum Inhalt, unseren Auftrag (im lateinischen Wortsinn), sie drückt aus, wozu wir als Firma da sind und was wir der Welt bringen. Sie umschreibt, wofür wir stehen, und definiert so unseren Zweck. Eine sorgsam und treffend formulierte Mission sollte zeitüberdauernd sein, während selbst die beste Vision mit einem Ablaufdatum versehen ist. Irgendwann wurde sogar Apples weltbewegende Vision des *„PC auf jedem Pult, in jedem Heim"* von der Realität überholt (mindestens in der westlichen Welt).

Die Vision hält unser Zukunftsbild fest: Was wollen wir gemeinsam erreichen? Welches sind motivierende Ziele für die kommende Zeit? Idealerweise leuchtet die Vision als Fixstern am Himmel, als Lichtbringer und Orientierungsmarke, zu der man aufschaut und nach der man seinen Kurs richtet, wie ein Schiff in der Nacht auf dem Meer. Damit eine Firma in den vielen Zielkonflikten des Alltags nicht die Ausrichtung, den Fokus verliert, definiert die Vision ein attraktives Zukunftsbild, sozusagen die Essenz des künftigen Wirkens. Visionen sind damit Ausdruck eines tiefer liegenden Sinnzusammenhangs – also einer Mission – und halten ein Abbild dessen fest, was das Unternehmen zu schaffen versucht. Eine Vision ist demnach etwas anderes als eine Mission. Der Unternehmenszweck ähnelt einer Richtung, einer allgemeinen Vorgabe. Die Vision ist ein spezifischer Ankunftsort, ein Bild von einer gewünschten Zukunft. Eine Mission ist allgemein, eine Vision ist spezifisch. Mission ist, *„dass der Mensch zu den Sternen vorstößt"*, Vision, *„dass bis Ende der 1960er-Jahre ein Mann auf dem Mond landet"*. Zweck ist *„überragend zu laufen"*, Ziel hingegen, *„einen Marathon unter zwei Stunden zu beenden"* (Senge).

Eine Vision baut demnach auf einer Mission auf. Ohne inneres Feuer gibt es kein Zukunftspotenzial. Ziele sind letztlich Operationalisierungen von Zwecken. Oft geht dabei einiges verloren bzw. verfehlt

 Ohne Feuer keine Zukunft!

den Kern. Immer wieder lässt sich feststellen, dass Ziele keinen Sog entfalten, Visionen keine Anmutungsqualität aufweisen, letztlich nicht wirklich motivierend sind. Dies ist beispielsweise der Fall, wenn zentrale Erfolgsgrößen wie Umsatz, Marktanteile oder Gewinnziele in Visionen gegossen werden. Menschen lassen sich durch vieles motivieren, selten aber durch nackte Zahlen. Diese mögen für externe Stakeholder wie Kapitalgeber wichtige Ziele darstellen. In der Innensicht der Mitarbeitenden sind solche Verkürzungen nicht zielführend, weil sie nicht inspirieren, zu wenig Sinn stiften. So ist Gewinn etwa in der unternehmerischen Logik eine Notwendigkeit, damit der Kapitaleinsatz risikoadäquat abgegolten werden kann. Als zündende Vision taugt er aber kaum.

Hilti bestimmte im Jahre 2006 zentrale Kernwerte als Vision: So sollte die generelle Kundenzufriedenheit mehr als 90 Prozent betragen, der Umsatz 8 Milliarden Franken und der Gewinn 800 Millionen Franken erreichen und Hilti auf 30.000 Mitarbeitende anwachsen, zugleich als attraktiver Arbeitgeber wahrgenommen werden. Die Werte forderten gegenüber 2006 ungefähr eine Verdoppelung innerhalb einer Zehnjahresfrist! Als 2008 die Finanzkrise auch sehr erfolgreiche Unternehmen wie Hilti erfasste, wurde die Vision schnell zur Makulatur und musste zurückgenommen werden.

Den gegenteiligen Fall erlebte Walmart, als 1990 für 2000 die Marke von 125 Milliarden Dollar Umsatz als Vision formuliert wurde. Tatsächlich wurde die Größe schon einige Zeit früher erreicht und letztlich konnte der US-Einzelhändler im Jahre 2000 einen Umsatz von 165 Milliarden Dollar generieren. Auch hier war die Vision schneller überholt, als den Schöpfern lieb war.

Insgesamt gilt, selbst wenn das Timing der Zielwerte einmal stimmen sollte: Finanzielle Erfolgsgrößen zur Vision zu erheben, macht keinen Sinn. Sie lassen die Mitarbeitenden kalt. Es ist emotional nicht berührend, einer Firma zu helfen, eine bestimmte Menge Geld zu verdienen. Solche Ziele lassen das Herz außen vor.

Andere Visionen sind wiederum, in guter strategischer Absicht, konkurrenzbezogen und relational formuliert, so etwa die Vision, die Nike 1960 ebenso kurz wie martialisch festhielt: „Smash Adidas!" Ähnliches ist von Canon bekannt, welche ihr Zukunftsziel ebenfalls auf den dominierenden Konkurrenten ausrichteten: „Beat IBM!" Letztlich sollte eine Vision einen inneren Wert aufweisen und nicht eine bestimmte Position im Verhältnis zu anderen. Vielen Menschen wird ein „Besser sein als der Hauptrivale" als Impulsgebung nicht ausreichen. Und was passiert, wenn das Ziel tatsächlich erreicht wird?

Gute Visionen zeichnen ein realistisches Idealbild, sind kurz und prägnant, leicht verständlich, begeisternd und herausfordernd. In den USA wird eine ambitionierte Vision oft als „Big Hairy Audacious Goal" (Collins und Porras) bezeichnet, also ein großes, haarsträubendes, wagemutiges Ziel, von dem eine gewisse Faszination ausgeht. Beispielhaft sei die Vision von Volvo genannt: *„Bis 2020 soll kein Insasse eines Volvos mehr getötet oder schwer verletzt werden."*

Eine gute, bewegende Vision ist sinnstiftend, ebenso wie eine elektrisierende Mission: *„In Gegenwart von etwas Erhabenem verflüchtigt sich alles Kleinliche"* (Senge). Im Zweifelsfall aber ist der Daseinszweck wichtiger als das Zukunftsziel. Abgesehen davon, dass die Zukunft naturgemäß ungewiss ist und treffende Voraussagen für Übermorgen in der akzelerierten Dynamik von heute sehr schwer fallen – oft stellt sich später heraus, dass man zu hoch, zu tief oder in die falsche Richtung gezielt hat – besteht ein weiteres Problem im Ableiten von akkuraten Zukunftsbildern.

Visionen bieten sich geradezu an für grandiose Zukunftsentwürfe, entsprungen dem großen Ego von Managern mit einem Hang zu Selbstüberschätzung und Maßlosigkeit (die Forschung zeigt, dass der Berufsstand der Topführungskräfte zu Narzissmus und weiteren Psychopathologien neigt; vgl. Damann). Hier fühlt sich der „Great Man" in seinem Element, hier kann er ungehindert von den lästigen Begrenzungen der realen Welt zu echten Höhenflügen abheben. Die Spielwiese für echte „Moonshots" ist eröffnet. Wie sagte Steve Jobs so schön? „Eine Kerbe ins Universum schlagen." Selbst wenn ihm dies gelungen sein sollte, dann bleibt doch die nüchterne Feststellung, dass die Unternehmenswelt nicht nur aus Apples und Googles besteht. Viele Manager fühlen sich von Visionen magisch angezogen, hier kann heroisches Management noch zum Tragen kommen. *„Wer Visionen hat, sollte zum Arzt gehen"*, hat der ehemalige deutsche Bundeskanzler Helmut Schmidt einmal gesagt. So weit muss man nicht gehen, aber eine gesunde Portion Realismus ist bei der Bestimmung der idealen Zukunft essenziell. „Völlig losgelöst" ist kein Maßstab für eine (im wahrsten Sinne) zweckdienliche Visionsarbeit. *„Eine Vision ist ein Traum mit einem Verfallsdatum"* (Gassmann et al.). Unbestritten bleibt: Eine zündende Vision kann Menschen entflammen, Höhenflüge anregen, Berge versetzen. Sie ist aber schwierig zu erreichen. Edison meinte dazu: „Vision without Execution ist Hallucination."

Dagegen ist die Frage nach der Mission – „Was sind wir?" – weniger anfällig für Hochglanz-Selbstbildtuning als das visionäre „Was wollen wir in Zukunft sein?". Ziele werden erreicht oder verpasst, müssen irgendwann überholt werden, unterliegen dem Zahn der Zeit. Während sie vergehen, bleiben Zwecke bestehen: Im Gegensatz zum Ziel eines Unternehmens ist der Zweck, das Selbstverständnis, nicht vergänglich. Dieses folgt einer Logik, einer Weltanschauung. „Wer sind wir?" „Wofür sind wir da?" Die Antworten darauf bilden eine wichtige Klammer für Firmen, die für ambitionierte Ziele notwendig sind. Eine Vision ohne zugrunde liegendes Zielbewusstsein, ohne Berufung, ist *„einfach nur eine gute Idee"*, *„nichts als Schall und Wahn, ohne jede Bedeutung"* (Senge). Ohne Beseelung gibt es kein Über-sich-Hinauswachsen.

Beispiel: Procter & Gamble

Der Konsumgüterspezialist Procter & Gamble legt sehr viel Wert auf die Leuchtturmfunktion seiner Mission. Diese lautet: *„Wir wollen das Leben der Konsumenten jeden Tag ein wenig besser machen und dabei rücksichtsvoll mit allen Ressourcen umgehen."* Viele Mitarbeitende von P&G empfinden den Zweck als Berufung und fühlen sich in Einklang mit der Ausrichtung der Unternehmung. 2011 veräußerte P&G die Kartoffelchipsmarke Pringles, weil der Verkauf von Chips zu wenig mit der Mission übereinstimmte. Mit qualitativ hochstehenden Produkten wie Waschpulver (Ariel), Rasierer (Braun, Gillette), Batterien (Duracell), Windeln (Pampers), Wischtüchern (Swiffer) oder Haarspray (Wella) lässt sich das Leben der Kunden nachvollziehbar jeden Tag ein wenig besser machen, aber mit Kartoffelchips bei aller Fantasie nicht.

Unternehmen tun gut daran, den tiefsten Absichten mehr Gewicht als den konkreten Zielen zu geben. Diese müssen unweigerlich erneuert werden, während die eigentliche Identität bestehen bleibt. Nachfolgend sind einige Beispiele für sinnstiftende Missionen aufgeführt:

- Body Shop: Kosmetika produzieren, die weder Tieren noch der Umwelt Schaden zufügen
- Wal Mart: es einfachen Menschen zu ermöglichen, die gleichen Dinge kaufen zu können wie Wohlhabende
- Walt Disney: to make people happy
- Ikea: den vielen Menschen einen besseren Alltag!
- Hilti: Wir begeistern unsere Kunden und bauen eine bessere Zukunft!
- Migros: Die Migros ist das Schweizer Unternehmen, das sich mit Leidenschaft für die Lebensqualität seiner Kundinnen und Kunden einsetzt.

Beispiel: Southwest Airlines

Southwest ist ein Beispiel dafür, dass auch sehr große Unternehmen beseelt sein können und eine starke kollektive Identität aufweisen. Die Mission definiert den Wesenskern von Southwest: *„The mission of Southwest Airlines is dedication to the highest quality of Customer Service delivered with a sense of warmth, friendliness, individual pride, and Company Spirit."* Auch die Vision ist überzeugend. Sie lautet: *„To become the World's Most Loved, Most Flown, and Most Profitable Airline."* Gleichzeitig ist sich Southwest bewusst, dass dieses Ziel nur erreicht werden kann, wenn die Mitarbeitenden eine zentrale Rolle spielen. Deshalb werden Mission und Vision mit einem Zusatz ergänzt, welcher die Bedeutung der Belegschaft betont (To Our Employees):*„We are committed to provide our Employees a stable work environment with equal opportunity for learning and personal growth. Creativity and innovation are encouraged for improving the effectiveness of Southwest Airlines. Above all, Employees will be provided the same concern, respect, and caring attitude within the organization that they are expected to share externally with every Southwest Customer."*

Bei Southwest werden Mitarbeitende also auf die Stufe von Kunden erhoben. Die Unternehmenskultur setzt dies konsequent im Alltag um. Das Beispiel macht deutlich, wie stark ein kollektives Selbstverständnis auf das Energieniveau eines Unternehmens wirken kann. John Kotter, der Spezialist für Change-Prozesse, erklärt dies so: *„Wir wollen die Natur dessen, was wir tun, aufregend finden und glauben, dass dieses Produkt oder diese Dienstleistung etwas Nützliches für die Menschheit darstellt. Großartige Firmen institutionalisieren diesen Glauben – und man kann das nicht vorgaukeln. Das ist nicht etwas, das einfach ins Geschäftsmodell eingebettet ist. Es ist in den Herzen der Menschen."* (zit. nach Pfläging)

Wenn eine echte Mission existiert, können Menschen über sich hinauswachsen. Sie arbeiten und lernen aus eigenem Antrieb und nicht, weil man es ihnen aufträgt. Über die eigenen Ziele hinaus kann eine inspirierende Grundausrichtung die Herzen der Mitarbeitenden berühren und sie zu anhaltendem und vertieftem Engagement bewegen. Personen werden so durch Sinnstiftung motiviert (im wahrsten Wortsinn).

Beispiel: Weisse Arena

Die Weisse Arena Gruppe ist eine integrierte Dienstleistungsunternehmung in der Tourismus- und Freizeitbranche. Sie versteht sich als Anbieter alpiner Freizeiterlebnisse für die Destination Flims/Laax/Falera (Schweiz). Zur Unternehmensgruppe gehören eine Bergbahnunternehmung, Hotel- und Gastronomiebetriebe, die Vermietung und der Verkauf von Sportausrüstung, eine Ski- und Snowboardschule sowie eine Managementgesellschaft. Für die Gruppe sind im Winter mehr als 1.000 Personen tätig, im Sommer ca. 300. Die Mission der Weissen Arena bildet die Richtschnur für alle Mitarbeitenden und dient als Inspirationsquelle und Motivation. Sie lautet:
„Mit Leidenschaft und Servicequalität begeistern wir unsere Gäste. Dabei steht die Einfachheit für den Gast im Mittelpunkt. In unserem Resort geniessen Skifahrer, Snowboarder und Freestyler unvergessliche Erlebnisse."

Von entscheidender Bedeutung ist allerdings, dass es gelingt, die Mission im unternehmerischen Alltag umzusetzen. Papier ist geduldig: Mission und Vision sollten das kulturelle Organisationsbewusstsein widerspiegeln und nicht eine Wunschvorstellung des obersten Führungszirkels. Oft lässt sich feststellen, dass festgehaltene Selbstverständnisse nicht bzw. zu wenig gelebt und im Alltag mit Bedeutung versehen werden. Eine wahre Mission verpflichtet zu folgerichtigem Handeln und konsequentem Vorleben. Dies ist angesichts der vielen realen Zielkonflikte des Alltags keine einfache Sache. Dennoch besteht die große Chance, die intrinsischen Motivationen vieler Personen in einer Organisation in einen größeren Sinnzusammenhang zu betten und zusätzlich zu den eigenen Antreibern kollektiv zu energetisieren. So werden Leidenschaften entfacht.

Einmal mehr kommt dabei den einzelnen Führungspersonen eine zentrale Rolle zu. Letztlich sind sie die Transformatoren des unternehmerischen Selbstverständnisses: Sie können im Alltag immer wieder sinnstiftend wirken, durch ihr Vorleben, ihre Prägung der Gemeinschaft, ihr Herstellen von Sinnzusammenhang in der einzelnen Gruppe, im konkreten Team. Das Potenzial des Inspirators hat Antoine de Saint-Exupéry in dem Zitat herausgearbeitet: *"Wenn Du ein Schiff bauen willst, so trommel nicht Männer zusammen, die Holz beschaffen, Werkzeuge vorbereiten, Holz bearbeiten und zusammenfügen, sondern lehre sie die Sehnsucht nach dem weiten, unendlichen Meer."* Gelingt dies im einzelnen Team, ist es gar nicht mehr so entscheidend, was in der gesamten Unternehmung passiert (oder auch

Führungspersonen haben die Macht über die Zündschnur!

nicht): Menschen sind letztlich kleingruppenorientierte Wesen. Die unmittelbare Umgebung, das eigene Team ist die relevante Referenzgruppe. Wenn es hier läuft, wenn die Kollegen vertrauensvoll zusammenarbeiten, eine gemeinsame Ausrichtung teilen, wenn dieses Umfeld inspirierend und erfüllend ist, dann ist dies viel wichtiger als das große Ganze.

Die Bedeutung der einzelnen Führungspersonen für die Beseelung der verschiedenen Teams kann nicht überschätzt werden. Gefragt sind hier statt transaktionaler Ausrichtung (Zuckerbrot und Peitsche) die Qualitäten transformationaler Führung, die über vier Stellhebel wirkt: Erstens agieren Führungspersonen als Vorbild (auch hinsichtlich Integrität und Moral). Zweitens können sie durch gemeinsame Werte, Visionen und tieferen Sinn inspirieren. Drittens gelingt ihnen die intellektuelle Stimulierung der Teammitglieder (durch kritisches Hinterfragen ebenso wie durch die Förderung der Kreativität). Und viertens orientieren sie sich an der individuellen Berücksichtigung von Anliegen, das heißt, auf die Bedürfnisse der Mitarbeitenden wird eingegangen, die Führungsperson arbeitet in der Funktion als Mentor durch Coaching. Dietrich Genscher, der frühere deutsche Außenminister, hat die Qualitäten einer wahren Führungsperson einmal so umschrieben: *„Selber brennen muss, wer andere entzünden will."*

■ 5.2 Werteorientierung und die Generation Y

Viele Menschen sind immer weniger bereit, nur für Geld zu arbeiten. Sie suchen in der Arbeit vermehrt Sinn, Spaß, die Erfüllung übergeordneter Ziele, die Übereinstimmung mit ihnen wichtigen Werten. Hinsichtlich Sinnstiftung spielen unternehmensweit geteilte Werte zusätzlich zu Mission und Vision eine wichtige Rolle. Zusammen, als Triade, geben sie Antwort auf die drei wichtigen Fragen: „Warum?", „Was?" und „Wie?" (Senge).

- Die Mission beantwortet das „Warum?", indem sie den Zweck bezeichnet. „Was ist der Sinn unserer Existenz?" „Wofür sind wir da?"
- Die Vision definiert das „Was?", das Bild der Zukunft, das verwegene Ziel.
- Die unternehmerischen Grundwerte beantworten die Frage: „Wie handeln wir in Harmonie mit unserer Mission, während wir die Verwirklichung unserer Vision anstreben?" Die Werte definieren, was im Alltag eines Unternehmens wichtig ist, wenn es Mission und Vision nachlebt.

Zusammen definieren Mission, Vision und Werte den tiefer liegenden Sinnzusammenhang eines Unternehmens. Menschen reagieren besonders empfänglich auf Absichten und Ziele, die in Einklang mit den eigenen tieferen Wertvorstellungen und Sehnsüchten stehen. Werte und deren glaubhafte Verankerung in der Organisation sind sehr wichtig. Wir wollen das, wofür wir am meisten Zeit in unserem Leben verwenden, als wichtig und nützlich für irgendjemanden empfinden. Erfolgreiche Firmen haben solche Werte in der DNA bzw. in den Herzen der Menschen und leben sie glaubhaft. Man kann das nicht vorgaukeln.

Châteauform

Weil bei Châteauform die autonomen Teams große Freiheiten aufweisen, braucht es eine verbindende Klammer. Dazu wird das Unternehmen nicht nach Regeln und Vorgaben geführt, sondern nach Werten. Gemäß Jacques Horovitz ist der Unterschied enorm: *„Wer Regeln aufstellt, muss klare Prozesse definieren. Diese sorgen dafür, dass die Mitarbeiter möglichst wenig von einem vorbestimmten Verhalten abweichen. Gemeinsame Werte hingegen beruhen auf Vertrauen. Sie geben den Beschäftigten die Selbstständigkeit und Flexibilität, die eine kundenorientierte Organisation auszeichnet."* Für die Verständigung auf die Kernwerte versammelte das noch junge Unternehmen Ende der 1990er-Jahre alle rund 70 Mitarbeitenden zu einem Treffen, bei dem sieben für Châteauform zentrale Werte bestimmt wurden:

- Liebe für den Kunden,
- Familiengeist,
- Loyalität und Ehrlichkeit,
- ständiges Lernen,
- Bereitschaft, Neues zu wagen,
- freiwilliger Einsatz statt Gehorsam,
- Präzision und Leistung.

Der erste und wichtigste Wert bei Châteauform heißt „Liebe für den Kunden". Entsprechend orientiert sich das gesamte Geschäftsmodell an den Bedürfnissen der Kunden. Die Schlösser werden als Kundenzufriedenheitscenter gesehen, nicht als Profitcenter. Das oberste Ziel der Leiter ist es, die Kundenzufriedenheit zu maximieren, nicht die Umsätze. Eine hohe Kundenzufriedenheit – 96 Prozent der Gäste sagen, sie seien vollkommen oder sehr zufrieden – hat betriebswirtschaftlich zwei zentrale Vorteile: Die Kunden kommen wieder und sie empfehlen das Unternehmen weiter. Dies ist wichtig, weil Châteauform nur ein geringes Marketingbudget vorsieht.

∎

Für das Funktionieren eines Unternehmens, der gesamten Marktwirtschaft sind gelebte Werte von eminenter Bedeutung. Marktwirtschaft ist ein Mittel im Dienst des Gemeinwohls und setzt dabei auf Freiheit und Verantwortung. Der grundsätzliche Eigennutz der Menschen führt dann zu breitem Wohlstand, wenn, nach Adam Smith, eine „Grundsympathie mit dem Glück der anderen" vorhanden ist. Entsprechend ist ein moralischer Unterboden notwendig für erfolgreiches Wirtschaften, dieser bildet das Fundament der

Marktwirtschaft. So haben viele Menschen einen Hang zu Ehrlichkeit. Menschen verhalten sich nicht rein opportunistisch, also gelegenheitsgetrieben.

Die Werteorientierung in Wirtschaft und Gesellschaft hat in den letzten zehn Jahren zugenommen. Gerade die Ereignisse seit der Finanz- und Wirtschaftskrise haben aufgezeigt, dass es ohne moralische Richtschnur nicht geht: *„Viele Leute haben genug von Kurzsichtigkeit, Manipulation und Gier, die in vielen Unternehmen akzeptierte Praxis geworden ist. Sie wollen stattdessen Personen vertrauen können und Teil eines Teams sein. Sie möchten sich mit ihren Vorgesetzten identifizieren, wissen, für welche Werte ihre Firma steht und wohin sie sich bewegt. Sie wollen ihren Teil zum Erreichen der Ziele beitragen und sich am gemeinsamen Erfolg freuen. Als Wichtigstes aber möchten sie ihrem Arbeitsleben Sinn geben"* (Röösli und Hope).

Ein Wertekanon, der die Essenz des im vorliegenden Buch dargelegten unternehmerischen Systemverständnisses abbildet, umfasst in etwa die folgenden Werte:

- Eigenverantwortung,
- Autonomie, Freiräume, Freiheit,
- Vertrauen,
- Respekt, gegenseitige Wertschätzung,
- Offenheit, Ehrlichkeit, Transparenz,
- Fairness, Gerechtigkeit,
- Gemeinsinn, Gemeinschaft,
- Toleranz, Fehlerkultur, Experimentierlust,
- Nachhaltigkeit, Loyalität, Treue,
- Vielfalt, Diversität,
- Gesundheit,
- Spaß, Freude, Humor.

Im Einzelfall geht es für jede Unternehmung darum, die für sie wichtigsten Werte zu definieren und im Alltag umzusetzen. So heißen bei dm-drogeriemarkt die Kernwerte: *„verantwortlich leben, menschlich sein, nachhaltig handeln".*

Werte sind unser Fundament.

Beispiel: RWD Schlatter

RWD Schlatter ist als Türenhersteller ein KMU mit 170 Mitarbeitenden im Schweizer Thurgau. 1998 wurde ein Grundsatzentscheid gefällt, was dem Unternehmen wirklich wichtig ist. Das Resultat: Wirklich wichtig sind für RWD die Mitarbeitenden. Der kulturprägende CEO, Roger Herzig, sagt dazu: *„Das sagen alle, ich weiß. Aber die Realität sieht anders aus."*

> Bei RWD stehen elementare Grundwerte im Zentrum und werden konsequent gelebt: Vertrauen, Eigenverantwortung, Identifikation, Respekt, Fairness und Anstand, Ehrlichkeit und Transparenz, Nachhaltigkeit. Der Chef überlässt seinen Mitarbeitenden Kompetenzen, traut ihnen etwas zu, lässt sie experimentieren. Durch den Vertrauensvorschuss erhöht sich nach Herzig die Selbstverantwortung. Wichtig sind Ehrlichkeit und Transparenz. Fehler werden entpersonalisiert und als Bestandteil eines harmonischen Systems betrachtet. Fairness wird großgeschrieben, der CEO fährt das gleiche Auto wie die Außendienstmitarbeiter und hat keinen reservierten Parkplatz. *„Alles andere wären verdeckte Hierarchien"*, meint Roger Herzig. Mitarbeitende werden gefördert und erhalten Raum für Persönlichkeit und Kreativität.
>
> Der wirtschaftliche Erfolg gibt RWD Schlatter Recht: Trotz teurer Produktion in der Schweiz schneidet das Unternehmen sowohl in internen Konzern- als auch externen Branchen-Benchmarks sehr gut ab. Roger Herzig hält fest: *„Unser Team zeigt ein überdurchschnittliches Engagement, ist hoch motiviert und kreativ."* Davon zeugen die vielen Innovationen, wie etwa die weltweit ersten voll kompostierbaren Türen. Das Unternehmen hat in den letzten Jahren zahlreiche Preise und Auszeichnungen gewonnen. Das Commitment der Belegschaft ist sehr hoch, die Fluktuationsrate niedrig. Werten wie Vertrauen und Identifikation fühlen sich die Mitarbeitenden sehr verpflichtet (Schnelli).

Mitarbeitende und Teams funktionieren nur dann auf Dauer gut, wenn es ein Wertesystem gibt, das die Intelligenz und Moral der Mitglieder nicht beleidigt. Dies ist beispielsweise der Fall, wenn Mitarbeitende den Eindruck bekommen, es ginge dem Unternehmen nur um die Erfüllung von finanziellen Zielen. Geld verdienen ist aber kein Wert für sich.

Für die Generation Y ist es zentral, für eine Firma zu arbeiten, die für mehr steht als Rendite. In der Innenwelt ist diese nicht sinnstiftend. Menschen sind soziale Wesen, die meisten brauchen einen Sinnbezug. Bei Lehrpersonen und Trainern, Hebammen und Ärzten ist dieser offensichtlich, im Wirtschaftsleben nicht immer. Deshalb sind der moralische Unterbau von Unternehmen, die gelebte Mission, die in der Praxis spürbaren Werte so wichtig: „Wofür sind wir da?" „An welchen Leitwerten orientieren wir uns?" Wird eine solche Bestimmung von vielen geteilt, vermittelt sie Zusammenhalt und erzeugt Wärme. Deshalb ist es nur scheinbar ein Paradox: Oft haben Unternehmen am meisten Erfolg, bei denen die Rendite nicht im Vordergrund steht. Wer Sinn stiften kann, schafft Identifikation. Wenn Mitarbeitende und Unternehmen dasselbe wollen und die gleichen Werte teilen, werden sie energetisiert. Gerade die Generation Y will das, wofür sie am meisten Lebenszeit verwendet, als wichtig und nützlich empfinden. Viele erfolgreiche Firmen leben solche Werte glaubhaft.

Die Generation Y – in Englisch ausgesprochen als „Why?", also Warum? – hinterfragt das Wertesystem der Unternehmen ihrer Wahl. Die Sinnsuche und die Freude an der Arbeit stehen im Zentrum, weniger Status und Prestige. Die Vertreter der Generation Y möchten sich mit einem Unternehmen und dessen Leistungen identifizieren können. Sie fühlen sich von Firmen angezogen, deren Wertekodex dem ihren entspricht: Selbstbestimmung und Erfüllung bei der Arbeit, Freiräume zur kreativen Gestaltung, eine Balance zwischen Beruf und Freizeit. Das Angebot von Entwicklungs- und Selbstverwirklichungsmöglichkeiten ist etwa für junge deutsche Berufseinsteiger das wichtigste Entscheidungskriterium bei der Wahl des zukünftigen Arbeitgebers. Die Generation Y sucht Freiheit, Kreativität und Individualität, nicht nur bezüglich Arbeitsinhalten, sondern auch Arbeitsorganisation. Immer mehr Firmen stellen dazu flexible Arbeitszeitmodelle bereit (beispielsweise die Option, zehn Monate am Stück zu arbeiten und danach zwei Monate zur freien Verfügung zu haben). Die Möglichkeit, mitgestalten zu können, und eine authentische, glaubhafte Führung sind der Generation Y wichtig. Zentral ist ihr, dass die Arbeit Erfüllung bietet, indem sie auf geteilten Werten basiert und Sinn stiftet. *„Meaning is the new Money"*, resümiert Harvard-Forscherin Tamara Erickson, oder anders gesagt: Glück schlägt Geld (Bund). Entwicklungsmöglichkeiten sind für die Generation Y wichtig, wobei dies nicht unbedingt eine Karriere in der Hierarchie nach oben sein muss. Die Arbeit in Projekten oder die Übernahme von Fachverantwortung kann auf manche mehr Reiz ausüben (Mair).

Generation Y: Sinnsuche und Freude an der Arbeit sind zentral.

Die Demografie arbeitet für die Generation Y. Sie sind wenige, gut ausgebildet und gesucht in Ländern wie der Schweiz und Deutschland, in denen allmählich die Fachkräfte ausgehen. Angesichts des demografischen Wandels und der damit zu erwartenden Zunahme des „War for Talents" sind Unternehmen gut beraten, sich stärker mit den Bedürfnissen der Generation Y auseinanderzusetzen und sich als attraktiver Arbeitgeber zu profilieren (Klaffke und Parment). In diesen Jahren stellt die Generation Y erstmals die Hälfte der aktiven Belegschaft. Es ist davon auszugehen, dass ein wertebasiertes Wirtschaften in den kommenden Jahren und Jahrzehnten für die Mitarbeitenden noch wichtiger werden wird. Für Firmen, die keinen Sinn zu bieten haben, werden Talente immer teurer werden. Unternehmen, die ein attraktives Selbstverständnis offerieren können, wissen, dass geteilte Werte oft am stärksten den für Unternehmen so essenziellen Gemeinschaftssinn zu schaffen vermögen. Gemeinsamkeiten in Werten und Zielen minimieren die Koordinationskosten und machen eine Firma schnell und flexibel.

Ein weiterer Zusammenhang ist wichtig: Der Unterbau einer Firma – Zweck, Vision, Werte – schafft es, eine dringend notwendige Stabilität und Kontinuität zu erzeugen. Das Bedürfnis nach Stabilität ist in Unternehmen angesichts des schnellen Wandels und unsicheren Umfelds verbreitet und existenziell.

Das Bedürfnis nach Stabilität ist verbreitet und existenziell.

In den letzten Jahren haben sich mehrere Trends überlagert. Der Grad an Dynamik und Komplexität hat grundsätzlich zugenommen, gleichzeitig wurde dies durch die Auswirkungen der Wirtschafts- und Finanzkrise zusätzlich verstärkt. Dass wie zu Beginn von 2009 in Unternehmen die Nachfrage innerhalb Monaten um einen Drittel wegbrechen kann, hat bis dahin kaum jemand erlebt. Zusätzlich kommen teilweise dramatische Veränderungen in einzelnen Branchen hinzu (wie Zeitungen, Druckerei, Verlage, Musik oder Vermögensverwaltung). Insgesamt erleben viele Angestellte einen zunehmenden Verlust an Sicherheit und Stabilität. Heute kann fast nichts mehr ausgeschlossen werden. Praktisch alles ist nicht nur denkbar, sondern auch möglich. Wenn sich aber alles ändern kann, ist dies keine attraktive Perspektive, sondern es erzeugt Angst. Es ist für Firmen sehr wichtig zu sehen, dass sie gerade auf der Basis von zentralen Grundwerten Stabilität, Verlässlichkeit und Sicherheit vermitteln können. Viele Mitarbeitende lechzen geradezu danach, das Bedürfnis ist riesengroß. Andauernde Veränderung ist kein erbaulicher Ausblick. Viele Führungskräfte heizen den Wandel zusätzlich durch permanente interne Reformprojekte an. Dies führt zu Verunsicherung und erzeugt das Gefühl, im Hamsterrad gefangen zu sein. Wir leben in einer Zeit akzelerierter Dynamik.

Auch wenn die Natur selbst permanenten Veränderungen unterworfen ist, sorgt sie gleichzeitig für eine ausgleichende Kontinuität. Laut dem chilenischen Biologen Humberto Maturana, einem der Mitbegründer der modernen Systemtheorie, ist die Evolution ein Prozess der „Transformation durch Bewahrung". Die Natur konserviere einige grundlegende Eigenschaften und ermögliche es dadurch allem anderen, sich zu verändern. Ein einfaches Beispiel ist die „bilaterale Symmetrie" in der Tierwelt: zwei Augen, zwei Ohren, vier Beine usw. Innerhalb der Begrenzungen dieser bilateralen Symmetrie hat sich eine außerordentliche evolutionäre Vielfalt entwickelt. Führungspersonen, die mit Veränderungen befasst sind, vergessen häufig, einen zentralen Punkt zu betonen: *Was wollen wir behalten? Was soll unverändert bleiben?"* (Senge). Dass Veränderungen Angst hervorrufen, ist eine natürliche Reaktion: Angst vor dem Unbekannten, Angst vor dem Scheitern, Angst davor, gewandelt zu werden. Unternehmen verhalten sich klug, wenn sie die natürlichen Stabilisatoren betonen, welche für Kontinuität und Beständigkeit sorgen: Markeninhalte, Unternehmenskultur, Selbstverständnis, Werte. Viele Firmen aus empirisch erfolgreichen Unternehmenskategorien (wie etwa die „Hidden Champions" oder die Familienunternehmen) messen der Kontinuität eine hohe Bedeutung bei (Simon; Collins und Porras). Wenn Mitarbeitende einen festen Boden spüren, stehen sie Wandel offener gegenüber.

Es ist sehr wichtig zu erkennen, dass gerade wahrgenommene Stabilität oft die Voraussetzung für Wandelbereitschaft ist! Wer den Untergrund als schwankende Scholle wahrnimmt, ist kaum zu Veränderungen bereit. Wer sich hingegen auf einem soliden Fundament erlebt, ist eher offen, sich auf Neues einzulassen. Wenn es gelingt, auf einem verlässlichen Unterbau einzelne Dinge zu verändern, dann werden viele mitziehen. Menschen wollen ihre Identität und ihre Beziehungen bewahren. Deshalb sind nebst der Stabilität von sozialen Beziehungen vor allem auch die Stabilität des unternehmerischen Selbstbewusstseins entscheidend, die Mission und die geteilten Werte. Gelingt es Unternehmen, mittels gelebter Mission und geteilten Werten ein stabiles und sinnstiftendes Fundament zu schaffen, einen soliden Unterbau, ein verankertes Wurzelgeflecht, dann fördert dies die Wahrnehmung eines gemeinsamen Problemlösungszusammenhangs, was wiederum die Kooperation unterstützt (vgl. Kapitel 4).

Châteauform

Bei Châteauform stehen die definierten sieben Unternehmenswerte im Zentrum. Damit diese ihre Leuchtturmfunktion bewahren, erachtet es Châteauform als notwendig, alle Entscheidungen darauf zu überprüfen, ob sie mit den Werten übereinstimmen – jedes Mal, wenn eine neue Funktion, eine neue Abteilung oder ein neuer Prozess eingerichtet wird. Jacques Horovitz meint dazu: *„Wenn wir diesen Grundsatz außer Acht lassen, kann das mit einem Schlag die gesamte Unternehmenskultur zerstören. Sie hängt davon ab, dass wir unsere Werte respektieren."*

5.3 Anwendung: der zentrale Hebel der „charakterreichen" Personalauswahl

Oft wird darauf hingewiesen, dass Kundenwert die Voraussetzung von Unternehmenswert darstellt. Werden Kunden nicht zufriedengestellt und können keine margenträchtigen Umsätze generiert werden, ist auch die Schaffung von Aktionärswert in Gefahr. Die bisherigen Ausführungen haben die Bedeutung der Mitarbeitenden im Wissens- und Informationszeitalter deutlich gemacht. Damit kann die Formel, wie Erfolg entsteht, erweitert werden: Mitarbeiterwert durch Engagement und Leistung generiert Kundenwert, dieser ist wiederum Bedingung für Unternehmenswert. Gerade sehr erfolgreiche Gesellschaften (wie Egon Zehnder, Trisa, dm-drogeriemarkt, Southwest oder Google) stellen deshalb ihre Mitarbeitenden ins Zentrum. Am Anfang der Renditegenerierung steht die Kunst, menschliche Fähigkeiten fruchtbar zum Tragen zu bringen. Nur wenn diese Potenziale bestmöglich erschlossen werden können, kann eine optimale finanzielle Wertsteigerung resultieren. Dies entspricht auch der Prämisse der Wissensökonomie, dass die Menschen den Unterschied machen. Dauerhafter Erfolg bedeutet deshalb, für talentierte Menschen anziehend zu sein und deren Eigenmotivationen und Kompetenzen zum Nutzen der Firma einzusetzen.

Die richtigen Mitarbeiter finden

Setzen sich die Mitarbeitenden allerdings tatsächlich mit voller Kraft zum Nutzen des Unternehmens ein? Mit Verweis auf die Prinzipal-Agent-Theorie wurde bereits dargelegt, dass das Unternehmen bzw. seine Führungspersonen als Prinzipal ge-

Menschen machen den Unterschied.

genüber den Mitarbeitenden als Agenten unter asymmetrischer Information leiden (vgl. Abschnitt 3.2). Viele Anreize, Regulierungen, Überwachungs- und Kontrollmaßnahmen stellen den Versuch dar, diese Informationsasymmetrie zu verringern bzw. bestehende gegensätzliche Interessen nachträglich gleichzuschalten. Unter verschiedenen Blickwinkeln wurde in den bisherigen Kapiteln dargelegt, dass diese Steuerungs- und Kontrollkosten als Teil der sogenannten Agenturkosten enorm hoch sein können und teilweise das verhindern, was sie zu garantieren suchen: hohes Engagement im Sinne der Firma und Leistungserfolg, beispielsweise Kundenzufriedenheit, Innovation, Effizienz und nachhaltige Wertschöpfung.

Hier wird für einen anderen Weg zu diesem Ziel plädiert, für Vertrauensvorleistungen, Empowerment, Kooperationsförderung und Sinnstiftung. Diesen Ansatz zeichnet aus, dass er ohne komplexe Anreizsysteme und Kontrollkosten auskommt, von einem positiven Menschenbild ausgeht und schlichtweg einem erfreulichen Klima des Miteinanders das Wort redet. Außerdem – und betriebswirtschaftlich höchst relevant – ist er schlank und effizient, auf Wertschöpfung fokussiert und nachhaltig ausgerichtet.

Die Herausforderung ist allerdings, die „richtigen" Agenten zu finden, jene, die – abgesehen von den grundsätzlich gesuchten Kompetenzen – stark intrinsisch motiviert sind und die Unternehmenswerte teilen. In der Sprache der Prinzipal-Agent-Theorie besteht das Problemfeld der verborgenen Eigenschaften (Hidden Characteristics) und das daraus resultierende Risiko der adversen Selektion. Wenn alle geküssten Frösche Frösche bleiben, hat die Auswahl versagt.

Vor Vertragsabschluss, also ex ante, ist der Agent dem Prinzipal in aller Regel relativ unbekannt. Aus welchen Fröschen Prinzen werden, ist zu Beginn nicht zu erkennen. Der Prinzipal muss aufgrund der fehlenden Kenntnis der Eigenschaften zu vermeiden suchen, den falschen Bewerber als Agenten auszuwählen. Das Auswahlverfahren wird nun aufwendiger, weil ein Kandidat, abgesehen von den stellenbezogenen Qualifikationen, zusätzliche Kriterien wie hohe intrinsische Motivation im gesuchten Tätigkeitsfeld, vertrauensvolle Persönlichkeitsstruktur und übereinstimmenden Wertekanon erfüllen sollte.

Möglicherweise sind diese Eigenschaften, in der Literatur teilweise als „characterrich" bezeichnet (Schmidt), für den Unternehmenserfolg sogar wichtiger als die stellenbezogenen Primärqualifikationen (deren Defizite eher durch Praxistraining und Weiterbildung behoben werden können). Aber sie schränken das Kandidatenfeld substanziell ein und verteuern den Rekrutierungsprozess.

Bewerbungsprozesse und Auslese zentrale Bedeutung beimessen

Daran führt kein Weg vorbei: Wollen werteorientierte Unternehmen die für sie „richtigen" Personen finden, müssen sie dem Bewerbungsprozess und der Auslese eine primäre Bedeutung beimessen und entsprechend Zeit und Geld investieren. Möglicherweise wird sogar die Rekrutierung von geeigneten Personen zum wichtigsten unternehmerischen „Hebel", also zum zentralsten Einflussfaktor für andauernde Wertschöpfung.

Châteauform

Bei Châteauform wird die Rekrutierung von Personen, die das eigene Wertsystem teilen, als Gemeinschaftsaufgabe gesehen. Es gibt keine zentrale Personalabteilung, sondern die Personalfunktion ist in verschiedene Aufgaben aufgeteilt, welche Mitarbeitende freiwillig neben ihrem eigentlichen Job übernehmen können. Die Leitung des Organisationsbereichs „Talente und Kultur" kümmert sich um die Vorauswahl von neuen Bewerberpaaren. Sobald ein Paar, das sich um die Leitung eines Standorts beworben hat, ausgewählt wurde, beginnt ein sechsstufiger Interviewprozess. Die Kandidaten führen Gespräche mit fünf Paaren, die bereits im Unternehmen beschäftigt sind, sowie mit dem Unternehmensgründer. Jede in diesen Prozess involvierte Person hat ein Vetorecht.

Was bei Startups noch problemlos funktioniert, ist gerade für wachsende Unternehmen eine enorme Herausforderung. Größe erhöht die Komplexität, gleichzeitig nehmen die persönlichen Bindungskräfte ab und damit kein Chaos entsteht, werden Vorschriften und Kontrollen aufgestellt. Schon lauert die Bürokratie um die Ecke und ehe man sich versieht, ist man vom Regelkorsett eingeschnürt. Umzingelt von den besten Absichten, hat man sich den Raum für autonomes Handeln, flexibles Umsetzen, Experimentieren und Kreativität selber eingegrenzt. Der Prozess ist kaum mehr umzukehren.

Wenn es gelingt, die richtigen Personen anzuziehen und zu gewinnen, kann die freiheitliche Agilität der jungen Wilden erhalten werden. Dafür braucht es Menschen, die in dem Unternehmen eine sinnstiftende Umgebung finden und Werte teilen. Sie kann man getrost wirken lassen. Wichtig ist der Fokuswechsel von der engmaschigen Leistungsbeurteilung (ex post) zur sorgfältigen Auslese (ex ante). Die heute verbreitete nachträgliche Detailevaluation der Leistungen – vgl. zur Problematik Abschnitt 2.4 – wird zu einem guten Teil hinfällig, wenn die Personen sorgfältig ausgelesen werden. Im Falle vieler „Hidden Champions" zeigt sich, dass eine rigorose Personalauswahl mit hoher Kontinuität und geringer Fluktuation verbunden ist (Simon). Dieses Vorgehen setzt die Ressourcen zukunftsorientiert ein.

Nicht nur in der betriebswirtschaftlichen Sicht, sondern auch aus volkswirtschaftlicher Perspektive ist die Personalrekrutierung von zentraler Bedeutung. Der Doyen der Schweizer Ökonomie, Bruno Frey, bringt die Zusammenhänge auf den Punkt: *„Ist eine Person einmal ausgewählt, sollte ihr vertraut werden. Deshalb sind Einstellungsverfahren das wichtigste Geschäft jeder Institution und jedes Unternehmens. Aufgrund der sorgfältigen Auslese kann erwartet werden, dass die ausgewählte Person die erwarteten Leistungen auch ohne die Knute ständiger Evaluationen erbringt. Man sollte sie in Ruhe arbeiten lassen. Dabei ist mit einigen Unterschieden zu rechnen. Einige werden in ihrer Leistung nachlassen, andere hingegen werden durch den gewählten Freiraum beflügelt und zu Spitzenleistungen motiviert. In der Wirtschaft sollten letztere gefördert werden. Unwillige und Versager müssen als notwendiges Übel betrachtet werden, damit ein Unternehmen oder eine Organisation als Ganzes Höchstleistungen erbringen kann."* (Frey)

Die richtigen Personen zu finden, ist also von enormer Bedeutung. Häufig wird normativen Aspekten in der herkömmlichen Personalarbeit allerdings wenig Bedeutung beigemessen. Die klassische Personalauswahl geht von einer Anforderungsanalyse aus, die auf die notwendigen Skills und Fähigkeiten fokussiert. Nach einer Vorauswahl werden geeignet erscheinende Personen bezüglich der Anforderungsdimensionen genauer untersucht. Ziel ist in der Regel ein möglichst guter Fit zwischen Person und Job. Dabei wird oft übersehen, dass eine kompetenzbasierte Lücke viel eher zu schließen ist als unterschiedliche Wertvorstellungen. Haltungen, Werte und Charakter sind dispositive Eigenschaften, die von außen kaum zu verändern sind. Gelingt hier eine hohe Übereinstimmung, sind die Voraussetzungen gut, dass die Firma mit der Person und die Person mit der Firma glücklich werden.

Eine sorgfältige Auslese ist entscheidend.

Intrinsisch motivierte Personen gewinnen

Allerdings gibt es viele Frösche. Wie kommt man dem Prinzenpotenzial auf die Schliche? Sinnvoll ist es, gezielt intrinsisch motivierte Personen zu rekrutieren, die an der persönlichen Entwicklung interessiert sind und weniger an Karriere, Aufstieg, Status und Gehalt. Der Fokus sollte auf Personen liegen, die mit den Werten der Unternehmung übereinstimmen und „characterrich" sind, d. h. Anstand aufweisen und nicht in erster Linie auf Anreize reagieren. Solche Personen machen Überwachung und Kontrolle obsolet und bringen sich eigenmotiviert im Dienste der Organisation ein, ohne primär eigene Ziele zu verfolgen. Dies bedingt eine sorgfältige, gezielte Personalauswahl, bei der die Abklärung der Werteorientierung im Mittelpunkt steht. Oder in der Sprache der Prinzipal-Agent-Theorie: Der Prinzipal behebt sein Informationsdefizit, indem er ein sogenanntes „Screening" durchführt, im hier vertretenen Verständnis vor allem hinsichtlich Übereinstimmung in zentralen Werten wie Eigenverantwortung, Autonomie, Vertrauen, Respekt, Ehrlichkeit und Gemeinsinn.

Auch für die Kandidaten ist ein wertebasierter Prozess aussagekräftig. Arbeitsportfolios, Entwicklungsoptionen, Gehalt und Funktion sind wichtig. Noch wichtiger sind die Fragen, die den Sinnbezug adressieren, manchmal aber – wenn nicht das Unternehmen bewusst darauf zu sprechen kommt – im Anstellungsprozess außen vor bleiben. Welcher Bewerber macht schon „Signaling" hinsichtlich der eigenen Wertvorstellungen? Dennoch treiben viele Kandidaten tieferschürfende Fragen um: Welches Potenzial kann ich an meinem Arbeitsplatz einsetzen? Was von meinen Beiträgen ist für die Firma wichtig? Als was für eine Person gelte ich für mein Unternehmen? Worauf hat sich das Unternehmen verpflichtet und lohnt es sich, wenn ich dafür meine Zeit und meine Energien opfere? Kann ich in dieser Arbeitsumgebung für mich persönlich Sinn finden? Selbst wenn diese Punkte in der Bewerbungsphase nicht angesprochen werden, sind sie relevant und tauchen später mit großer Wahrscheinlichkeit auf. Die Antworten darauf entscheiden, ob das intrinsische Feuer nachhaltig lodert oder bald erlischt.

Auf gemeinsame Werte bauen

Soll eine Führungsstelle besetzt werden, ist es von besonderer Wichtigkeit, die Qualitäten als Vorbild für die Mitarbeitenden auszuloten. Personen mit Vorbildcharakter haben hohe Maßstäbe, insbesondere auch an sich selbst, und erachten Glaubwürdigkeit als eines der höchsten Güter von Führungskräften. Beispielsweise zeichnen sie sich durch folgende Eigenschaften aus:

- Sie sind glaubwürdig: Sie stehen zu dem, was sie gesagt haben (auch zur Änderung der eigenen Meinung).
- Sie sind konsequent: Sie lösen Versprochenes ein.
- Sie sind reflexiv und selbstkritisch: Sie können eigene Fehler und Schwächen eingestehen und zugleich die daraus gezogenen Konsequenzen verdeutlichen.
- Sie sind mutig: Sie zeigen Zivilcourage, insbesondere in der Hierarchie „nach oben" (wenn es beispielsweise um die Interessen des eigenen Teams geht).
- Sie haben ein systemisches Verständnis: Sie sehen Führung als Rahmengestaltung statt Machertum.
- Sie sind empathisch: Sie interessieren sich für Menschen und gehen gerne auf persönliche Belange ein.

Ob Führungsperson oder Mitarbeitende, für beide gilt: Gemeinsam geteilte Werte steigern die Kooperationsbereitschaft (vgl. Kapitel 4). Wir alle wollen mit Personen zusammenarbeiten, denen die gleichen Dinge wichtig sind wie uns selbst. Und mit empathischen Menschen wird lieber kooperiert. Der Punkt ist: Wenn Menschen über die individuellen Unterschiede und Spannungsfelder hinaus die gleiche Grundausrichtung teilen und sich gegenseitig verbunden fühlen, weil ihnen ähnliche Dinge am Herzen liegen, entsteht Gemeinschaft.

Gemeinsame Werte steigern die Kooperationsbereitschaft.

Man kann miteinander, findet sich sympathisch. Es entsteht Freude am Teamwork, die Arbeit macht Spaß. Das ist es, was Menschen beflügelt, was sprichwörtlich einen „Great Workplace" ausmacht: auf dem Fundament geteilter Werte mit hervorragenden Kollegen eine Problemlösungsgemeinschaft mit Blick auf eine gemeinsam zu gestaltende Zukunft zu bilden. Die Ingredienzen des Glücks bei der Arbeit heißen: Sinnstiftung durch geteilte Werte und Mission, charaktervolle Persönlichkeiten, erfreuliche Zusammenarbeit. So einfach. Aber nicht einfacher.

Beispiel: Egon Zehnder International

Egon Zehnder ist in den letzten Jahrzehnten zum erfolgreichsten Vermittler von Führungskräften weltweit aufgestiegen. Gleichzeitig ist das Unternehmen in der v.a. von amerikanischen Firmen – wie z. B. Korn/Ferry International oder Spencer Stuart – geprägten Branche ein Exot, getragen von den zentralen Werten „Kundenorientierung" und „Kooperation".

In der Branche kassiert der klassische Headhunter typischerweise 30 bis 40 Prozent des ersten Jahresgehalts eines neu vermittelten Kandidaten und sein Bonus ist direkt an seine individuelle Leistung gebunden. Bei Egon Zehnder gibt es dagegen nur feste Honorare, die nicht gehaltsgekoppelt sind. Zum Fixlohn kommen keine Boni hinzu, sondern ein Gewinnanteil, der auf Seniorität basiert.

Trotz gesamthaft deutlich niedrigeren Löhnen als bei der Konkurrenz kennt Egon Zehnder kein Rekrutierungsproblem: In einem aufwendigen Prozess werden jene Kandidaten herausgefiltert, die in die wertebasierte Zehnder-Familie passen: langfristig ausgerichtet, teamfähig, nicht geldgetrieben, kundenorientiert, mit Interessen außerhalb der Arbeit und stabilem Familienleben.

Das wahrscheinlich weltweit einmalige Ritual lässt selbst wählerische Unternehmen wie Google verblassen: Etwa 40 Jobinterviews hat jeder Bewerber zu absolvieren, bis er zum erlauchten Kreis gehören darf. Abschluss des Prozesses ist das Gespräch mit dem über 80-jährigen Firmengründer. Mehr als um die fachliche Kompetenz geht es um die Wertekongruenz. Egon Zehnder sucht Kandidaten, welche hier ihre geistige Heimat gefunden haben. *„Können Sie sich vorstellen, Ihr gesamtes restliches Berufsleben bei uns zu verbringen?"*, ist eine Standardfrage. Berater von Mitbewerbern werden nicht eingestellt: Sie gelten als verseucht von der Provisionskultur.

Der Familiensinn und die Kooperationskultur, basierend auf geteilten Werten, führen dazu, dass es keine Kündigungen gibt und Abgänge sehr selten sind. Die Firma ist eine Oase der Konstanz: Sie verzeichnet bei den Beratern eine Fluktuation von zwei bis drei Prozent, während in der Branche Werte zwischen 20 und 30 Prozent üblich sind (Schütz).

5.4 Quintessenz

Der jüdische Neurologe und Psychiater Victor Frankl, der den Holocaust überlebte und dabei seine gesamte Familie verlor, hatte die bewundernswerte Gabe, auch im Leiden und in den dunkelsten Momenten nie den Sinnzusammenhang zu verlieren. Er brachte die menschliche Natur auf den Punkt: *„Der Mensch ist ein Wesen auf der Suche nach Sinn."* Als Mitarbeitende kommt es für Menschen sehr darauf an, wie sie „ihr" Unternehmen sehen: als sinnstiftende Gemeinschaft oder Geldmaschine? Die Generation Y fragt nach dem Warum.

Der intrinsische Anreiz beispielsweise einer hohen Identifikation mit einem Unternehmen fällt nicht einfach vom Himmel: Entweder man identifiziert sich mit einer Firma, weil man Gutes über sie gehört hat oder sie aufgrund von dem, was sie tut und will, sympathisch findet. Widersprechen die eigenen Erfahrungen diesem Eindruck, kann der Antrieb verloren gehen. Firmen tun gut daran, nachvollziehbare, im Idealfall von ihren Mitarbeitenden geteilte Missionen und Visionen aufzustellen. Sonst sind diese bald nicht mehr bereit, ihr kostbarstes Gut (Zeit, Engagement, Loyalität) voll für sie einzusetzen. Eine echte, elektrisierende Mission verbindet und lässt über sich hinauswachsen.

In einer Welt, in der Menschen immer mehr wählen können, wo und wie sie arbeiten wollen, spielt es eine große Rolle, ob eine Firma für etwas steht. Ein Unternehmen, das keine motivierende Mission verkörpert, für die es sich einzusetzen lohnt, wird bei den Mitarbeitenden zu wenig echtes Engagement hervorrufen, keine tiefe Leidenschaft wecken, nicht genug Imagination, Risikofreude und Beharrlichkeit erzeugen (Senge). Die Generation Y will wissen und spüren, warum sie für eine bestimmte und nicht eine andere Unternehmung tätig sein soll. Im Gegenzug zur Vorgänger-Generation X, die überwiegend Geld, Status und Sicherheit reizte, lässt sich die Generation Y vom Sinn und von der Bedeutung der Arbeit motivieren. Gemeinsame Werte wie Vertrauen, Eigenverantwortung, Freiräume, Respekt, Offenheit und Spaß spielen für die Generation Y eine große Rolle.

Sich für etwas Richtiges, Gutes einzusetzen, ist ein Wert für sich, wie dies schon der Dichter Robert Frost formuliert hat: *„Alle großen Dinge werden um ihrer selbst willen getan."* (zit. nach Pfläging). Dies weckt eine Kraft im Herzen und verbindet: Wenn Menschen eine Mission teilen, fühlen sie sich einander verbunden, vereint durch eine gemeinsame Ausrichtung. Wenn Firmen durch ihr Selbstverständnis Sinn stiften können, erzeugen sie ein Gefühl von Gemeinschaft, das die Firma durchdringt und die unterschiedlichsten Aktionen koordinieren und zusammenhalten kann. Kollektive Sinnstiftung ist ein starker Unterstützer für Kooperation (vgl. Kapitel 4): Eines der tiefsten Bedürfnisse, von denen eine gemeinsame Mission getragen wird, ist die Sehnsucht nach Bindung an einen höheren Zweck und an andere Menschen (Senge). Und ganz wichtig: Der Unterbau eines Unternehmens, Mission und Werte, vermitteln Stabilität und Sicherheit, was in einer Zeit der Hyperdynamik für viele Mitarbeitende stressmindernd und angstabbauend sein kann. Allen Change Agents, Wandelturbos sei gesagt: Nicht permanenter Wechsel, sondern wahrgenommene Stabilität ist die Voraussetzung für Wandelbereitschaft!

 Menschliche Fähigkeiten fruchtbar zur Wirkung bringen, ist primäre Aufgabe.

Primäre Aufgabe des Unternehmertums ist es nicht, Profit zu machen, sondern menschliche Fähigkeiten fruchtbar zur Wirkung zu bringen: talentierte Menschen anziehen, entwickeln und gewinnen. Hiring und anschließende Retention, das Gewinnen und Halten von Spitzenkräften, sind gerade vor dem Hintergrund des demografischen Wandels der Schlüssel zu nachhaltigem Erfolg (Ensser). Das führt teilweise so weit, dass es bei Firmen wie Google heißt: *„Sofern Du für uns eine interessante Person bist, stellen wir Dich ein, auch wenn nicht unmittelbar eine Stelle offen ist. Wichtiger sind herausragende Persönlichkeiten – wir schauen, was wir Dir anbieten können."* Eine wertebasierte Personalauswahl ist aufwendig, hilft aber, in der Firma das implizite Verständnis von Selbstdisziplin, Freiheit und Verantwortung hoch zu halten und auf Vertrauen zu setzen. Das Hochfahren eines Kontroll- und Überwachungsschirms drängt sich für die wenigen Abweichungen und Störungen schlicht nicht auf. Nach außen wahrnehmbare Sinnstiftung und Unternehmenskultur haben einen Selektionseffekt, da sie dafür affine Personen anziehen. In einer monetären Belohnungskultur dagegen werden Menschen mit hoher Risikoneigung und starkem Interesse an Geld angelockt.

Eine anregende Mission, elektrisierende Vision oder inspirierende Werte gehören zu den elementarsten Energiequellen eines Unternehmens. Das Potenzial kann kaum überschätzt werden, wird sich aber nur ausschöpfen lassen, wenn die gesamte Ausrichtung auf die konsequente Umsetzung der gemeinsamen Identität fokussiert ist (und bei Zielkonflikten keine faulen Kompromisse eingegangen werden). Während Vorgaben, Zwang, Engführung und Kontrolle (vgl. Kapitel 2) letztlich einer negativen Energie entspringen, die Angst erzeugt, werden Missionen und Visionen von der Kraft der Hoffnung getragen. Gerade die normativsten Unternehmen sind oft die erfolgreichsten!

 Beispiel: Victorinox

Victorinox wurde 1884 gegründet und belieferte 1891 erstmals die Schweizer Armee mit Soldatenmessern. Über die Jahrzehnte hat sich Victorinox zum global diversifizierten Unternehmen entwickelt, das nebst Messern auch Uhren, Reisegepäck, Bekleidung und Parfüm vertreibt. Die Firma beschäftigt heute weltweit über 1.700 Mitarbeitende und erzielt einen Umsatz von mehr als 500 Mio. Franken. Victorinox baut auf ein starkes, christlich fundiertes Wertesystem. Zentrale Werte sind:

- *Integration von Behinderten, gesellschaftliche Verantwortung:* Bei Victorinox werden Menschen mit Behinderungen in den Arbeitsprozess einbezogen.

- *Unterstützung Mutterschaft:* Victorinox gewährt einen Urlaub bis zu sechs Monaten, die Arbeit wird nach Absprache mit den Müttern definiert, Heimarbeit ist möglich. Es wird ein Kindergeld während 14 Monaten ausgeschüttet, das um 70 Franken höher ist als der gesetzliche Ansatz.

- *Gelebte Wertschätzung mit den Mitarbeitenden:* Die eigene Sparkassa zahlt Vorzugszinsen und die Firma schüttet substanzielle Gratifikationen aus. Alle Mitarbeitenden erhalten eine Gewinnbeteiligung.

- *Nachwuchsförderung:* Das Unternehmen bildet ca. 40 Lehrlinge in verschiedenen Berufen aus. An die Lehrlinge werden pro Jahr mehr als 100.000 Franken an Leistungsprämien ausbezahlt.

- *Sicherheit der Mitarbeitenden, Treue und Loyalität:* Victorinox kennt faktisch das Modell von Lebensarbeitsstellen. Es gibt keine Entlassungen aus wirtschaftlichen Gründen, auch nicht nach 9/11, als das Unternehmen mit einem Umsatzeinbruch von 30 Prozent konfrontiert war.

- *Familienklima, Arbeitsfrieden, Gerechtigkeit:* Die Löhne der Mitarbeitenden bewegen sich etwa 10 Prozent über dem Branchendurchschnitt, während die Löhne des Kaders moderat ausfallen. In der Unternehmung existiert eine maximale Lohnspreizung von weniger als 5, d. h., die Lohnspanne umfasst den Bereich von 60.000 bis 240.000 Franken.

Diese verbindlich gelebten Werte prägen die Unternehmenskultur. Bei Victorinox in Ibach (Kanton Schwyz), wo zwei Drittel der Mitarbeitenden in der Produktion tätig sind, geht alles ein wenig familiärer und sozialer zu als anderswo. So wird z. B. dreimal täglich Gymnastik gemacht zur Entspannung nach monotonen Bewegungsabläufen. Der Mutterschaftsurlaub ist bis zu sechs Monate lang und die Löhne liegen zehn Prozent über dem Branchendurchschnitt, während die des Managements zehn Prozent niedriger sind. Und als nach dem September 2001 der Verkauf von Messern als Souvenirs an den Flughäfen einbrach, entließ man keine Mitarbeitenden, sondern schickte sie vorübergehend in die Ferien oder lieh sie an andere Firmen aus. Die Mission steht bei Victorinox im Zentrum der täglichen Arbeit und entfaltet mit ihrer gesellschaftlichen und moralischen Dimension eine starke Kraft:

„Das Bestreben, unseren Mitmenschen auf der ganzen Welt mit praktischen, funktionstüchtigen und preiswerten Qualitätserzeugnissen zu dienen, gibt unserem Leben einen tieferen Sinn sowie Freude und Befriedigung bei der Arbeit."

2009 gewann Victorinox mit seiner zukunftsweisenden Personalpolitik den Fairness-Preis. Chef Carl Elsener wurde 2011 durch die SwissAward und 2013 durch die Handelszeitung zum Unternehmer des Jahres gewählt.

■ 5.5 Transferportfolio

Nachfolgend werden Maßnahmen skizziert, wie die gewonnenen Erkenntnisse in die unternehmerische Praxis transferiert werden können. Sie sollen Führungskräften Ideen liefern für die Umsetzung im betrieblichen Alltag.

→ Viktor Hugo hat es einmal auf den Punkt gebracht: *„Nichts ist so mächtig wie eine Idee, deren Zeit gekommen ist."* Wenn Sie noch über keine mobilisierende Mission verfügen, machen Sie dies zu einem zentralen Jahresziel: im Rahmen einer breit abgestützten freiwilligen Arbeitsgruppe den Wesenskern der eigenen Firma herauszuarbeiten und auf motivierende Weise mit hohem Identifikationsgrad zu formulieren. Unterteilen Sie den Prozess in mehrere Schritte, diskutieren Sie erste Fassungen offen und breit und lassen Sie alle Firmenebenen zu Wort kommen. Echte Missionen brauchen Zeit zum Wachsen. Achten Sie darauf, dass die Mission mit weiteren zentralen Grundlagen wie Strategie oder Balanced Scorecard kompatibel ist. Nach einer umfassenden Meinungsbildung und Feinabstimmung kann letztlich die neue Mission zur internen Leitschnur erhoben werden. Feiern Sie dazu ein Fest und halten Sie die Mission bildlich an wichtigen Orten fest: im Leitbild (bzw. Credo oder Unternehmensphilosophie) und wichtigen Kommunikationsmitteln, aber auch sichtbar im Gebäudekomplex (an einer Außenwand, im Eingangsbereich, im Besucherraum, am zentralen Informationsboard usw.).

➔ Achten Sie bei der Definition von Mission und Werten auf den Identifikationscharakter, das Leidenschaftspotenzial, das diese im Alltag bei den Mitarbeitenden auslösen kann. Menschen wollen Teil von etwas sein, das größer ist als sie selbst, etwas, woran sie glauben können. Sie wollen spüren, woher die Firma kommt und wofür sic steht. Das Unternehmen ihrer Träume liefert ihnen überzeugende Gründe, sich in das größere Ganze einzuordnen. Eine geteilte Mission, Vision, gemeinsame Werte stiften Zusammenhalt und geben Wärme, und ein warmes Herz ist angesichts der heute oft wahrgenommenen Kälte sehr wichtig!

➔ Halten Sie wichtige Grundlagen (die Mission als Selbstverständnis, die Ziele der Vision, zentrale Werte) schriftlich fest. Machen Sie diese den Mitarbeitenden bekannt, um Verständnis und Commitment zu fördern. Verwenden Sie dazu verschiedene Wege (Monatsinfos, Newsletter, mündliche Informationen, Geschäftsbericht usw.) und kommunizieren Sie adressatengerecht (bildhaft, einfach) und wiederholt. Denken Sie daran: Viele wichtige Dinge müssen viele Male gesagt werden, damit sie Wurzeln schlagen können.

➔ Veranstalten Sie einen freiwilligen Mitarbeiter-Workshop zur Mission (und allenfalls Vision) mit dem Ziel, dass diese sinnstiftenden Grundlagen von den Mitarbeitenden verstanden, von vielen geteilt und engagiert gelebt werden. Halten Sie die Mission an einem zentralen Ort an einer weißen Innenwand (z. B. im Besucherraum) bildlich fest und geben Sie auf freiwilliger Basis den Mitarbeitenden die Möglichkeit, zu unterschreiben (eine weniger verbindliche Variante ist, dass alle Führungskräfte die Mission als Dokument unterschreiben und dieses jeweils an ihr Team weitergeben). Dabei darf kein Zwang entstehen, auch kein informeller Gruppendruck. Behalten Sie im Kopf, was eine systemische Sicht der Führung auszeichnet: Man kann – im Endeffekt – nichts tun, um einen Menschen zur Teilhabe zu bewegen. Man kann nur anbieten, fördern, einen unterstützenden Rahmen schaffen, Vorbild sein. Die Menschen müssen selber wollen.

➔ Wenn Ihnen das „Alignment" aller, die Ausrichtung der gesamten Unternehmung auf den sinnstiftenden Unterbau wichtig ist: Veranstalten Sie obligatorische Mitarbeiter-Workshops zur Mission (so, wie dies beispielsweise Hilti für seine vielen Tausend Mitarbeitenden mit einem „Culture Journey" flächendeckend gemacht hat) und nutzen Sie die Chance für die Kulturimplementation.

➔ Papier ist geduldig. Werte und Mission leben nur, wenn sie tatsächlich im Alltag spürbar werden. Wenn Mitarbeitende selber erfahren, dass die Mission umgesetzt wird, ist dies eine der stärksten Triebfedern für den Unternehmenserfolg. Glaubwürdigkeit, Vorbildwirkung, vor allem aber kongruentes Verhalten im Falle von Zielkonflikten sind dabei essenziell. Der Organisationspsychologe Edgar Schein hat es deutlich gemacht: *„Die Arbeitsmoral wird durch das konkrete Verhalten der wertsetzenden (vorgesetzten) Person im Konfliktfall bestimmt".* Wenn also beim ersten Zielkonflikt zwischen Mission und Gewinnorientierung die Rendite vorgeht, ist die Mission nicht das Papier wert, auf dem sie festgehalten ist. Die Geschäftsleitung muss die Mission und die Werte vorleben, muss glaubwürdig sein. Nur dann kann sie die nötige Vorbildfunktion ausfüllen. Identität lässt sich nicht managen, aber man kann sie wachsen und gedeihen lassen. Dazu braucht es einen Gärtner, der den moralischen Unterbau hegt und pflegt, indem er Mission und Werte zur Richtschnur des täglichen Handelns macht. Dies erzeugt Berechenbarkeit, Verlässlichkeit, Sicherheit und Stabilität in dynamischen und ungewissen Zeiten. Gefordert sind also Führungskräfte, die inspirierend und glaubhaft mit persönlicher Integrität Werte und Mission vorleben. Tun sie dies nicht, wundern sich die Mitarbeitenden, wenn sie in der Imagebroschüre vom Selbstverständnis der eigenen Firma lesen.

→ Enron, durch betrügerische Machenschaften 2001 in Konkurs gegangen, schrieb sich die Werte *„Integrität, Kommunikation, Respekt und Exzellenz"* auf die Fahne – gelebt wurde etwas anderes. Tatsächlich gelebte Werte – im Unterschied zu auf Hochglanzpapier formulierten –zeigen sich in entsprechendem Firmenverhalten. Zum Beispiel darin, wer angestellt und befördert wird bzw. von wem sich ein Unternehmen wieder trennt. Lassen Sie Ihren Werten übereinstimmende Taten folgen.

→ Nehmen Sie sich die Zeit, die persönlichen Missionen und Visionen Ihrer nächsten Mitarbeitenden kennenzulernen. Was erfüllt diese, wonach streben sie, was beseelt sie? Versuchen Sie, den Mitarbeitenden eine Stelle anbieten zu können, an denen diese ihre stärksten Motivatoren zum Tragen bringen können. Suchen Sie Gemeinsamkeiten mit der Unternehmensmission und unterstützen Sie individuelle Anliegen, welche damit kongruent sind. Fördern Sie die individuelle Weiterentwicklung, indem Sie großzügige Weiterbildungsoptionen anbieten.

→ Zeigen Sie für unterschiedliche Arbeitszeitbedürfnisse der Generation Y Offenheit. Lassen Sie wenn möglich auch individuelle Modelle zu (z. B. zehn Monate Arbeit, zwei Monate zur freien Verfügung). Achten Sie darauf, dass trotz individuellen Modellen die wichtige und notwendige Kooperation gewahrt bleibt: Es muss genügend Zusammenarbeit stattfinden können (was gegen unlimitiertes Home Office spricht; Untersuchungen zeigen allerdings, dass Home Office gewichtige Vorteile bietet, entsprechend lohnt sich ein maßvolles Modell). Abgesehen vom wichtigen Kooperationsgebot macht es Sinn, verschiedene Optionen zu schaffen (etwa Teilzeitarbeit, flexibel einteilbare Arbeitszeit, mehrmonatige unbezahlte Ferien oder Sabbaticals/Auszeiten).

→ Wählen Sie neue Mitarbeitende sehr sorgfältig in einem mehrstufigen, klar definierten Prozess aus, wobei mehrere Personen (vor allem auch Mitarbeitende, welche mit der neuen Person zusammenarbeiten) die Kandidaten begutachten, insbesondere auch auf die kulturelle und wertbezogene Übereinstimmung („hire slow"). Die finale Entscheidung sollte nicht durch Vorgesetzte oder die HR-Abteilung erfolgen, sondern durch die Teamentscheidung der betroffenen Personen gefällt werden. Bei der fachlichen und menschlichen Prüfung durch das zusammenarbeitende Team empfiehlt sich ein Vetorecht für alle.

→ Oft heißt es: „We hire for skills." Besser ist: „We hire for personality." Dabei sollten Persönlichkeitsstruktur und intrinsische Motivation sowie Wertekongruenz den Ausschlag geben. Kompetenzen können zusätzlich erworben werden, Charakter und Persönlichkeit sind gegeben. Es lohnt sich, auf diese zu setzen. Man kann Menschen entwickeln, aber nicht verändern. Bei Southwest heißt es: *„Bei der Personalauswahl suchen wir nach den richtigen Attitüden. Ohne die wollen wir eine Person nicht. Für die nötigen Fähigkeiten sorgen wir durch Training. Was wir aber nicht ändern können, das ist die Grundhaltung."* (Pfläging)

→ Machen Sie im Rekrutierungsprozess Werte zum expliziten Thema. Mögliche Impulse dafür sind:

- Ein erster Gesprächsblock kann ungestützt (ohne Vorgabe) verlaufen, z. B. entlang der Fragen: „Welche Werte sind Ihnen wichtig? Warum? Wann haben diese Werte im bisherigen Arbeitsleben eine Rolle gespielt? Wie genau hat sich dies ausgewirkt?"

- Ein zweiter Gesprächsblock kann auf die eigenen Firmenwerte abstellen, etwa, indem eine Liste mit Unternehmenswerten und weiteren vorgelegt wird und der Kandidat die Aufgabe bekommt, die Werteliste zu priorisieren und dies zu begründen. Dies lässt erkennen, wie ausgeprägt die persönliche Werteordnung mit der unternehmerischen übereinstimmt. Ebenfalls sinnvoll ist, konkrete unternehmerische Zielkonflikte vorzulegen, bei der Wertefragen mit weiteren Interessen kollidieren. Der Kandidat soll aufzeigen, wie er diese Zielkonflikte lösen würde und warum.

- Ein dritter Gesprächsblock kann die Mission (und allenfalls Vision) zum Kernthema haben, indem der Kandidat diese kommentiert und mit den eigenen Vorstellungen abgleicht. Ist das Firmenselbstverständnis (bzw. das Zukunftsziel) motivierend? Kann sich die Person damit identifizieren? Kann eine Sogwirkung entstehen?

→ „Hire slow": Bieten Sie den aussichtsreichsten Kandidaten wenn möglich an, eine gewisse Zeit (ein halber Tag bis mehre Tage) in der vorgesehenen Arbeitsumgebung zu verbringen und das Tätigkeitsfeld sowie die Arbeitskollegen kennenzulernen. Lassen Sie die Kandidaten am täglichen Leben teilhaben und laden Sie diese mindestens einmal zum gemeinsamen Essen ein. Informelle Gespräche sind ein gutes Mittel, die Persönlichkeit besser zu erfahren. Überprüfen Sie bei diesen Probearbeiten nicht nur die Qualifikationen, sondern vor allem intrinsische Motivation, Kooperationspotenzial, Empathie und Werteübereinstimmung.

→ Stellen Sie keine Perfektionisten an (mindestens nicht für Stellen, bei denen Zusammenarbeit gefragt ist). Perfektionismus ist für die interne Kooperation gefährlich und deshalb kritisch zu sehen. Perfektionisten sind hochidealistische Menschen, die häufig niemandem anderen eine gute Lösung zutrauen – sie sind oft wenig vertrauensfähig und kooperativ. Die Kosten übersteigen meist den Nutzen.

→ Machen Sie glaubhafte Persönlichkeiten zu Führungskräften, die inspirieren können und Werte und Mission verkörpern. Wählen Sie empathische Personen aus, die ein Gespür für Menschen haben, eine systemische Sicht von Führung vertreten (vgl. Kapitel 3) und bereit und fähig sind, als Vorbilder voranzugehen. Erinnern Sie sich an den Level-5-Manager von Collins: Erfolgreiches Management und Bescheidenheit gehen Hand in Hand.

→ Da Wissensorganisationen fast zwangsläufig eine Vertrauenskultur bedingen, sollten Kooperationsbeziehungen (Arbeitsverhältnisse) sehr bedacht eingegangen werden. Nur wenn Sie im Rekrutierungsprozess das ausgeprägte Gefühl entwickeln, man könne dem neuen Mitarbeitenden gut vertrauen, sollten Sie ihn einstellen. Sofern sich grundlegende Kultur- und Wertedifferenzen ergeben, ist das Arbeitsverhältnisse zu überprüfen. Meist lohnt sich eine schnelle Trennung von Personen, die kulturell nicht kompatibel sind („fire fast"). Dies ist besser als engere Führung aufgrund von Misstrauen, was von der Gegenseite als Vertrauensentzug und Bruch des impliziten Vertrags empfunden wird. Dies führt zu einem Teufelskreis: Die Motivation sinkt, unkooperatives Verhalten nimmt zu (Misstrauen ist eine sich selbst erfüllende Prophezeiung). Oft heißt es: „We fire for attitude". Besser ist: „We fire for (lacking) values" (wobei zugegebenermaßen oft die gleichen Entscheidungen resultieren).

→ Rekrutieren Sie Führungspersonen besser aus den eigenen Reihen, als fremde Manager abzuwerben. Studien zeigen, dass für diese oft zu viel gezahlt wird. Aufgrund des Marktarguments hohe Gehälter für externe Führungspersonen zu zahlen, ist teuer, verschwenderisch und schlecht für die interne Moral. Es ist eine deutliche und positive Werteansage zur Loyalität, wenn Führungsstellen wenn immer möglich intern besetzt werden.

→ Schaffen Sie die zentrale Personalverantwortung ab. In der Zentrale gibt es nur noch Personalexperten ohne Weisungsbefugnis, die im Prozess unterstützen. Verlagern Sie die Personalverantwortung in vollem Umfang in die Linie. Für die Anstellungsentscheidung entscheidet abschließend die vorgesetzte Stelle (bzw. die von ihr delegierten Personen, wie etwa die betroffenen Teammitglieder), nicht die Personalabteilung. Dadurch werden Autonomie und Eigenverantwortung gestärkt und unternehmerisch eminent wichtige Entscheidungen dort angesiedelt, wo sie sich unmittelbar auswirken.

■ 5.6 Literatur

Bund K. (2014). *Glück schlägt Geld. Generation Y: Was wir wirklich wollen.* Hamburg: Murmann.
Collins J. und *Porras J. I.* (2002). Built to Last: Successful Habits of Visionary Companies. New York: HarperCollins.
Damann G. (2007). *Narzissten, Egomanen, Psychopathen in der Führungsetage.* Bern: Haupt.
Ensser M. (2014). *Leidenschaft ausleben.* Harvard Business Manager, April 2014, S. 48–49.
Frey B. S. (2013). *Die Krankheit „Evaluitis".* Finanz und Wirtschaft, 12. Juni 2013, S. 3.

Gassmann O., Frankenberger K. und *Csik M.* (2013). *Geschäftsmodelle entwickeln.* München: Hanser.

Goffee R. und *Jones G.* (2013). *Das Unternehmen ihrer Träume.* Harvard Business Manager, Dezember 2013, S.69-80.

Klaffke M. und *Parment A.* (2011). Herausforderungen und Handlungsansätze für das Personalmanagement von Millennials, in: *Klaffke M.* (Hrsg.), *Personalmanagement von Millennials – Konzepte, Instrumente und Best-Practice-Ansätze*, S. 3–22. Wiesbaden: Springer.

Mair S. (2013). *Die jungen Milden.* Handelszeitung, 7. November 2013, S. 16.

Pfläging N. (2011). Führen mit flexiblen Zielen. *Praxisbuch für mehr Erfolg im Wettbewerb.* Frankfurt: Campus.

Röösli F. und *Hope J.* (2009). *Warum Schildkröten schneller sind als Hasen.* io new Management, 4/2009, S. 23–26.

Schmidt R. (2001). *Are Incentives the Bricks or the Building?* Journal of Applied Corporate Finance, Vol. 22, Nr. 1, S.129–136.

Schnelli S. (2012). *Null-Fehler-Systeme sind schwachsinnig.* HR Today, November 2012.

Schütz D. (2013). *Wie ein Orden. Bilanz 11/2013*, S.33–40.

Senge P. M. (2011). Die fünfte Disziplin. Kunst und Praxis der lernenden Organisation. Stuttgart: Schäffer-Poeschel.

6 Diversität fördern: den internen Genpool verbreitern!

Im letzten Kapitel haben wir betont, wie wichtig es für Unternehmen ist, eine gemeinsame Basis zu haben. Ohne die Ausrichtung auf geteilte Werte und eine verbindende Mission gleicht ein Unternehmen im Extremfall einem Camp von Einzelkämpfern, in dem jeder für sich selbst die eigene Agenda verfolgt und versucht, die persönlichen Interessen zu maximieren. Unternehmen sind aber zweckgerichtete soziale Systeme – ohne „Alignment", also Fokus, Richtung, Handlungsenergie und Gemeinsinn können sie ihr Potenzial nicht ausspielen und ihre Ziele nicht erreichen. Systemisch gesprochen, reduzieren identische Elemente die Komplexität. Wenn Menschen am Arbeitsplatz Dinge, die ihnen wichtig sind, miteinander teilen, dann kann ohne viel zusätzliche Koordination und Führung eine kollektive Dynamik entstehen, ein motivierender Sog, der das Unternehmen beflügelt. Das „Miteinander" geht besser, wenn ein gemeinsamer Unterbau besteht.

Gleichzeitig ist es für Unternehmen bedeutsam, dass nebst der normativen Einheit anderweitig auch Vielfalt besteht. Es braucht komplementäre, ergänzende, andersartige Einflüsse. Das Märchen der Bremer Stadtmusikanten macht klar, dass verschiedene Kompetenzen wichtig für den Erfolg eines gemeinsamen Unternehmens sind: Nur mithilfe der unterschiedlichen Fähigkeiten von Esel, Hund, Katze und Hahn gelingt es dem Trupp, den nächtlichen Räuber in die Flucht zu schlagen. Und im modernen Märchen von Harry Potter wird gegen Ende der Handlungsgeschichte deutlich, dass anfängliche Außenseiterfiguren (wie Cedric Longbottom) und Nerds (wie Loona Lovegood) einen bedeutsamen Beitrag zum Sieg gegen das Böse beisteuern. Die Integration von Andersartigen trägt wesentlich zum Erfolg bei.

In Unternehmen ist Diversitätsmanagement ein neuerer Ansatz. Zunehmend mehr Firmen erkennen, dass sie die soziale Heterogenität konstruktiv nutzen können. Die Ausrichtung auf die Diversität hat zum Ziel, Wettbewerbsvorteile durch die Förderung der Vielfalt der Mitarbeitenden zu erzielen. Die Mannigfaltigkeit der Arbeitenden soll sich in der Komplexität der Organisation widerspiegeln – im Facettenreichtum ihrer Produkte, ihrer Ideen sowie in der Art, Geschäfte zu betreiben.

Unternehmen haben hier in den letzten Jahren insbesondere aus den Erfahrungen mit Open Innovation gelernt: Durch die systematische Öffnung des Innovationsprozesses und die Zusammenarbeit mit anderen Firmen, Kunden oder Lieferanten konnte der Innovationserfolg gesteigert werden. Seit einigen Jahren setzen Pioniere wie Procter&Gamble, Xerox oder Philips darauf und haben das Konzept auch bei KMU bekannt gemacht. Durch die Nutzung einer vergrößerten Basis, das heißt die Absorption von Wissen außerhalb der Unternehmensgrenzen, kann das Innovationspotenzial vergrößert werden. Die konkreten Vorteile der Schwarmintelligenz zeigen sich beispielsweise bei der Quiz-Sendung „Wer wird Millionär?": Der Ratschlag des Telefonjokers, bei dem persönlich ausgesuchte Experten zum Zug kommen, hat mit 65 Prozent eine deutlich niedere Trefferquote als der Publikumsjoker mit 91 Prozent. Und ein Vergleich zwischen dem expertenbasierten Brockhaus und der Online-Enzyklopädie Wikipedia lieferte das Ergebnis, dass bei 43 von 50 zufällig ausgewählten Artikeln aus verschiedenen Fachgebieten Wikipedia besser abschnitt.

Warum gerät die Förderung der Diversität zunehmend ins Visier von Unternehmen? Ursache sind gemäß der deutschen Unternehmensinitiative „Charta der Vielfalt" gesellschaftliche und wirtschaftliche Trends, die Veränderungen in der Arbeitswelt bewirken. Dazu gehören der demografische Wandel, die sinkende Zahl von Erwerbstätigen, die zunehmende Arbeitstätigkeit von Frauen sowie ein wachsender Anteil von Personen mit Migrationshintergrund. Gesellschaftliche Entwicklungen spielen eine Rolle, wie etwa die voranschreitende Individualisierung, die Auffächerung der Werte, die anhaltende Ausdifferenzierung von Lebensformen sowie die Tatsache, dass trotz vielfältiger Ansprüche an die Vereinbarkeit von Familie und Beruf oft immer noch vom nicht mehr zeitgemäßen Standard des voll arbeitenden Normarbeitnehmers ausgegangen wird. Wirtschaftlich stellen die Globalisierung der Wirtschaftsströme, die Internationalisierung der Wirtschaftsbeziehungen, zunehmende Unternehmenszusammenschlüsse, Übernahmen und Allianzen sowie der Kampf um neue Marktanteile und qualifiziertes Personal die Rahmenbedingungen für Diversity Management dar.

Mit der Jahrtausendwende setzte zunehmend ein Perspektivenwechsel ein. Vorher ging es den meisten Großunternehmen vor allem darum, rechtliche Normen zur Gleichstellung zu erfüllen und damit Klagen oder einer schlechten Reputation vorzubeugen. In den USA muss man diesbezüglich aufpassen: Wer als Großunternehmen auf der Plattform *www.diversityinc.com* nicht zu den 50 Besten gehört, gerät auf Social-Media-Kanälen schnell unter die Räder (Jacquemart). Wirtschaftsboom und Fachkräftemangel, aber auch die wachsende Individualisierung der Kunden lenkten den Fokus zunehmend auf den ökonomischen Wert einer breiten Vielfalt (Heer).

Beispiel: Schweizerische Post

Die Schweizerische Post gehört mit 61.000 Mitarbeitern, davon 54.000 in der Schweiz, zu den national größten Arbeitgebern. Bei der Post werden bewusst generationengemischte Teams zusammengestellt – mit Erfolg. Im zehnköpfigen Team der Personalentwicklung PostMail sind alle Generationen vertreten: von der Praktikantin der Generation Y bis zum erfahrenen Mitarbeiter der Generation der Babyboomer. In der Strategie heißt es, man nutze *„die Vielfalt der Persönlichkeiten, Fähigkeiten und Talente gezielt, um für ihre vielfältige Kundschaft hochwertige Dienstleistungen zu entwickeln und zu erbringen".*
Beispiele, wie dies umgesetzt wird, sind: 2012 unterzeichnete Chefin Susanne Ruoff mit der Konzernleitung ein UNO-Grundsatzpapier, mit dem man sich zu einer gleichstellungsfreundlichen Führungskultur und zur beruflichen Förderung von Frauen verpflichtet. Über das Netzwerk Mosaico können sich im Konzern, der Personen aus 140 Nationen beschäftigt, Mitarbeitende unterschiedlicher Sprachen zum Austausch organisieren. Auch dieser Wissenstransfer nützt der Firma. *„Wir haben die Erfahrung gemacht, dass gemischte Teams auf allen Hierarchiestufen leistungsfähiger sind"*, sagt Postfinance-Sprecher Marc Andrey.
Die Förderung der Vielfalt fließe in Rekrutierung und Personalentwicklung ein, wobei aber die Qualität der Mitarbeitenden stets höchste Priorität habe.
Die Strategie trägt Früchte: Bei Postfinance besetzen Frauen bereits 31 Prozent der Kaderstellen. Ihr Anteil in der Geschäftsleitung und im Verwaltungsrat beträgt 25 beziehungsweise 29 Prozent (Lutz).

6.1 Vorteile der Diversitätsförderung

Welchen Nutzen bringen Initiativen zur Thematisierung von Diversität? Ein bewusster Umgang mit der Heterogenität der Beschäftigten kann zum Gewinn aller sein: Die Potenziale der Mitarbeitenden werden besser erkannt und – jenseits von diskriminierenden Stereotypen – gefördert und weiterentwickelt (Müller und Sander). Nachfolgend werden die wichtigsten Vorteile gemäß der „Charta der Vielfalt" aufgeführt.

Höhere Arbeitgeberattraktivität für die Generation Y

Die Talente auf dem Arbeitsmarkt werden knapper und schon während ihrer Studienzeit werden vor allem hochqualifizierte Hochschulabsolventen umworben. Ein Diversity-Ansatz bezeugt Weltoffenheit für die unterschiedlichsten Talente. Unternehmen, die eine bewusste Diversitätsförderung vorweisen können, wirken auf junge Generationen attraktiv und verschaffen sich im Kampf um den Nachwuchs entscheidende Vorteile. Das gilt umso mehr, als die Gruppe der Talente heutzutage nicht mehr so homogen ist wie früher: Frauen stellen die Mehrzahl der Studierenden und die Zahl der Absolventinnen und Absolventen mit Migrationshintergrund steigt an. Zunehmend wird von Studierenden aktiv nachgefragt, ob ein Unternehmen Diversity Management betreibt. Diversitätsförderung kann sich positiv auf die Außenwahrnehmung auswirken und die Arbeitgebermarke stärken.

Höhere Stabilität *und* Flexibilität

Hat sich ein Kandidat für ein Unternehmen entschieden, ist es aktuell üblich, dass nach einigen Jahren nicht nur die Stelle, sondern auch die Firma gewechselt wird. Eine erhöhte Fluktuation ist kostspielig und bedeutet für Unternehmen einen potenziellen Verlust an Erfahrungen. Um dem Wissensverlust entgegenzuwirken, kann die der Diversitätsförderung zugrunde liegende Wertschätzung aller Mitarbeitenden (vgl. Kapitel 7) die Bindung der Belegschaft zum Unternehmen erhöhen. Gleichzeitig hat sich gezeigt, dass sich monokulturelle, wenig vielfältige Unternehmen stark auf die eigene, relativ einheitliche Interpretation der Wirklichkeit verlassen. Dadurch laufen sie Gefahr, aufgrund des hohen Konformitätsdrucks und einer tendenziellen Betriebsblindheit weniger flexibel auf interne und externe Einflüsse reagieren zu können. Eine systematische Beschäftigung mit Vielfalt fördert die allgemeine Akzeptanz alternativer Sichtweisen und Einschätzungen im Unternehmen und macht dadurch flexibler.

Offene Organisationskultur: Mit einem Diversitätsfokus kann eine Kultur geschaffen werden, die über den eigenen Tellerrand hinausschaut und sich schnell auf Veränderungen einstellen kann. Damit können Wandelprozesse erleichtert und das Verständnis für unterschiedliche Haltungen und Kulturen gepflegt werden. Auch in kleineren Zusammenhängen, zum Beispiel bei der Fluktuation einzelner Beschäftigter, kann die Absorptionsfähigkeit erhöht und die anhaltende Teambildungskompetenz vereinfacht werden.

Mehr Innovation, Kreativität und Problemlösefähigkeit

Im Informations- und Wissenszeitalter leben viele Unternehmen von der Kreativität und Innovationsfähigkeit ihrer Belegschaft. Die Berücksichtigung vielfältiger Perspektiven in der Problemlösung, Forschung und Entwicklung bringt erfolgreiche und nachhaltige Resultate hervor. Voraussetzung dafür ist, dass Teams aus unterschiedlichen Talenten zusammengesetzt werden. Wenn in einem Unternehmen Menschen zusammenarbeiten, die sich punkto Alter, Geschlecht, Lebensstil, Erfahrungshintergrund, Ausbildung oder Nationalität unterscheiden, ergibt dies eine Vielfalt im Denken. Eine große Altersvielfalt ist beispielsweise wichtig, wenn man einen breiten Markt erschließen will. Studien bestätigen zunehmend, dass ein bewusster Diversitätsansatz zu einem besseren und nachhaltigeren Geschäftserfolg beiträgt, indem die Innovation, Kreativität und Problemlösungsfähigkeit eines Unternehmens unterstützt und gefördert werden (Dawson, Kersley und Natella).

Besseres Verständnis der Kunden

Kunden und Geschäftspartner sind durch eine zunehmende Diversität geprägt. Unternehmen, die die Heterogenität der Kunden durch ihre Belegschaft spiegeln, erzielen mehr Vertrauen und besseren Verkaufserfolg. Zudem haben die gleichen Gruppen von Mitarbeitenden und Kunden oft auch die ähnlichen Kenntnisse und Probleme. Wenn ältere Mitarbeitende ältere Kunden bei Computerproblemen beraten können, kann dies zu einem besseren Kundenverständnis und Wettbewerbsvorteilen führen (Dwertmann und Stich).

Vermehrtes Wachstumspotenzial

Vielfalt hilft auch beim Wachsen. Es erleichtert den Zugang zu neuen Märkten und sichert den Erfolg, sowohl national bei der Ansprache spezieller Zielgruppen (wie z. B. Frauen oder Kunden mit Migrationshintergrund) als auch international im Hinblick auf interkulturelle Fähigkeiten oder eine vielfältige Belegschaft, die das Wissen über die neuen Märkte mitbringt. Gemäß einer Studie der Universität Illinois wirkt sich Diversität positiv auf Kundenanzahl, Umsatz, Marktanteil und Gewinn aus (Grove et al.).

Höhere Rentabilität

Zunehmend belegen Studien, dass sich variable Belegschaften auszahlen. Forscher der University of Colorado verglichen Geschäftszahlen von 50 US-Firmen, die nach Angaben der Plattform Diversity Inc. am meisten für die innerbetriebliche Vielfalt taten. Sie hatten durchschnittlich eine drei Prozent höhere Gewinnmarge als Wettbewerber mit weniger Diversität (Lutz). McKinsey wies in einer Studie nach, dass Unternehmen mit einem durchmischten Topmanagement mehr Eigenkapitalrendite (12,1 Prozent) und Ebit-Marge (9,8 Prozent) erzielen als Firmen mit weniger Vielfalt (7,9 bzw. 8,6 Prozent).

Noch immer sind Vielfaltinitiativen eine Domäne der Großunternehmen. Die vielen potenziellen Vorteile, gerade auch die handfesten ökonomischen, machen Diversität in steigendem Masse auch für KMU interessant.

Beispiel: Asperger Informatik

Die Asperger Informatik AG ist ein Kleinunternehmen mit etwa zehn Mitarbeitenden im Zürcherischen Stäfa. Sie bietet Dienstleistungen in den Bereichen Webdesign, Webentwicklung und Web-Testing an. Dabei ist die Asperger Informatik AG kein „gewöhnliches" Unternehmen, denn sie beschäftigt vorzugsweise Menschen mit dem Asperger-Syndrom – einer leichten Form des Autismus.

Asperger-Autisten sind Menschen mit speziellen Begabungen. Die Fähigkeiten, über die Asperger-Autisten verfügen, sind im technologiegeprägten Informationszeitalter oft ideale Voraussetzungen für entsprechende Berufe in der Informatik. So sind Asperger-Persönlichkeiten teilweise hoch begabt und verfügen in der Regel über einen außergewöhnlichen analytischen Verstand, eine schnelle Auffassungsgabe, hohe Detailgenauigkeit, extreme Konzentrations- und Fokussierungsfähigkeit sowie ausgeprägte Hartnäckigkeit und Ausdauer.

Die Asperger Informatik AG sieht in autistischen Menschen ein großes Potenzial. Mit einer erfolgreichen Unternehmensführung möchte die Firma zeigen, welche Möglichkeiten Autisten haben und dass es auch für die Wirtschaft ein Gewinn sein kann, diese zu nutzen und zu fördern.

■ 6.2 Frauen an die Macht!

Steigende Kundenbedürfnisse, Verschärfung des Wettbewerbs, der Wandel der Gesellschaft und weitere Faktoren zwingen Unternehmen, täglich Lösungen für immer komplexere Probleme zu finden. Zudem wird die Wirtschaft weiblicher: Untersuchungen zeigen, dass global gesehen immer mehr Frauen einen zunehmend größeren Teil des Familienbudgets verwalten und damit für mehr Konsumentscheidungen verantwortlich sind. Wenn die Komplexität der Aufgaben steigt, fängt Diversity spätestens an. Denn die Informationsverarbeitung und Steuerung von komplexen Aufgaben kann nicht länger von männlichen Monokulturen gelöst werden, umso weniger, als die Entscheidungsträger auf der Nachfrageseite immer weiblicher werden. Nur heterogene Teams und die dadurch gewonnenen vielfältigen und ausgewogenen Perspektiven führen zu wettbewerbsfähigen Lösungen.

Immer weniger Unternehmen können sich eine männerdominierte Arbeitsumgebung leisten. Bereits ab 2015 wird die Pensionierungswelle der Babyboomer zu einem verschärften Arbeitskräftemangel führen. Es wäre unsinnig, das große Potenzial der gut ausgebildeten Frauen nicht zu nutzen. Dass talentierte Frauen vorhanden sind, ist unbestritten: Längst bilden die Studentinnen an den Hochschulen die Mehrheit und der Frauenanteil mit Hochschulabschlüssen steigt weiter an. Angesichts der demografischen Entwicklung tut die Wirtschaft gut daran, das Potenzial von 50 Prozent des Talentpools besser auszuschöpfen.

Außerdem besitzen Frauen immer mehr Vermögen, je nach Land sind es bereits zwischen 30 und 40 Prozent, wobei es ihnen nicht egal ist, in welche Firmen sie investieren: Laut einer Studie des „US-Center for Talent Innovation" wollen weltweit 90 Prozent der Anlegerinnen mit ihrem Kapital einen positiven Beitrag zur Gesellschaft leisten. 77 Prozent geben an, dass ihnen gemischte Führungsteams wichtig sind. Es erstaunt deshalb nicht, dass 2014 mit dem „Pax Ellevate Global Women's Index Fund" zum ersten Mal weltweit ein Fonds aufgelegt wurde, in dem nur Firmen enthalten sind, die sich durch hohe Frauenanteile in Verwaltungsrat und Management auszeichnen (wie etwa Pepsi, Procter&Gamble, Xerox, Deutsche Bank oder Roche) (Jacquemart).

Ein höherer Frauenanteil beeinflusst die Kultur eines Unternehmens. Dabei können sehr positive Effekte auf die Firma erzielt werden: ein besseres Klima, eine größere Meinungsvielfalt, breiter abgestützte Lösungen, ein wertvolleres Arbeitgeberimage und ein positiver Einfluss auf die finanziellen Kennzahlen (Gygax). Forschungsergebnisse weisen in die Richtung, dass Frauen einen stärkeren Bezug zu ihren Emotionen aufweisen, tendenziell breitere Problemlösestrategien aufweisen und gesamtsystemischer denken (Sprenger). Gerade Mütter sind wahre Manager, die gelernt haben, viele Bälle gleichzeitig in der Luft zu halten. Als Chefs der Familien-AG sind sie es gewohnt, mit mehreren Aufgaben gleichzeitig zu jonglieren und diese zielgerichtet einer souveränen und dennoch pragmatischen Lösung zuzuführen. Organisationstalent, vernetztes Denken, soziale Verantwortung, Empathie, Gespür für ausgewogene Entscheidungen, Kommunikationsvorzüge und breite Lebenserfahrung gehören zum Kompetenzrucksack, den Mütter meist mitbringen.

Frauen beeinflussen die Unternehmenskultur im Regelfall positiv.

Demgegenüber steht, dass die aktuellen Frauenanteile in der oberen Chefetage für die Schweizer ebenso wie die deutsche Wirtschaft ernüchternd ausfallen: Bis dato sind nur gerade sechs Prozent der Schweizer Geschäftsleitungsmitglieder weiblich, auf zwölf Prozent summiert sich die Rate in Verwaltungsräten. In der deutschen Wirtschaft beträgt der Frauenanteil in Aufsichtsräten 17 Prozent. Wie in der Schweiz sind nur sechs Prozent der deutschen Vorstände weiblich.

Dabei weisen Studien in die Richtung, dass mehr Frauen in Chefetagen die Unternehmen erfolgreicher machen. Gestützt auf Zahlen der Weltbank, belegt die gemeinnützige Organisation Catalyst im Jahre 2011, dass Firmen mit Frauen in den Führungsgremien gegenüber rein männlichen Führungscrews deutliche Vorteile aufweisen: eine um 54 Prozent höhere Eigenkapitalrendite, eine um 42 Prozent höhere Umsatzrendite und eine Gesamtkapitalrendite, die um 66 Prozent besser ausfällt (Baumann). Nach neuerer Forschung erhöhen Frauen die kollektive Intelligenz von Arbeitsgruppen und führen zu besseren Teamresultaten, weil sie über mehr soziale Sensitivität verfügen (Woodley und Malone). Eine Studie der Credit Suisse aus dem Jahr 2012 verglich die Kursentwicklung von 2360 Unternehmen weltweit zwischen 2005 und 2011. Jene, die mindestens eine Frau im Verwaltungsrat aufweisen, erzielten bessere Ergebnisse: stärkere Aktienkursentwicklung, höhere Eigenkapitalrenditen, niedrigerer Verschuldungsgrad und vermehrtes Wachstum. Als plausible Gründe wurden in der Studie u. a. genannt: besserer Mix von Führungsqualitäten, Zugang zu größerem Talentpool, besseres Verständnis der Konsumenten und qualitativ gesteigerte Corporate Governance (Curtis et al.). 2013 stellte eine Untersuchung der Harvard University fest, dass die Gewinnmarge von Unternehmen mit mindestens drei Verwaltungsrätinnen jene von nicht gemischten Führungsgremien signifikant übersteigt.

Beispiel: IBM Schweiz

In Sachen Chancengleichheit und Frauenförderung gilt IBM international als Pionier. Bereits ab 1934 stellte IBM Frauen ein und 1943 wurde mit Ruth Leach die erste Frau zur „Vice President" ernannt. Dies ist umso bemerkenswerter, als in der Informatikbranche rund 85 Prozent Männer tätig sind. IBM Schweiz, die mehr als 3.000 Personen beschäftigt, kommt auf mehr als 20 Prozent weibliche Angestellte. Ein Drittel der Geschäftsleitung wird durch Frauen besetzt, darunter die Country Managerin Petra Jenner. Bei IBM Schweiz gelten folgende Grundsätze (Comtesse):

- *Nicht Präsenz entscheidet, sondern das Resultat:* Eine flexible Einteilung der Arbeit ist selbstverständlich, ebenso wie Arbeiten von zu Hause oder unterwegs. Teilzeitarbeit gibt es auf allen Stufen. Und kulturell wichtig ist: Über die Beförderung entscheidet nicht, wer am meisten Zeit im Büro verbringt.
- *Gleichstellung und Diversität ist einökonomisches Anliegen*: IBM hat schon vor Jahren erkannt, dass über eine möglichst bunt gemischte Belegschaft verfügt werden muss, wenn man in einem multikulturellen Markt bestehen will. Seitdem wird die Anstellung von Frauen gefördert: aus ethischen Gründen, vor allem aber auch aus betriebswirtschaftlicher Rationalität. Es gibt ein klares Commitment der Geschäftsleitung für das Thema „Frauen in Führungspositionen".
- *Ziele werden gesetzt und kontrolliert*: IBM hält die Vorgesetzten an, bei Einstellungen und Beförderungen Frauen zu berücksichtigen. Dies wird durch ein entsprechendes Controlling zurückgemeldet.
- *Frauen werden gezielt angesprochen*: IBM will nach außen zeigen, wie attraktiv das Unternehmen ist. In Firmenbroschüren und auf der Website sind deshalb viele Mitarbeiterinnen zu sehen. Zudem wirbt das Unternehmen aktiv um Hochschulabsolventinnen, die es dann intern ausbildet, wobei nebst den technischen Funktionen Jobs in Beratung und Verkauf an Bedeutung gewinnen.
- *Frauen haben ein eigenes Netzwerk*: IBM hat das interne Frauennetzwerk „Swiss Women's Leadership Council" eingerichtet. Das Netzwerk organisiert alle zwei Monate einen Lunch, bei dem sich Mitarbeiterinnen aller Hierarchiestufen und Unternehmensbereiche treffen. Es gibt ein Karrierementoring-Programm, mit dem gezielt Mitarbeiterinnen der obersten Kaderstufe gefördert werden. Auch Chefin Petra Jenner betreut einige Frauen aktiv.

Ein vermehrter Einbezug von Frauen hilft Unternehmen, die geschlechtsspezifischen Fähigkeiten besser zu integrieren. Diese Vorzüge kommen insbesondere auch in Führungspositionen zum Tragen, wo Kommunikationskompetenzen, systemischer Rundblick und verantwortungsvolles Problemlösen eine zentrale Rolle spielen. Gerade mit Blick auf das hier vertretene, weniger ich-zentrierte und dominanzbasierte Führungsverständnis (vgl. Abschnitt 3.4), das auf Gestaltung förderlicher Rahmenbedingungen und eine Kultur des Enabling setzt, bringen Frauen starke Fähigkeiten mit.

Eine spürbare und nachhaltige Verstärkung des Frauenanteils in Führungspositionen ist nur dann erreichbar, wenn das Topmanagement eine klare Motivation und einen festen Willen zeigt, diese Veränderung herbeizuführen. Nützlich ist eine explizite, messbare Zielvorgabe. Ist dieses Ziel in die gesamte Unternehmensstrategie integriert, zeigt sie die größte Wirkung. Ebenso wichtig ist, die obersten Entscheidungsträger auch in die Implementation der Maßnahmen einzubeziehen. Die Ziele müssen direkt in den verschiedenen Unternehmensbereichen umgesetzt werden. Der Personalbereich kann dabei die Linienvorgesetzten unterstützen, die Verantwortung für die Maßnahmen liegt sinnvollerweise bei der Linie. Ein höherer Frauenanteil in Führungsetagen basiert auf der Erkenntnis, dass mehr Frauen den Firmen geschäftsrelevante Vorteile bringen. Deshalb heißt es für Verantwortungsträger in Geschäftsleitungen und Verwaltungsräten zukünftig: „Cherchez la Femme!". Es ist Zeit, die gläserne Decke zu durchstoßen.

Beispiel: Swisscom

Die Swisscom ist die führende Telecomunternehmung in der Schweiz und beschäftigt rund 20.000 Personen. „Diversity" ist für Swisscom ein wichtiger Wert an sich. Das Unternehmen fühlt sich gemäß Geschäftsbericht 2013 verpflichtet, das Wohlbefinden aller Mitarbeitenden zu sichern, damit diese mit hoher Motivation Außerordentliches leisten. Swisscom ist dazu in verschiedener Richtung tätig.

Ein zentrales Anliegen ist der Firma ein substanzieller Frauenanteil. Swisscom erachtet ein ausgewogenes Geschlechterverhältnis für die Marke und den Unternehmenserfolg als grundlegend.

Im Rahmen der Diversitätsstrategie hat sich Swisscom 2011 zum Ziel gesetzt, den Frauenanteil im Management innerhalb von fünf Jahren von zehn auf 20 Prozent zu verdoppeln. Dazu schafft sie beispielsweise durch flexible Arbeitsmodelle ein Umfeld, in dem möglichst alle Mitarbeitenden ihr Potenzial ausschöpfen können.

Zudem setzt sich Swisscom vermehrt für Lösungen ein, welche die Vereinbarkeit von Beruf und Familie unterstützen, dabei eine ausgewogene Work-Life-Balance ermöglichen und dem zunehmenden Bedürfnis der Mitarbeitenden nach Selbstbestimmung und Flexibilität entgegenkommen. Swisscom entrichtet als familienfreundliche Arbeitgeberin Kinder- und Ausbildungszulagen, die höher als die nationalen und kantonalen Vorgaben liegen. Zusätzlich unterstützt Swisscom die familienexterne Kinderbetreuung mit finanziellen Beiträgen, unentgeltlichen Beratungsdienstleistungen durch den Familienservice und mit Ferienbetreuungsangeboten während der Schulferien.

6.3 Die Potenziale der Älteren ausschöpfen

Für viele Unternehmen gilt heute, dass sie prioritär in junge Mitarbeitende investieren. Gemäß Personalexperten haben vor zehn Jahren über 60-Jährige kaum mehr Chancen gehabt, noch eine Stelle zu finden. Heute haben auch 50-Jährige Mühe, einen neuen Job zu ergattern. Die Grenze wird offensichtlich laufend herabgesetzt. Besonders früh fällt die Altersguillotine bei Großunternehmen, die in vielen Fällen nur noch ausnahmsweise über 50-Jährige anstellen. Es ist keine Seltenheit mehr, wenn in Stellenausschreibungen für qualifizierte Fachkräfte ein Alterslimit von 40 Jahren angegeben wird.

Die Ausrichtung der Rekrutierung auf Junge erscheint auf den ersten Blick paradox: Die fortschreitende gesellschaftliche Alterung sollte auch die Chancen der älteren Generation auf dem Arbeitsmarkt erhöhen. In der Schweiz werden 2015 erstmals mehr Arbeitnehmer aus dem Beruf ausscheiden als neue hinzukommen. Wenn in den nächsten Jahren die Babyboomer in Rente gehen, wird der Druck auf den Arbeitsmarkt steigen.

Warum haben es ältere Stellensuchende so schwer, wieder eine Stelle zu finden? Abgesehen davon, dass ansteigende Lohnentwicklungsmodelle und höhere Pensionskassenbeiträge die Arbeitskosten verteuern, scheinen ältere Kandidaten auch von Vorurteilen betroffen zu sein. Sie werden als unproduktiver, langsamer und mit neuen Technologien als weniger vertraut eingeschätzt. Studien zeigen allerdings, dass dies nur teilweise zutrifft bzw. wirksame Gegenstrategien bestehen, welche nachlassende Fähigkeiten effektiv kompensieren können (Vonplon):

- *Produktivität*
  Ältere gelten als weniger produktiv, weil Handfertigkeiten, Geschicklichkeit, Kraft, Geschwindigkeit und geistige Beweglichkeit mit dem Alter nachlassen. Eine umfangreiche, mehrjährige Studie aus einem Lastwagenwerk von Mercedes-Benz in Süddeutschland zeigt, dass dies nicht der Fall sein muss (Börsch-Supan und Weiss). Demzufolge steigt die individuelle Produktivität kontinuierlich bis zum Alter von 65 Jahren an. Selbst in einer Arbeitsumgebung, in der Kraft und Beweglichkeit wichtig sind, wird deren Nachlassen durch Eigenschaften kompensiert, die mit dem Alter zunehmen: Erfahrung, Ruhe oder Zuverlässigkeit in Stresssituationen. Ältere Arbeitende machen zwar etwas mehr Fehler als jüngere, aber keine schwerwiegenden. Und wenn etwas schiefgeht und wenig Zeit für Korrekturmaßnahmen vorhanden ist, zeigen sich die älteren Personen den jüngeren überlegen.

- *Lernfähigkeit*
  Das menschliche Gehirn wird mit zunehmendem Alter langsamer, doch gewonnene Erfahrungen können dies oft mehr als wettmachen. Bei einer Studie wurde den Teilnehmern ein Test über wirtschaftliche Entscheidungsfindung vorgelegt. Untersuchungen zeigen, dass die Leistung von älteren Angestellten tendenziell besser als von jüngeren ist. Untersucht wurden Eigenschaften wie Diskontierungsfähigkeit, Verlustaversion oder finanzielle Kompetenz. Ältere Probanden zeigten sich in dieser Hinsicht als mindestens ebenbürtig oder sogar überlegen. Gemäß den Forschern bestätigen die

Ergebnisse die Hypothese, wonach Erfahrung und über die Lebenszeit erworbenes Entscheidungsfindungswissen die abnehmende Fähigkeit, neue Information aufzunehmen, ausgleichen (Vonplon).

- *Technologieaffinität*
  Kommunikations- und Informationsverarbeitungskompetenz werden in einer wissensbasierten Volkswirtschaft immer wichtiger. Auf diesem Gebiet haben ältere Angestellte Nachteile gegenüber jüngeren, die bereits mit PC und Smartphone aufgewachsen sind. Tatsächlich sinkt die Einsatzhäufigkeit von neuen Technologien, je älter die Belegschaft eines Unternehmens ist. Allerdings kann die Anwendung moderner Methoden der Arbeitsorganisation dieser Tendenz entgegenwirken. Die Untersuchung zeigte auch, dass Firmen selbst mit einer älteren Belegschaft stark auf neue Technologien setzten, wenn sie vorher die Gruppenarbeit verstärkt oder ihre Hierarchien verringert hatten (Bertschek und Meyer).

Wenn die große Kohorte der Babyboomer in Pension geht, wird sich die Altersstruktur in vielen Unternehmen verschieben müssen: Nur mit jungen Angestellten wird das Volumen schlicht nicht zu bewältigen sein. Gegenüber heute wird es in den nächsten Jahren auch in Firmen insgesamt mehr Alte und weniger Junge geben. Die Alterung der Belegschaft wird eine der wichtigsten Herausforderungen für das Personalmanagement der nächsten Jahre sein. Eine intensive Zusammenarbeit zwischen den Generationen macht Sinn, muss aber gezielt eingeführt und mit sinnvollen Maßnahmen begleitet werden. Noch fehlt in den meisten Unternehmen ein lebensphasenorientiertes Personalmanagement, das den besonderen Bedürfnissen der Mitarbeitenden verschiedener Generationen Rechnung trägt. Ansätze, die Potenziale der älteren Mitarbeitenden besser auszuschöpfen, sind beispielsweise:

- *Themensensibilisierung*
  In einem ersten Schritt ist es wichtig, das „Mindset" in Firmen zu verändern. Wenn Führungskräfte das Thema nur durch eine Defizitbrille betrachten, werden ihnen die Chancen verborgen bleiben. Es gilt, Firmen für die Förderung der Erwerbsbeteiligung älterer Personen zu sensibilisieren.

- *Anpassungen am Arbeitsplatz*
  Um die Produktivität und die Fitness älterer Arbeitnehmer positiv zu beeinflussen, können oft mit geringen Anpassungen am Arbeitsplatz deutliche Verbesserungen erzielt werden.

Beispiel: BMW

BMW gehört mit 110.000 Angestellten zu den großen Automobilproduzenten Deutschlands. Wie in vielen anderen Unternehmen wird das Durchschnittsalter der Belegschaft in den kommenden Jahren stark ansteigen. Insbesondere der Anteil der Mitarbeitenden, die älter als 50 Jahre alt sind, wird dabei deutlich zunehmen.

BMW will auch mit einer im Durchschnitt älteren Belegschaft die Innovationskraft und Leistungsfähigkeit erhalten. Dazu werden Arbeitssysteme entwickelt, die sowohl die Wettbewerbsfähigkeit als auch die Gesundheit und die Leistungsfähigkeit der Belegschaft langfristig erhalten. Ziel ist die Gestaltung eines „demografiefesten Unternehmens".

Unter dem Titel „Heute für morgen" (vgl. „Charta der Vielfalt") wurden gemäß den Verantwortlichen Jörg Hinsberger und Manfred Tassilo Wirth eine Vielzahl von Maßnahmen entwickelt. Zu denjenigen, welche direkt auf die Gestaltung der produktionsseitigen Arbeitsplätze ausgerichtet sind, gehören u. a.:

- *Systematische ergonomische Arbeitsplatzgestaltung*: Mitarbeitende werden frühzeitig in die Planung und Umsetzung von neuen Arbeitsplätzen einbezogen. Diese werden nicht nur hinsichtlich Wertschöpfung optimiert, sondern auch ergonomisch auf die Bedürfnisse älterer Mitarbeitenden ausgerichtet. Herausgekommen sind eine Vielzahl von Einzelmaßnahmen, die bei oft geringem Aufwand spürbare Verbesserungen für die Beschäftigten brachten. Häufig erwiesen sich kleine, unspektakuläre Maßnahmen als sehr wirkungsvoll, etwa gelenkschonende Holzfußböden, spezielle Sicherheitsschuhe, schwenkbare Monitore mit vergrößerter Schrift, Lupen oder ergonomische Sitzmöglichkeiten zur Entlastung des Bewegungsapparats.

- *Belastungsoptimierte Rotation*: Mitarbeitende rotieren schon heute zwischen den Arbeitsplätzen – oftmals aber eher intuitiv und zufällig. Mittels eines neuen, computergestützten Rotationstools ist es möglich, Mitarbeitende systematisch belastungsoptimiert rotieren zu lassen. Das Tool berechnet täglich ergonomisch optimierte Einsatzpläne auf Basis der Qualifikation der anwesenden Personen und der geplanten Arbeitsprozesse. So sollen einseitige körperliche Belastungen für den Einzelnen vermieden und im Laufe einer Schicht möglichst unterschiedliche Körperregionen beansprucht werden, angelehnt an das Ideal eines „Fitness-Parcours".

- *Qualifizierung „gesundheitsgerechtes Arbeiten"*: Speziell ausgebildete Physiotherapeuten kommen regelmäßig zu den Mitarbeitenden an die Arbeitsplätze und zeigen gezielte, auf den jeweiligen Arbeitsprozess abgestimmte Ausgleichsübungen. Sie informieren über richtige Körperhaltung und Bewegung und stehen für Fragen zur Verfügung. Die Ausgleichsübungen werden an den jeweiligen Arbeitsplätzen als Bild aufgehängt. Das Ziel ist es, die Mitarbeitenden zu Ausgleichsübungen zu animieren und so Muskel- und Skeletterkrankungen zu verhindern.

Diese und weitere Punkte wurden während eines Jahres im Werk Dingolfing als Bestandteil eines Projekts umgesetzt. Bei der Durchführung des Projekts wurde die Zukunft vorweggenommen und in einem Pilotbereich, der Hinterachsgetriebemontage, mit einer Belegschaft gearbeitet, die in etwa der prognostizierten Altersstruktur des Jahres 2017 entsprach. Das bedeutete eine Erhöhung des Durchschnittsalters an diesem Bandabschnitt von 39 Jahre auf 47 Jahre. Die Hinterachsgetriebemontage bei BMW ist dabei ein hoch produktiver Fertigungsbereich mit einem 46-Sekunden-Takt, der sich in permanentem Wettbewerb mit externen Zulieferern befindet. 560 Achsgetriebe wurden hier pro Schicht produziert. BMW wollte unter realistischen Bedingungen prüfen, wie die Arbeitswelt altersgerecht gestaltet werden kann. Die Ergebnisse waren äußerst vielversprechend. Der Bereich konnte es hinsichtlich zentraler Leistungsindikatoren mit deutlich jüngeren Vergleichsbändern jederzeit aufnehmen.

- *Regelmäßige Weiterbildung*
Zentral ist, Mitarbeitende durch regelmäßige Weiterbildung lernfähig und aktuell zu halten. Der vorgesetzten Person kommt dabei eine Schlüsselrolle zu, als Beobachter und Anreger, aufmerksamer Coach und Mentor, der genau erkennt, wann etwa eine Fortbildung zusätzliche Horizonte öffnen und neue Kräfte freisetzen kann.

- *Arbeitsreduktion*
Gemeint ist eine schrittweise Reduktion des Arbeitsumfangs bei gleichzeitig längerem Verbleib im Arbeitsprozess. Statt einer Frühpensionierung erfolgt die individuelle Anpassung der Anstellung, um den Beschäftigungsprozess zu verlängern.

- *Gestaffelter Altersrücktritt*
Mitarbeitende können vor dem ordentlichen Pensionsalter freiwillig ihr Pensum reduzieren, dafür über das Rentenalter hinaus arbeiten.

- *Lohnflexibilität*
In der Schweiz nehmen die Einzahlungsprozente in die zweite Säule der Pensionskasse mit dem Alter zu, was die Arbeit aus Sicht des Arbeitgebers verteuert. Solange sich die Lohnkosten aufgrund von steigenden Pensionskassenbeiträgen mit dem Alter erhöhen, besteht für Firmen ein Anreiz, teurere ältere Angestellte durch günstigere jüngere zu ersetzen. Um Anreize für die Weiterbeschäftigung von älteren Personen zu setzen, ist die Prüfung von flexiblen Lohnentwicklungsmodellen sinnvoll. Dies ist auf Dauer auch im Sinne der erfahrenen Arbeitnehmer.

- *Einsatz als interne Berater*
Erfahrene Experten werden von zunehmend mehr Unternehmen in eigenen Beraterpools zusammengefasst und flexibel bei internen Problemlösungen und Projekten eingesetzt.

Beispiel: ABB

ABB ist führend in der Energie- und Automationstechnik für Versorgungs- und Industrieunternehmen und beschäftigt weltweit rund 150.000 Mitarbeitende, davon ca. 7.000 in der Schweiz. Die Firma hat in der Schweiz im Bereich der internen Beratung durch ältere Experten Pionierarbeit geleistet. Bereits vor 20 Jahren hat das Unternehmen ein innovatives Modell implementiert, dem sich später auch Alstom und Bombardier angeschlossen haben. Bei der internen Beratungsfirma Consenec werden ältere Führungskräfte als Senior Consultants eingesetzt. Topmanager müssen mit 60 Jahren ihre Führungsfunktion abgeben. Sie werden aber nicht frühpensioniert, sondern können ohne Lohneinbuße bei der Consenec als Berater weiterarbeiten. Ab 65 Jahren können die Manager auf Mandatsbasis weiter Teilzeit arbeiten.

Trotz anfänglicher Skepsis kommt das Modell heute generell gut beim Firmenkader an. Es ist kommerziell erfolgreich, wobei nicht nur die Trägerfirmen, sondern auch externe Unternehmen Aufträge vergeben. Inzwischen haben weitere Unternehmen wie Swiss Re, SBB und Swisscom ähnliche Consulting-Modelle für Topmanager eingeführt (Vonplon).

- *Mentoring*
Bei der Einführung von jungen Mitarbeitenden können ältere Personen, die über einen reichen Wissens- und Erfahrungsschatz verfügen, wertvolle Unterstützung leisten. Besonders bei der Einarbeitung und Beratung jüngerer Kollegen können die Älteren eine zentrale Rolle spielen.

Wer die Potenziale älterer Mitarbeitender nicht erschließt, handelt strategisch unklug. Jüngere sind gemäß der Forschung zwar häufiger mobil und kreativ, reaktionsschnell und körperlich belastbar. Studien zeigen, dass ältere Arbeitnehmer hingegen eine höhere Arbeitsmoral und mehr Bewusstsein für Qualität aufweisen. Sie haben Vorzüge beim strategischen Denken und können besser logisch argumentieren. Zudem sind sie eher bereit zu teilen und besonnener als ihre jüngeren Kollegen. Und sie haben ein ganzheitlicheres Verständnis für die Arbeit (Tschechne).

Für den Einsatz von älteren Mitarbeitern sprechen weitere Aspekte: Sie verfügen über mehr Firmen- und Erfahrungswissen. Entscheidungen werden häufig mit mehr Bedacht getroffen und tragen dadurch zur Stabilität des Unternehmens bei. Ältere Personen haben oft mehr soziale und emotionale Kompetenzen als jüngere Kollegen und weisen eine größere Gelassenheit und Lebensweisheit auf. Und sie sind gegenüber dem Arbeitgeber loyaler. Es lohnt sich, diese Fähigkeiten und Erfahrungen wertzuschätzen und das Potenzial der firmeneigenen Silberrücken vermehrt auszuschöpfen.

Beispiel: Jena-Optronik

Das Thüringer Raumfahrtunternehmen Jena-Optronik ist mit ca. 160 Mitarbeitenden in den Bereichen der Fertigung von Sensoren für Satelliten sowie Instrumenten zur Erdbeobachtung und Weltallerkundung tätig. Als international tätiges Raumfahrtunternehmen unterliegen die Produkte der Jena-Optronik hohen Qualitätsstandards. Sehr gut ausgebildete, motivierte Mitarbeitende werden als Basis des Erfolgs betrachtet.

Seit einigen Jahren verfolgt das Unternehmen eine demografieorientierte Personalpolitik, weil in den kommenden Jahren viele ältere Mitarbeitende in den Ruhestand ausscheiden werden. Gemäß der Personalverantwortlichen Sabine Oppitz geht es der Firma darum, den Wissenstransfer von der älteren auf die jüngere Generation zu fördern, aber auch durch eine kluge Gestaltung der Arbeitsplätze und Arbeitsabläufe den Angestellten ein motiviertes und gesundes Arbeiten zu ermöglichen. Um den Wissenstransfer von der älteren auf die jüngere Generation zu fördern, wurde das Projekt "55+" ins Leben gerufen. Es umfasst insbesondere folgende Maßnahmen:

- *Einen speziellen Workshop für Mitarbeitende über 55 Jahre*: Hier wurde das Bewusstsein der Beschäftigten gestärkt, ein wichtiger Bestandteil der Firma zu sein und nicht „zum alten Eisen" zu gehören. Die Firma sieht Wertschätzung als zentrales Element, um die Angestellten zu aktiver Weitergabe von Erfahrungen zu motivieren.
- *Trainingsprogramme*: Diese sind besonders auf das Lernverhalten dieser Altersstufe abgestimmt, z. B. zur Einführung neuer Software oder zur Verfestigung und zum Ausbau von Englischkenntnissen. Für diese Maßnahmen werden zusätzlich zu den budgetierten Schulungskosten finanzielle Mittel bereitgestellt.
- *Intergenerative Workshops*: Ältere und jüngere Mitarbeitende werden in gemischten Workshops zusammengebracht, welche den beiderseitigen Wissens- und Erfahrungsaustausch, aber auch das gegenseitige Verständnis für die unterschiedlichen Lebenslagen fördern sollen.
- *Aufnahme weiterer spezieller Wünsche und Anregungen der älteren Mitarbeitenden*: Die Firma ermuntert ihre erfahrenen Personen, konkrete Bedürfnisse zu formulieren. Sie ist bestrebt, diese zu realisieren.
- *Cafeteria*: Neben den intergenerativen Workshops wird die Weitergabe des informellen Wissens und des kreativen Ideenaustauschs durch eine betriebseigene Cafeteria gefördert, in der sich die Mitarbeitenden in lockerer Atmosphäre austauschen können.
- *Mentoring*: Neu angestellten Mitarbeitenden wird ein erfahrener Mentor zugeteilt, der bei der Einführung unterstützen und den Wissenstransfer innerhalb der Firma erleichtern soll.

> Insgesamt ist die Jena-Optronik ein gutes Beispiel dafür, dass auch KMU den Wissensverlust durch das Ausscheiden von erfahrenen Angestellten minimieren und die intergenerative Zusammenarbeit fördern können.

■ 6.4 Anwendung: auf breitem Grat wandern

Bei allen potenziellen Vorteilen: Diversität ist ein Anliegen, das man reflektiert angehen sollte. Für die meisten Führungskräfte ist es keine Herzensangelegenheit, der man aus reiner Lust und Freude nachgeht. Führungspersonen vermuten intuitiv richtig, dass die Förderung der Vielfalt eine kritische Masse an Ressourcen und Investitionen bedingt, erst in der längeren Frist Früchte trägt und zu erhöhter Komplexität und potenziellen Reibungsflächen führt. Zudem bestehen menschliche Reflexe, dass Personen sich eher zu ähnlichen Personen hingezogen fühlen (was dem „Similarity-Attraction-Paradigm" entspricht). Psychologisch wird dabei Unsicherheit reduziert. Ein weiterer Erklärungsansatz ist die „Social-Identity-Theorie". Danach tendieren Menschen dazu, sich und andere in bestimmte Gruppen einzuordnen. Aus diesen Gruppenzugehörigkeiten ziehen Menschen Bestätigung und Sicherheit, wobei in der Regel die eigene Gruppe als vorteilhaft gesehen wird, ebenso wie deren weitere Mitglieder (also die „In-Group"-Personen). Mitglieder der „Out-Group" werden dagegen kritischer eingeschätzt, teilweise stereotypisiert und diskriminiert. Dem eigenen Team wird mehr vertraut und es wird intensiver kooperiert (Dwertmann und Stich).

Einheitsdenken und Replizieren vermeiden

Um die Vorteile von Vielfalt ins Scheinwerferlicht rücken zu können, braucht es einen stärker kognitiven Ansatz. Die „Informations- und Entscheidungsfindungsperspektive" beruht auf der Annahme, dass sich unterschiedliche Gruppenmitglieder bezüglich Stärken und Schwächen, Wissen und Erfahrungen unterscheiden. Insgesamt bestehen also erweiterte Kompetenzen, welche sich in breiter abgestützten Lösungen niederschlagen, besonders bei komplexen Aufgaben. Dies entspricht auch der Sicht des strategischen Managements: Humankapitalressourcen werden als wichtige Quelle für anhaltenden kompetitiven Erfolg gesehen (Dwertmann und Stich).

Unbewusst besteht also eine Neigung zum Einheitsdenken und Replizieren, auch in der Personalauslese. Diversität muss demnach bewusst und gezielt gefördert werden, aus nüchternen Überlegungen und der Einsicht heraus, dass sich damit nachhaltige wirtschaftliche Vorteile einstellen können. Es ist eine Haltung wider das „Schmoren im eigenen Saft", welche auf die gezielte Verbreiterung des Gedankenpools abzielt: mehr Frauen, mehr Junge, mehr Ältere, Personen aus anderen Branchen und mit weiteren

Ausbildungen, einem diversen kulturellen Hintergrund. Sie alle können die Problemlösekompetenz eines Unternehmens verbreitern.

Umsetzung langfristig planen

Wie die „Charta der Vielfalt" betont, ist die Umsetzung kein kurzfristiges Projekt, das im Rahmen von ein oder zwei Jahren abgeschlossen ist. Werden beispielsweise bewusst junge Personen mit unterschiedlichem Hintergrund angestellt, werden sich manche Effekte erst nach Jahren einstellen. Eine Diversitätsinitiative sieht eine längerfristige Veränderung der Unternehmenskultur vor: hin zu mehr Offenheit und wertschätzendem Umgang. Die Diversitätsförderung ist dabei als ein ganzheitliches Konzept des Umgangs mit personeller und kultureller Vielfalt zu sehen. Der Prozess wird häufig mit einer Reise verglichen: Unternehmen sowie einzelne Personen machen sich auf, ihr Bewusstsein für Vielfalt zu schärfen und deren Bedeutung besser zu verstehen. Sie entwickeln schließlich die Kompetenz, mit dieser Vielfalt das eigene Handlungsfeld bzw. den individuellen Horizont zu erweitern.

 Diversität erhöht die Problemlösekompetenz.

Bewusstsein schaffen

Für die Veränderung der Unternehmenskultur zielen Aktivitäten der Diversitätsförderung in einer ersten Phase darauf ab, in der gesamten Belegschaft – insbesondere jedoch bei den Führungskräften – ein Bewusstsein für Vielfalt zu schaffen sowie deren Bedeutung für eine gute Zusammenarbeit und den Erfolg des Unternehmens zu vermitteln. Darauf aufbauend werden Schritte unternommen, die auf den Ausbau der Kompetenz für wertschätzenden Umgang in der Firma zielen (vgl. Kapitel 7). Diese Maßnahmen schaffen Begegnungen (z. B. durch Mentoring-Programme) und initiieren einen Dialog unter den Beteiligten. Hier sind wiederum vor allem die Führungskräfte gefragt – als Antreiber und Vorbilder.

Die Vielzahl an Aktivitäten macht deutlich, dass Diversitätsmanagement nicht nur ein Maßnahmenpaket ist, das es abzuarbeiten gilt. Vielmehr handelt es sich um ein Vorhaben, das zum einen auf die positive Veränderung der Unternehmenskultur abzielt. Gleichzeitig geht es darum, Veränderungen im Verhalten und in den Werten der Mitarbeitenden anzuregen. Vielfaltsinitiativen müssen deshalb in einen strukturierten Veränderungsprozess eingebettet werden.

Bemühungen zur Diversitätsförderung stellen eine unternehmerische Herausforderung dar: Einerseits beanspruchen sie Ressourcen, deren Investitionsreturn eher in der mittleren als der näheren Zukunft liegen. Eine genaue Abschätzung, ob die Maßnahmen tatsächlich zu mehr wirtschaftlichem Erfolg geführt haben, wird für die meisten Firmen, vor allem KMU, kaum möglich sein. Andererseits erhöhen Vielfaltsprojekte die unternehmerische Komplexität und schaffen Reibungsflächen. Gleichzeitig dürfte die Effizienz sinken (was für die „Schraubenfabrik" ein größeres Problem ist als für die wissensbasierte Unternehmung). Negative Effekte, überforderte Mitarbeitende, soziale Abgrenzungen sind denkbar.

Diversität ist eine Gratwanderung: Es winken positive Entwicklungschancen, allerdings sind diese nicht zum Nulltarif zu haben. Unternehmen handeln zweckmäßig, wenn sie die integrativen Fähigkeiten der betroffenen Teams nicht überstrapazieren. Führungsgremien sollten sich Diversitätsmaßnahmen gut überlegen und reflektiert angehen. Zwei häufige Ansätze, die Förderung von Frauen und älteren Mitarbeitenden, werden nachfolgend diskutiert.

■ 6.5 Quintessenz

Große Ideen entstehen selten, wenn man in sich gekehrt das tut, was man schon seit längerem tut, sondern wenn man fremdes kreatives Potenzial mit dem eigenen zusammenbringt. Gemäß Darwin haben sich in der langen Evolutionsgeschichte stets diejenigen durchgesetzt, die es gelernt haben, am effektivsten zu kollaborieren und zu improvisieren (Gassmann und Friesike). Eine Monokultur führt zur Sortenarmut und macht anfällig für einseitige Bedrohungen. Variabilität, Flexibilität, ein breiter Problemlösungsmix verhindert Einheitsbrei, Gleichschaltung, Ausdünnung von Perspektiven.

Seit einigen Jahren arbeiten zunehmend mehr Firmen bewusst an der Verbreiterung des Gedankenpools: Sie erhöhen die Diversität und investieren in weniger stark vertretene Gruppen wie Frauen, Junge, Ältere oder Mitarbeitende aus anderen Branchen. Diversität hinsichtlich Geschlecht, Alter, Ausbildung, Herkunft, Nationalität und weiterer Faktoren vermittelt Lernpotenziale und produktive Reibung. Wer nur Mitarbeitende einstellt, die alle einen ähnlichen Hintergrund haben, wird keine Kultur des gegenseitigen Lernens schaffen. Jedes Unternehmen braucht Blutauffrischung, zur Verhinderung von Starrheit und Tunnelblick.

Hinter Diversity Management steckt der Gedanke, dass durch das moderne Leben und die Globalisierung die Pluralität überall existiert und wir damit umgehen lernen, um das Potenzial, das in dieser Vielfalt liegt, entdecken zu können. In der Gesellschaft wird Verschiedenheit immer mehr zum Normalfall. Unternehmen, die dies spiegeln, haben Vorteile. Wer viele Facetten integrieren kann, findet ausbalancierte Lösungen. Das Konzept der Diversität reflektiert die Haltung, Unterschiede und Vielfalt nicht als Problem und Belastung, sondern als Chance zu sehen. Es geht darum, eine produktive Gesamtatmosphäre herzustellen und die Unternehmenskultur noch offener, zugänglicher hinsichtlich Kooperation (vgl. Kapitel 4) und Wertschätzung (vgl. Kapitel 7) zu machen.

 Diversität verhindert Starrheit und Tunnelblick.

Die Schweizerische Fußballnationalmannschaft hat sich in den letzten beiden Jahrzehnten zu einem respektablen Gegner entwickelt und belegte zum Zeitpunkt der WM 2014 den sechsten Rang der FIFA-Weltrangliste. Zu einem substanziellen Teil ist dies der Tatsache zu verdanken, dass sogenannte „Secondos" – Schweizer der zweiten Generation mit ausländischen Wurzeln – für das Nationalteam gewonnen werden konnten. Der Kader für die Fußballweltmeisterschaft 2014 in Brasilien umfasste eine Mehrzahl an Spielern, deren nationale Herkunftsländer außerhalb der Schweiz liegen. Auch die deutsche Elf vertraut auf Spieler mit einem internationalen Genpool – man denke an Podolski, Klose, Khedhira, Özil, Mustafi oder Boateng. Das ist gelebtes Vielfaltsmanagement.

Je größer der Vielfaltsmix, desto positiver wird die Entwicklungs- und Anpassungsfähigkeit einer Organisation beeinflusst. Potenziale sind: Arbeitgeberattraktivität für die Generation Y, höhere Stabilität und Flexibilität, offene Organisationskultur, mehr Innovation, Kreativität und Problemlösefähigkeit, besseres Verständnis der Kunden, vermehrtes Wachstumspotenzial und höhere Rentabilität. Die Chancen einer Diversitätsförderung sind beträchtlich: Durch die Ressourcenoptimierung erwachsen den Unternehmen wirtschaftliche Vorteile und den Mitarbeitenden bessere Entwicklungsoptionen. Richtig eingesetzt, birgt die Integration sozialer Diversitäten für Unternehmen ein großes Innovationspotenzial (Müller und Sander). Wie viele weiche Faktoren schafft Diversität eine Quelle von Wettbewerbsvorteilen, die kaum imitiert und in der kurzen Frist nicht kopiert werden können.

Unbestritten ist: Investitionen in Diversität erhöhen die Komplexität und reduzieren die Effizienz der Arbeit. Mischkulturen sind also weniger in der „Schraubenfabrik" gesucht, dafür mehr dort, wo Wissen und Kreativität eine Rolle spielen. Es braucht eine reflektierte Haltung und einen dosierten Einsatz der Instrumente, eingebettet in einen gezielten Wandelprozess. Eine effektive Förderung der Diversität kann sich nur in einer Kultur der Wertschätzung und des Respekts ergeben, in der die individuellen Beiträge der verschiedenen Menschen anerkannt werden.

Das Erkennen der Chancen von mehr unternehmerischer Heterogenität mündet in einer bewussten Haltung zu Talentförderung und einer Weisheit der Vielen. „Mehr desselben" wird den Herausforderungen des 21. Jahrhunderts nicht gerecht. Interne Perspektivenvielfalt dagegen spiegelt die Multikultur der Welt.

 Beispiel: Axa Winterthur

Die Axa Winterthur ist die Schweizerische Tochter der französischen Versicherungsgesellschaft Axa. Sie beschäftigt etwas mehr als 4.000 Personen in der Schweiz. Das Unternehmen läutete 2009 eine Diversity-Strategie ein. Es zeichnen sich bereits bemerkenswerte Ergebnisse ab: Seit 2008 konnte der Anteil der Frauen im Senior Management um 60 Prozent, im mittleren Management um 30 Prozent gesteigert werden. 13 Prozent der Senior-Manager-Stellen und 18 Prozent des mittleren Managements sind mittlerweile mit Frauen besetzt. In der Zwischenzeit sitzt eine Frau in der zehnköpfigen Geschäftsleitung, zwei Frauen gehören zum Verwaltungsrat. Die Konzernspitze unterstützt das Diversitätskonzept in vollem Umfang. Seit 2008 hat sich auch der Anteil der Teilzeit arbeitenden Männer um 40 Prozent erhöht.

Dass die Förderung von Teilzeitarbeit hilft, sich als moderner Arbeitgeber zu positionieren, spüre man bei den Bewerbungen. *„Vermehrt melden sich Interessenten, weil wir gegenüber flexiblen Arbeitszeitmodellen offen sind"*, sagt die Diversitätsverantwortliche Yvonne Seitz (Kofler).

Ab einem Arbeitspensum von 50 Prozent kann man bei Axa Kadermitglied werden. Vollzeitstellen werden grundsätzlich mit dem Zusatz „80 bis 100 Prozent" ausgeschrieben. Altersmäßig ist die Belegschaft ebenfalls gut durchmischt: Je ein Viertel der Axa-Mitarbeitenden sind unter 30 sowie über 50 Jahre alt. Als eine der ersten Firmen bietet die Axa nebst Child-Care auch Elder-Care-Unterstützung an.

Ein guter Mix wirke sich im Arbeitsalltag und im Umgang miteinander vorteilhaft aus, sagt Seitz: *„Wer auf Heterogenität setzt, verändert die Unternehmenskultur im positiven Sinne."* Beispielsweise würden Probleme innovativer angegangen, wenn unterschiedliche Menschen mit verschiedenen Ansichten daran arbeiten, meint Seitz (Jacquemart). Im neu lancierten KTI Diversity Index, der die Vielfalt der Schweizer Unternehmen dokumentiert, landete Axa 2013 auf Rang 5.

6.6 Transferportfolio

Wie kann das Prinzip der Diversitätsförderung in die Praxis transferiert werden? Nachfolgend finden sich Gedankenanstöße und Maßnahmenvorschläge für die Umsetzung.

→ Jeder Mensch hat blinde Flecken. Es gibt, gerade in der Personalauswahl, eine starke Tendenz zu „More of the Same", also das Replizieren bereits praktizierter Muster. Betrachten Sie Diversitätsanstrengungen als ein Mittel dazu, die eigenen Scheuklappen zu überwinden. So gesehen, ist es ein Ansatz des Talentmanagements, der zu neuen Personen (und Erkenntnissen) führt. Als Ergebnis wird wahrscheinlich die betriebliche Talentbasis in einer Art und Weise erweitert, die ohne bewussten Diversitätsfokus kaum möglich gewesen wäre.

→ Unmerklich entwickeln sich Belegschaften oft homogen. Bei Einstellungen wird darauf geachtet, dass der oder die Neue „zu uns passt", vielleicht sogar aus dem Bekanntenkreis bereits Beschäftigter stammt. Daraus kann, ohne dass dies beabsichtigt war, eine Art Monokultur entstehen. Achten Sie bei Anstellungen bewusst darauf, dass ein breiter Pool von möglichen Bewerbern berücksichtigt wird. Gehen Sie auch einmal andere Wege, indem Sie ungewohnte Rekrutierungsmethoden und -plattformen verwenden. Divergentes Denken, der Perspektivenwandel, ist Voraussetzung für kreative Lösungen – Diversitätsmanagement ist ein bewusster Blickwechsel zur Gewinnung von neuen Lösungspotenzialen.

→ Wer die Vielfalt im Unternehmen fördern will, muss eine entsprechende Unternehmenskultur schaffen. In einer ersten Phase ist es wichtig, in der gesamten Belegschaft – insbesondere jedoch bei den Führungskräften – ein Bewusstsein für Vielfalt zu schaffen und ein positives Bild zu vermitteln. Es muss allen klar werden, dass der Wille zu einer breiten Palette an Eigenschaften und Qualitäten nicht einfach Gutmenschentum entspringt, sondern explizite wirtschaftliche Vorteile zum Ziel hat. Es geht um den nachhaltigen Zukunftserfolg der Firma. Dazu ist es zentral, dass alle die Bedeutung einer intensiven, vertrauensvollen Zusammenarbeit erkennen.

→ Analysieren Sie die Struktur Ihrer Belegschaft. Welche vorherrschenden Muster lassen sich erkennen? Welche Verteilung hinsichtlich relevanter Kriterien streben Sie in der mittleren Frist an? Welchen Nutzen erhoffen Sie sich von der Veränderung der Vielfaltsstruktur? Wenn Sie reflektierte Ziele abgeleitet haben, gehen Sie an die Umsetzung: Fördern Sie das Personalportfolio im Unternehmen entlang der von Ihnen als wichtig definierten Kriterien (wie z. B. Geschlecht, Erfahrungshintergrund, Alter, Ausbildung, Branchentätigkeit, Nationalität), indem Sie bei Anstellungen bewusst auf die Erfüllung dieser Kriterien achten.

→ Schauen Sie bei Neuanstellungen darauf, dass die verschiedenen Kundengruppen auch in der Belegschaft gespiegelt werden. Es ergibt sich die Chance für ein tieferes und umfassenderes Verständnis der Kundensegmente.

→ Achten Sie auf einen partizipativen und inklusiven Führungsstil aller Führungspersonen, um ein positives Diversitätsklima zu erzielen und Abgrenzung und Diskriminierung zu vermieden. Die Sprache ist hier ein wichtiges Vehikel. Nehmen Sie alle Führungspersonen hinsichtlich Kommunikation, gerade auch der informellen Art (in der Pause usw.), in die Pflicht. Wenn diese feststellen, dass in der Belegschaft regelmäßig negativ über bestimmte Gruppen gesprochen wird („die Alten", „die Ausländer" usw.), dann sollte dies vertieft analysiert werden. Erinnern Sie sich an die ausgeprägte Fairnesspräferenz von Menschen (vgl. Abschnitt 4.3), welche – je nach konkreter Wahrnehmung – die Zusammenarbeit fördert oder hindert. Wenn sich bestimmte Gruppen in der Firma benachteiligt fühlen, sollten Sie sich dieses Punkts annehmen.

→ Achten Sie bei künftigen Einstellungen bewusst darauf, Personen zu berücksichtigen, die auf irgendeine Art „anders" sind (Wissen, Erfahrung, Herkunft etc.). Erweitern Sie so schrittweise den „Genpool" des Unternehmens. Setzen Sie auf „Multi" statt „Mono".

→ Erhöhen Sie bewusst den Frauenanteil, gerade auch in Kader, Geschäftsleitung und Verwaltungsrat. Wenn Sie Mütter anstellen oder weiterbeschäftigen, gewinnen Sie zudem erfahrene Familienmanager mit vielfältigen Kompetenzen. Diese werden familienfreundliche Strukturen mit hohem Einsatz und großer Loyalität vergelten.

→ Setzen Sie sich das Ziel, talentierte Mitarbeiterinnen, in die die Firma bereits investiert hat, möglichst lange an das Unternehmen zu binden und gezielt zu Führungskräften zu entwickeln. Fördern Sie bewusst die Rückkehr von Müttern an den Arbeitsplatz, indem Sie flexible Arbeitszeitmodelle (wie Jobsharing, Teilzeitarbeit, Gleitzeit und Tele-Arbeit bzw. Home Office) anbieten. Eine Firma, die mehr Frauen in Führungspositionen will, muss es den Mitarbeitenden ermöglichen, ihre Handlungsspielräume zu bewahren, indem sie flexible Arbeitsmodelle offeriert. Angestellte, die sich ihre Arbeit flexibel einteilen und mit anderen Interessen verbinden können, sind gemäß den Aussagen von befragten Personalleitern zufriedener, arbeiten produktiver und sind ihrem Arbeitgeber länger treu.

→ Der „Gender-Gap", also die Untervertretung von Frauen in Führungspositionen, vermindert die Produktivität. Gleichberechtigter Zugang zu allen Positionen und Lohngleichheit sind eine Frage der Unternehmenskultur. Wenn Sie diese langfristig in Richtung echte Gleichstellung entwickeln wollen, dann achten Sie auf die Kriterien, welche die Schweizer EDGE-Zertifizierung („Economic Dividends for Gender Equality") verlangt – EDGE wird gerade für multinationale Großunternehmen immer wichtiger: Lohngleichheit, wie Frauen und Männer eingestellt und befördert werden, ob alle den gleichen Zugang haben zu Weiterbildung und entsprechender finanzieller Unterstützung, Flexibilität der Arbeitsbedingungen und allgemeine Unternehmenskultur.

→ Bieten Sie wenn immer möglich die Option „Teilzeitarbeit" nicht nur für Mütter, sondern auch für Väter an. Überprüfen Sie beispielsweise, ob Sie Vollzeitstellen mit dem Zusatz „80 bis 100 Prozent" ausschreiben können. Und warum sollen Kaderstellen nicht mit einem Pensum von 80 Prozent möglich sein?

→ Ermutigen Sie Männer zur Nutzung familienfreundlicher Arbeitszeiten und gehen Sie mit gutem Beispiel voran. Diversität ist eine Frage der Einstellung. Und Outputorientierung bedeutet nicht, dass diejenigen mit den höchsten Präsenzzeiten die wichtigsten Beiträge erbringen.

→ Wenn Sie vielfältige Projektteams zusammenstellen, halten Sie sich vor Augen, dass Teambildung ein Prozess ist und nicht etwas, das einfach verordnet werden kann. Damit aus mehreren Mitarbeiterinnen und Mitarbeitern ein Team werden kann, ist es wichtig, dass die Mitglieder eine gemeinsame Zielorientierung haben, über die notwendigen Kompetenzen verfügen, einen kollegialen Umgang pflegen und eine kollektive Verantwortung tragen. Achten Sie auf diese Punkte.

→ Firmentreue ist ein häufig unterschätzter Wert. Gerade ältere Mitarbeitende identifizieren sich mehr mit ihrem Unternehmen und zeigen eine höhere Loyalität. Investieren Sie in nachhaltige Mitarbeiterbeziehungen im Geiste der Reziprozität (vgl. Abschnitt 4.3), beispielsweise, indem Sie mittels regelmäßiger Weiterbildung auch ältere Mitarbeitende auf dem neuesten Stand halten. Ermöglichen Sie Modelle, welche den Anreiz setzen, dass auch ältere Personen möglichst lange im Unternehmen verbleiben (vgl. Abschnitt 6.4).

→ Wenn Sie den Wissensaustausch zwischen den Generationen unterstützen wollen, prüfen Sie die Möglichkeiten von Mentoring: Erfahrene Mitarbeitende können neuen Angestellten breites Firmen- und Erfahrungswissen vermitteln und diese bei der Einführung unterstützen. Junge wiederum können Älteren hinsichtlich neuen Technologien und Tools wertvolle Impulse liefern. Darüber hinaus werden Brücken zwischen den Generationen geschlagen und das gegenseitige Verständnis und die Zusammenarbeitsbereitschaft gefördert.

→ Stellen Sie neuen Mitarbeitenden in der Firma einen erfahrenen Mentor zur Seite, der als Gesprächspartner funktioniert und sich regelmäßig Zeit nimmt, um Fragen zu beantworten und mit Rat und Tat zu unterstützen. Der Mentor sollte eine Person außerhalb der unmittelbaren Hierarchie des neuen Mitarbeiters sein. Er ist Förderer, Starthelfer und Kulturübersetzer.

6.7 Literatur

Baumann A. (2013). Bitterer Beigeschmack. *Handelszeitung,* 7. November 2013, S. 47.

Bertschek I. und *Meyer J.* (2008). *Do Older Workers Lower IT-Enabled Productivity? Firm-Level Evidence from Germany.* ZEW Discussion Paper No. 08-129.

Börsch-Supan A. und *Weiss M.* (2011). *Productivity and Age: Evidence from Work Teams at Assembly Lines.* München: MEA Working Paper.

Comtesse M. (2011). *Wie IBM Frauen an die Spitze bringt.* Berner Zeitung, 24. November 2011.

Curtis M., Schmid C. und *Struber M.* (2012). *Gender Diversity and Corporate Governance.* Zürich: Credit Suisse.

Dawson J., Kersley R. und *Natella S.* (2014). *The Credit Suisse Gender 3000: Women in Senior Management.* Zürich: Credit Suisse.

Dwertmann D. und *Stich A.* (2013). *Mitarbeiter-Diversity als Marketinginstrument.* Marketing-Review St. Gallen, 3, S. 88–101.

Gassmann O. und *Friesike S.* (2011). *33 Erfolgsprinzipien der Innovation.* München: Hanser.

Grove N., Welpe I.M. und *Raible K.* (2013). *Weitsicht belohnen.* Harvard Business Manager, November 2013, S. 1–18.

Gygax W. (2013). *Nebenwirkung Kulturwandlerin.* Handelszeitung, 7. November 2013, S. 45.

Heer C. (2013). *Tendenzen im Diversity-Management.* NZZ Executive, 5./6. Oktober 2013, e8.

Jacquemart C. (2013). *Frauen, Männer, alt und jung.* NZZ am Sonntag, 26. Mai 2013, S. 41.

Jacquemart C. (2014). *Weckruf des Kapitalismus.* NZZ am Sonntag, 14. September 2014, S. 37.

Kofler K. (2014). *Vielfältige Champions.* Bilanz, 02/2014, S. 56–59.

Lutz J. (2014). *Grosse Berner Firmen setzen auf buntgemischtes Personal.* Berner Zeitung, 1. Februar 2014, S. 10.

Müller C. und *Sander G.* (2011). *Innovativ führen mit Diversity-Kompetenz. Vielfalt als Chance.* Bern: Haupt.

Simon H. (2012). *Hidden Champions – Aufbruch nach Globalia.* Frankfurt: Campus.

Sprenger R. K. (2007). *Vertrauen führt.* Frankfurt: Campus.

Tschechne M. (2011). *Völlig unentbehrlich.* Die Zeit, Nr. 18/2011, 4. Mai.

Vonplon D. (2014). *Vorzeitig aufs Abstellgleis.* NZZ am Sonntag, 3. April 2014, S. 10–11.

Woodley A. und *Malone T.* (2011). What Makes a Team Smarter? More Women. *Harvard Business Review,* 89(6), S. 32–33.

7 Wertschätzung: Bindungskräfte stärken

Eine Förderung der Diversität kann nur gelingen, wenn sie in einer Kultur der Wertschätzung und des Respekts stattfindet. Wertschätzung ist ein menschliches Grundbedürfnis, auch am Arbeitsplatz. Gleichzeitig gehört sie zu den Faktoren, die am meisten vermisst werden: Bei Befragungen in Firmen finden Mitarbeitende regelmäßig, dass sie zu wenig Feedback und Anerkennung bekommen. Wertschätzung gehört zu den konstantesten Defiziten in der Wahrnehmung von Beschäftigten.

Das Gallup-Institut fragt jährlich Beschäftigte nach ihrer Bindung an das Unternehmen. In der Deutschland-Befragung 2013 fühlten sich nur 16 Prozent ihrer Firma emotional stark verbunden, zwei Drittel äußerten eine allenfalls geringe Bindung und 17 Prozent hatten innerlich gekündigt. Gallup geht aufgrund häufiger Fehlzeiten, Fluktuation und eingeschränkter Innovativität von einem volkswirtschaftlichen Schaden von an die 100 Milliarden Euro aus. Als Grund für die mangelnde Bindung wird vor allem zu geringe Wertschätzung angegeben.

Der Unternehmensalltag ist oft geprägt von Aufgabenvielfalt und Hektik. Für vieles bleibt keine Zeit, häufig auch für Feedbacks an die Mitarbeitenden. Wenn man nicht die erhoffte Resonanz bekommt, kränkt dies und frustriert. Mitarbeitende erleben ihren Arbeitsalltag häufig als echolosen Raum. Da verbringt man den größten Teil seiner Lebenszeit bei der Arbeit und steckt viel Energie und Herzblut in die Tätigkeit – und dann kommt gefühlt so wenig zurück. Menschen spüren oft ein Kontaktdefizit. Enttäuschung, Leistungsabfall, Dienst nach Vorschrift und Rückzug können die Folgen sein.

Die unternehmerischen Potenziale vermehrter Wertschätzung sind riesig. Es dürfte kaum andere Chancen geben, deren Nutzen-Kosten-Verhältnis ähnlich günstig ausfällt. Mit einem gewissen Aufwand – Willen und Können vorausgesetzt – lässt sich vieles erreichen. Vielleicht nicht die ganze Arbeitskraft der Mitarbeitenden – aber wenn sich nur einige Prozent mehr gewinnen lassen von denjenigen, die bisher nicht alles ausgeschöpft haben, dürfte die Wirkung enorm sein.

Wertschätzung adressiert die Beziehungsseite der Kommunikation. Kommunikation ist ein zentrales Vehikel der Unternehmensführung, wobei nicht nur durch Worte, sondern ebenfalls durch Handlungen und Unterlassungen von Handlungen kommuniziert wird. In diesem Sinne gilt auch im Management das Axiom von Watzlawick: *„Man kann nicht nicht kommunizieren!"* Kommunikation hat nicht nur einen Sach-, sondern auch einen Beziehungsaspekt, und dieser ist in aller Regel bedeutsamer und anspruchsvoller als die sachliche Seite. Die Beziehungsebene schwang schon in früheren Kapiteln mit, etwa bei der Vertrauensbasis (Kapitel 2), dem Führungsverständnis (Kapitel 3), der Kooperation (Kapitel 4) und den Werten (Kapitel 5). Im vorliegenden Kapitel rückt sie ins Zentrum. Wertschätzung ist ein essenzieller Teil des Beziehungsbereichs.

In den kommenden Abschnitten wird gezeigt, was Wertschätzung ist und wie sie umgesetzt wird (Abschnitt 7.1), was beim Loben zu beachten ist (Abschnitt 7.2) und welche Auswirkungen Freude und Spaß bei der Arbeit haben können (Abschnitt 7.3).

7.1 Zentraler Motor für Erfolg

Wertschätzung bedeutet, dass ein Mensch so anerkannt wird, wie er ist, unbesehen seiner Stärken und Schwächen. Damit ist eine grundsätzlich positive Bewertung verbunden, die auf Interesse, Wohlwollen, Freundlichkeit und Empathie basiert. Die Grundhaltung sagt aus: „Gut, dass es Sie gibt!" Wertschätzung ist unbedingt, also unabhängig von Taten und Leistungen, und entspricht damit der profunden menschlichen Sehnsucht, einfach nur als Mensch angenommen zu werden, so, wie man ist. Wir alle haben die Unbedingtheit der Zuneigung als Kleinkind von der Mutter erfahren und wahrscheinlich wurzelt deshalb dieses Bedürfnis immer noch tief in uns. In diesem Sinne ist die Qualität der Wertschätzung mit der Liebe zwischen zwei Menschen zu vergleichen: Auch dort wollen wir nicht wegen bestimmter Qualitäten, sondern nur aufgrund unserer Person geliebt werden. Wertschätzung geht einher mit Respekt und Anerkennung und zeigt sich in Aufmerksamkeit und Zugewandtheit. Menschen sehnen sich danach, als Individuen, nicht nur als Leistungserbringer wahrgenommen zu werden. Unbedingte Zuwendung ist eines der wertvollsten Dinge, die ein Mensch erfahren kann. Das Potenzial echter Wertschätzung kann deshalb nicht hoch genug bemessen werden.

In Abschnitt 2.3 wurde ausgeführt, dass es zwischen Arbeitnehmer und Arbeitgeber einen psychologischen Kontrakt über den faktischen Arbeitsvertrag hinaus gibt, der die gegenseitigen impliziten Erwartungen enthält. Die Mitarbeitenden erwarten beispielsweise, dass sie für ihren Einsatz eine Gegenleistung über die Lohnzahlung hinaus erhalten: Sie wollen als Menschen anerkannt werden und ihren Beitrag und ihre Leistung gewürdigt sehen. Wertschätzung und Arbeitsplatzsicherheit gehören zu den zentralsten Bedürfnissen auf Arbeitnehmerseite und sie werden mit Engagement und Loyalität vergolten.

Wertschätzung kann alle Facetten der Primärmotive abdecken (vgl. Kapitel 1): Man fühlt sich als Teil des Teams (Primärmotiv der Zugehörigkeit), als Person bedeutsam (Primärmotiv der Macht) und nutzbringend für die Firma (Primärmotiv der Leistung). Anerkennung wird so zu einem zentralen Motor für Menschen. Die Mitarbeitenden bemerken: Meine Beiträge zum Unternehmenserfolg werden wahrgenommen, mein Chef schätzt mich.

Wertschätzung und Sicherheit konstituieren Engagement und Loyalität.

Gemäß moderner Verhaltensforschung schauen wir zuerst auf zwei Dinge, wenn wir über andere urteilen (besonders über Führungspersonen): Wie liebenswert ist diese Person (Verbundenheit, Vertrauenswürdigkeit) und wie furchteinflößend ist sie (Macht, Kompetenz)? Warum sind diese Merkmale so wichtig? Weil sie die Antwort auf zwei entscheidende Fragen liefern, die gerade für Personen in einem Unterordnungsverhältnis relevant sind: Welche Absichten hat dieser Mensch mir gegenüber? Und ist diese Person in der Lage, diese Absichten umzusetzen? Viele Führungskräfte neigen dazu, im beruflichen Kontext ihre Stärken, ihre Kompetenz herauszustreichen. Forschungsergebnisse zeigen, dass dies genau der falsche Ansatz ist: Die optimale Art, Menschen zu führen und einen Einfluss auf sie zu haben, besteht darin, von den Mitarbeitenden als warmherzig wahrgenommen zu werden. Warmherzigkeit ermöglicht Einflussnahme, indem sie Vertrauen schafft und die Kommunikation fördert. Selbst kleine nonverbale Signale wie ein Nicken, ein Lächeln oder eine offene Geste können Menschen zeigen, dass man gern in ihrer Gesellschaft ist und ein offenes Ohr für ihre Belange hat. Warmherzigkeit hilft, zu den Personen im eigenen Umfeld schnell eine positive Beziehung und Vertrauensbasis aufzubauen (Cuddy et al.). Signalisierte Wertschätzung und Wohlwollen sind also für den Aufbau einer guten Beziehung zu den Mitarbeitenden zentral.

Fühlen sich Menschen wertgeschätzt, zeigen sich verschiedene positive Wirkungen: Allgemeine Zufriedenheit, Freude an der Arbeit und die Unternehmensloyalität steigen. Gleichzeitig verbessert sich die Leistung und der Umgang mit Stress und Belastungen fällt leichter. Empirisch zeigt sich immer wieder, dass Organisationen, in denen Mitarbeitende sich wertgeschätzt fühlen, niedrige Burn-out-Quoten aufweisen. Es erstaunt manchmal, wozu Menschen leistungsmäßig bereit sind, wenn sie das Gefühl haben, etwas Nützliches zu tun und dafür auch anerkannt zu werden (Semmer und Jacobshagen).

■ 7.2 Die Generation Y und die Ambivalenz des Lobens

Sind die Digital Natives der Generation Y auf permanente Anerkennung gepolt? Sicherlich sind sie es gewöhnt, sofortiges Feedback zu erhalten. Bei Online-Games werden vollbrachte Spielleistungen postwendend mit Status-Upgrades, höheren Spielebenen und Bonuspunkten belohnt. Und in sozialen Netzwerken führen Status-Updates zu unmittelbaren Likes samt anerkennenden Worten. Spiele sowie Facebook und Co. sind perfekte Feedback-Geber und darin liegt auch ihr Suchtpotenzial (Schüller).

Die Generation Y wird oft auch stärker selbstbezogen als frühere Generationen (X, Babyboomer) beschrieben. Lob und Anerkennung sind ihr wichtig, Wertschätzung ist zentral. Sie wollen schnelles Feedback für die eigene Leistung erhalten. Auffallend ist, dass die Erwartung unmittelbarer Anerkennung von Leistung gegenüber der langfristigen Honorierung an Bedeutung gewinnt. Permanente Kommunikation, kleine und rasche Belohnungen (analog zu Bonusmeilen) und fortschreitende Erfolge (wie Spielebenen) prägen oftmals das Denken (Thoma).

Bei der Führung von Millennials – wie die Generation Y auch häufig genannt wird – kommt regelmäßigem Feedback eine prominente Rolle zu. Das Geben von Feedback scheint jedoch eine Aufgabe zu sein, mit der sich viele Führungskräfte schwer tun. In zahllosen Belegschaften ist das Gefühl verbreitet, zu wenig Aufmerksamkeit zu bekommen. Umfragen zufolge zeigen sich bei der Mitarbeiterführung Defizite insbesondere auch im Hinblick auf die Wertschätzung geleisteter Arbeit. Nur jede fünfte befragte Person erklärt, dass für gute Arbeit Lob und Anerkennung ausgesprochen wird. Drei Viertel kritisieren, dass sie kein regelmäßiges Feedback über persönliche Fortschritte erhalten (Klaffke und Parment). In vielen Unternehmen scheint Lob ein rares Gut zu sein. Der Mitarbeiterwunsch Nummer eins an den Chef heißt lautet: mehr Anerkennung, mehr Respekt, mehr Feedback, mehr Lob (Schüller).

Insgesamt werden Vorgesetzte bei der Führung der Generation Y künftig deutlich mehr Zeit investieren müssen als heute. Sie werden insbesondere als Coach bzw. Mentor gefordert sein, ihre Mitarbeitenden als Vorbild zu beraten und sie bei ihrer individuellen Entwicklung mit regelmäßigen Rückmeldungen zu unterstützen (Klaffke und Parment). Dabei wird es wichtig sein, Personen, die stark abhängig von unmittelbaren Feedbacks sind, dosiert zu loben.

Regelmäßiges Feedback ist zentral.

Mitarbeitende, die sich vor allem von anderen Stärke holen möchten, leiden unter Umständen an mangelndem Selbstvertrauen. Sie dürfen nicht zu stark von permanentem Lob abhängig werden. Hilfreich ist hier ein Führungsverhalten, welches Vertrauen und Sicherheit schafft, indem die Person klare und deutliche Zeichen der persönlichen Wertschätzung erhält. Wenn jemand weiß, dass er als Individuum uneingeschränkt das Wohlwollen des Chefs genießt, sollte dies das nötige Fundament an Stabilität und Selbstbewusstsein vermitteln, so dass ununterbrochene positive Rückmeldungen nicht mehr nötig sind. Vorgesetzte haben hier auf einen dosierten Einsatz von Lob zu achten. Unbedingte Wertschätzung schafft das Urvertrauen, so dass bedingtes Lob weniger notwendig ist.

Damit wird die Differenzierung von Wertschätzung und Lob offenkundig. Lob wird oft mit Wertschätzung gleichgesetzt. Doch es gibt einen wesentlichen Unterschied: Wertschätzung ist eine Grundhaltung und bedingungslos, Lob ist an etwas Bestimmtes geknüpft, *„eine immaterielle Belohnung für eine gute Tat oder Arbeit"*, wie Fries sagt (zit. nach Sohmer). In der bedingten Zuwendung liegt eine Problematik verborgen, die oft nicht unmittelbar deutlich wird, aber mittelbar negative Folgen haben kann. Sprenger spricht in diesem Zusammenhang vom „Sirenengesang des Lobens".

Das Problematische an Lob ist allerdings nicht die Bedingtheit an sich, sondern die Absicht dahinter. Anerkennung ist unproblematisch, wenn sie als echt gemeint wahrgenommen wird, als authentischer Ausdruck eines positiven Urteils. Wie unverfänglich oder vorbelastet Lob interpretiert wird, hängt stark vom Kontext, insbesondere von der Beziehungsqualität der Beteiligten ab. In einem konstruktiven Klima des Wohlmeinens und partnerschaftlichen Vertrauens, mit gefestigtem Wissen um die gegenseitigen guten Absichten wird eine positive Würdigung uneingeschränkt geschätzt. Je vorbelasteter die Beziehung ist, je weniger auf Augenhöhe miteinander gesprochen wird, je ritualisierter und intentionsgeleiteter die bisherige Kommunikation war, desto verhexter ist ein Lob. Desto eher wird es als bewusstes Steuerungsinstrument wahrgenommen, als Ausdruck gezielter Absichten des Senders, möglicherweise als Mittel zur Manipulation. Und damit verpuffen alle potenziellen Segenswirkungen und der Effekt verkehrt sich ins Gegenteil.

Problematisch ist Lob also, wenn es als trojanisches Pferd, als Danaergeschenk daherkommt. Wenn die wahrgenommene Absicht die Motive des Senders entlarvt. Wenn Lob „von oben nach unten" als Machtinstrument eingesetzt wird, vermeintlich „gütig", tatsächlich kleinmachend, ein Abhängigkeitsverhältnis zementierend. Wenn Lob janusköpfig auftaucht, zuerst das Lob, dann die Kernbotschaft als Tadel. Wenn Lob manipulativ eingesetzt wird, etwa beim „Über-den-grünen-Klee-Loben" oder beim „Weg-Loben". *„Gegen Kritik kann man sich wehren, gegen Lob ist man machtlos"*, schrieb einst Sigmund Freud (Sprenger). Ob Lob ambivalent ist, hängt davon ab, welche Intention des Senders beim Empfänger ankommt.

In einem Klima des gegenseitigen Wohlgesonnenseins kann sich eine positive, konstruktive Feedbackkultur etablieren. Feedbacks sind Rückmeldungen über erbrachte Leistungen. Sie unterstützen bei der Bewertung und Einordnung des Getanen und geben Antworten auf die Frage: „Bin ich auf dem richtigen Weg?" Unmittelbare Feedbacks können helfen, ein breites, fundiertes Urteil zu bilden und die Selbstwahrnehmung zu kalibrieren. Positive Verstärkung führt zu Wiederholung und vermehrten Anstrengungen. Sie setzt im zerebralen Belohnungssystem einen Cocktail aus dem glücklich machenden Dopamin, dem die Bindung verstärkenden Oxytocin und weiteren Botenstoffen frei. Dieses beflügelnde Gemisch fördert die Arbeitsfreude, Risikobereitschaft und Leistungskraft und stärkt das Immunsystem (Schüller). Ein positives Feedback untermauert die Primärmotivation der Leistungsorientierung. Außerdem unterstützt es die Zugehörigkeit: Menschen wollen in der Gemeinschaft, die ihnen wichtig ist, ein geachtetes Mitglied sein (vgl. Abschnitt 1.1).

Gute Führungskräfte beherrschen die Kunst des aufrichtigen Lobens. Auf der Grundlage genereller, unbedingter persönlicher Wertschätzung honorieren sie gute Leistungen und erreichte Erfolge mit echt gemeinter Anerkennung. Ihr Lob erhöht Menschen und beflügelt sie zu hohem Engagement und hervorragenden Leistungen. Und die allgemeine wertschätzende Haltung nimmt der sachlichen Kritik im Falle von Mängeln ihren Stachel und macht sie besser annehmbar.

Lob kann beflügeln.

In keiner Weise vertretbar ist die von Führungskräften immer noch oft gehörte Argumentation: „Wenn ich nichts sage, dann ist es in Ordnung." Ein solches Verhalten lässt Mitarbeitende emotional aushungern und verwehrt ihnen wichtige Anerkennungssignale in einem oft auslaugenden Alltag. Es ist bei weitem nicht zielführend und mit einer Wertschätzungskultur unvereinbar. Eine solche Haltung vernachlässigt sträflich das tief verwurzelte menschliche Bedürfnis nach Anerkennung. Eine feedbackarme Kultur ist zudem mit dem Streben nach Spitzenleistungen nicht in Einklang zu bringen. Vergessen wir nicht, dass Lob und Wertschätzung bedeutsamer auf der Beziehungsebene als auf der Sachebene wahrgenommen werden. Ein Plus an anerkennenden Botschaften hilft, das emotionale Konto zu stärken und belastbarer für Kritik zu machen, die gerade in offenen, autonomen Wissensumgebungen mit häufiger auftretenden Fehlern unvermeidbar ist. Rutscht das Beziehungskonto aufgrund von fehlendem positivem Feedback ins Minus, verschlechtern sich schnell Leistungsbereitschaft, Engagement und Ergebnisse (Schüller).

Insgesamt: Jedes wertschätzende Lob ist eine Wonne für die Seele, im Besonderen für die jüngeren Mitarbeitenden der Generation Y. Die Macht der freudigen Berührtheit ist nicht zu unterschätzen. Kluge Vorgesetzte wissen: Streicheleinheiten für die Seele sind unendlich bedeutsam. Sie setzen unbedingte Wertschätzung und bedingtes Lob bewusst und häufig ein.

Beispiel: TRISA

TRISA bietet Bürstenprodukte in den Bereichen Mund-, Haar- und Körperpflege an, insbesondere Zahnbürsten. „Vertrauen und Wertschätzung" sind für TRISA zentrale Werte. Der CEO Adrian Pfenniger erläutert deren Stellenwert wie folgt:
„*Gegenseitiges Vertrauen ist das größte Geschenk, das wir uns machen können. Und Vertrauen ist für TRISA das eigentliche Kapital! Es schafft auf allen Gebieten die Grundlagen für den gemeinsamen Erfolg. Nichts stärkt uns deshalb mehr als die Wertschätzung, die wir einander entgegenbringen. Gute Leistungen verdienen bei TRISA Lob und Anerkennung. Ehrliches Lob und echte Anerkennung kommen von Herzen. Vertrauen und Wertschätzung machen den TRISA Spirit aus!"*
In diesem Sinne sind bei TRISA auch die verhaltensleitenden Grundsätze definiert. Sie lauten:

- Wir achten die Persönlichkeit jedes Einzelnen und gehen aufmerksam und respektvoll miteinander um.
- Unser Verhalten ist vertrauensvoll, partnerschaftlich und fair.
- Wir sind ehrlich zueinander und begegnen uns mit Wertschätzung.
- Wir interessieren uns für unsere Arbeitskollegen als Menschen und für ihre Tätigkeit.
- Lob, Anerkennung und konstruktive Kritik sind für uns Instrumente der Wertschätzung.
- Wir pflegen eine offene Gesprächskultur und praktizieren Wertschätzung im Alltag.

Bei TRISA misst man der Umsetzung dieser Grundsätze im Alltag großen Wert bei. Das Unternehmen ist für eine starke, verbindliche, auf Vertrauen und geteilten Werten basierende, sehr wertschätzende Unternehmenskultur bekannt.

7.3 Spaß bei der Arbeit

Wertschätzung beinhaltet auch, wie freudvoll die Arbeitsumstände gestaltet sind. Einige anhaltend erfolgreiche Unternehmen wie Semco, Gore, Zappos, Southwest oder Google fallen dadurch auf, dass sie explizit auf Spaß setzen und dies auch in ihren Missionen und Werten dokumentieren. Demgegenüber steht eine Armada an Führungskräften, für die dies die Vorstellungskraft sprengt. Für viele Manager ist es praktisch undenkbar, Spaß bei der Arbeit zu fördern. Man könnte fast den Eindruck gewinnen, dass viele diese Vorstellung meiden wie der Teufel das Weihwasser. In den letzten Jahren sind immerhin die Begriffe „Arbeitsfreude" und „Lust an der Arbeit" in Mode gekommen (Pfläging). Dennoch schwebt über nicht wenigen Firmen ein calvinistischer, asketischer Geist, der in der Kutte von Lebensabgewandtheit und Freudlosigkeit daherkommt. Immer wieder ergibt sich der Eindruck, statt um Lust an der Sache gehe es bei einigen Firmen um das Verdienen des jenseitigen Paradieses, so steif, ernst und humorlos ist das Klima.

Viele Topmanager verkörpern dies auch in der eigenen Person: Willensstark und leidensfähig, verfügen sie über praktisch uneingeschränkte Leistungsbereitschaft. Das Leben ist geprägt von Askese und Arbeit. In diesem Denken stellt das Gehalt dann auch das Schmerzensgeld für die erbrachte Aufopferung dar.

Spaß an der Arbeit ist jedoch ein wichtiger Aspekt von Erfolg. Und Freude und Humor sind vollkommen seriös. Fragt man Studierende, wie wichtig einzelne Kriterien bei der Wahl des zukünftigen Arbeitgebers sind, taucht ein freundschaftliches Arbeitsklima regelmäßig an oberster Stelle auf, während Karrierechancen und Vergütung meist nicht unter den Top Drei landen. Die fähigsten Menschen gehen dorthin, wo sie ihre Ziele verwirklichen können. Freude, Spaß und Humor sind dabei sehr wichtig! Spaß entsteht durch Freiräume, Selbstbestimmung und eine lernförderliche, angstfreie, anregende Umgebung. Diese findet sich in Firmen, in denen sich Menschen dank vertrauensvollen Beziehungen wohlfühlen, herausgefordert werden und ihr Bestes geben.

Beispiel: Weisse Arena

Bei der Weissen Arena gehört „Spaß" zu den zentralen Unternehmenswerten. Unter dem Titel „Spaß ist unsere Motivation" heißt die firmeninterne Devise:

"Wir zeigen Freude. Wir haben Spaß an unserer Arbeit – das ist Lebensqualität. Wir berühren die Gäste mit unserer Leidenschaft. Unser Lachen steckt an; unsere Freude überträgt sich auf unsere Gäste."

Es geht nicht darum, permanent im Spaßmodus zu sein. Jeder hat sein Pflichtprogramm, weniger geliebte Tätigkeiten, die gleichwohl erledigt werden müssen. Wie wurde die sogenannte „Spaßgesellschaft" doch kommentiert? „Man kann sich auch zu Tode amüsieren." Möglicherweise nicht in einer Firma, aber im übertragenen Sinn geht es auch unternehmerisch um das richtige Maß. Proklamierter Spaß bringt nichts. Mit Zwang ist in diesem Gebiet noch weniger als in anderen zu erreichen. Kein Mensch amüsiert sich nach Vorgabe. Genau wie bei der Motivation gilt: Direkt zu Spaß anstiften bringt wenig. In manchen Unternehmen stellt sich der Eindruck ein, Spaß werde verordnet und zur todernsten Angelegenheit erklärt. Für viele mitteleuropäisch-moderat geprägte Gemüter wird in manchen amerikanischen Lockerheitskulturen zu stark aufs Spaßpedal gedrückt. Die eigene Firma soll der glücklichste Ort der Erde werden und Mitarbeitende werden aufgefordert, die Welt am eigenen Spaß teilhaben zu lassen. Wenn Unternehmen allerdings vorgeben, wie die Beschäftigten ihren Spaß ausdrücken sollen, dann hat sich die Gängelung durch die Hintertür zurückgeschlichen. Der nächste Schritt wäre folgerichtig Messung und Benchmarking des Spaßniveaus. Auch hier gilt: Verordnung verdrängt das intrinsische Potenzial. Man merkt die Absicht und man ist verstimmt. Spaß ist keine universelle Norm, sondern ein individuelles Empfinden (Gassmann und Friesike). Befohlene Freude funktioniert nicht.

Auf den Rahmen kommt es an, der lustvolles Arbeiten zulässt. Damit ist nicht die lustige Büroeinrichtung mit vielen Plüschtieren und witzigen Comics am Anschlagbrett gemeint, sondern eine Gemeinschaftsgestaltung, die anregend, humorvoll, kommunikativ ist. Ein Klima wider den tierischen Ernst, in dem Dinge wichtig genommen werden und dennoch eingebettet sind in eine Atmosphäre der leistungsorientierten Gelassenheit. In dem es nicht steif zu und her geht, nicht auf Leben und Tod. Und in dem das Bewusstsein vorhanden ist, dass eine lebensdienliche Gestaltung der Arbeit sehr wichtig für den Unternehmenserfolg ist. So geprägte Führungspersonen sind Geburtshelfer einer Kultur, in der man gerne arbeitet und mit Freude bei der Sache ist, in der eigenständiges Arbeiten gewürdigt wird und nicht vorgegebene Zielerreichung. In einer solchen Kultur braucht es keine Spaßprothesen: Es geht weniger um das Hinunterrutschen an der Feuerwehrstange als um spannende Arbeit und gefühlten Gemeinsinn. Das Büro muss nicht wie ein Themenpark aussehen und Mitarbeitende können auch Höchstleistungen erbringen, wenn sie nicht in einer Dschungelecke arbeiten.

> **Beispiel: Abacus**
>
> Abacus ist ERP-Softwarespezialist für KMU und beschäftigt rund 200 Mitarbeitende etwas außerhalb von St. Gallen. Gegründet wurde das Unternehmen 1984 von drei Studierenden, die heute noch die Firma leiten. Eine kooperative, unhierarchische, lockere Kultur des Miteinanders ist den Gründern sehr wichtig. Das Unternehmen soll lustvolles Arbeiten ermöglichen und einen motivierenden Rahmen für intensive Erarbeitung und Austausch von Wissen bieten. Dies ist bereits bei der Anfahrt erkennbar: Umspielt von Wasserelementen, Garten und Biotop, bietet das Firmengebäude „AbaVillage" vor den Toren St. Gallens einen Blick auf den Bodensee und den Säntis. Das in futuristischem Stil aus Stahl und Glas erbaute Haus überrascht beim Eintreten mit einer Bar. Warme Farben an den Wänden und in vielen Arbeitsräumen erzeugen eine angenehme Atmosphäre. Für das Wohlbefinden der Mitarbeitenden sorgen eine hauseigene Pizzeria, ein Fitnesscenter samt Massageraum, zwei weitere Bars und ein Musikraum.

Führungskräfte sollten darauf achten, dass bei ihnen nicht schnell der Spaß aufhört. Einmal mehr sind Vorgesetzte sehr wichtig, weil sie am Spaßregler sitzen. Dabei hilft, dass sie über sich selbst lachen können und sich nicht als Nabel der Welt sehen. Besser als der egozentrierte Macher schafft dies der Enabler, der die Größe hat, eine lockere, gleichwohl leistungsorientierte Kultur zu fördern, in der die Mitarbeitenden angstfrei Raum einnehmen können. Erfolgserlebnisse stimulieren die Ausschüttung von Endorphinen, was zu Freude und mehr Kreativität führt (Gassmann und Friesike).

In Kapitel 1 haben wir ausgeführt, dass Emotionen die Grundlage aller menschlichen Aktivitäten darstellen und der Mensch durch die drei zentralen Motive Zugehörigkeit, Macht und Leistung bewegt wird. Ist die Arbeitsumgebung durch erfreuliche soziale Beziehungen charakterisiert und besteht die Möglichkeit, Erfolg durch eigenverantwortliches Handeln anzustreben und sich dabei bedeutsam und einflussreich zu erleben, werden alle Kernmotive adressiert. Positive Emotionen und starke Motivationen sind die Folge. Geschieht dies gar in einem angstfreien Klima mit guter Fehlerkultur, in der Fehler nicht als Todsünden, sondern als Lernhilfen zur Verbesserung gesehen werden, wird die Bewegungsenergie zusätzlich verstärkt. Innovationen werden in einer emotional anregenden Atmosphäre gefördert, während emotionsarme oder mit negativen Emotionen belastete Umgebungen Kreativität und Neugier hindern. Lernen und Entwickeln braucht eine sichere, eingebettete Atmosphäre des Wohlmeinens, die Funktionslust und Freude an der Sache weckt.

Auch wenn das Einstellen eines „Flow-Gefühls" einen hohen Maßstab darstellt (Csikszentmihalyi hat es ursprünglich bei der Ausführung von Risikosportarten beschrieben), kann er doch helfen, zu verstehen, was idealerweise passiert, wenn Menschen bei der Arbeit konzentriert in ihrer Aufgabe aufgehen. „Flow" stellt sich nach Csikszentmihalyi ein, wenn wir uns intrinsisch und zielorientiert auf eine Aktivität voll und ganz konzentrieren und weder unter- noch überfordert sind. Ist dies der Fall und erhalten wir gleichzeitig bei unserem Handeln unmittelbare Rückmeldungen, die uns den weiteren Weg zeigen, können wir in der Aktivität aufgehen: Wir empfinden das Gefühl der Mühelosigkeit, die Sorgen und das Zeitgefühl sind ausgeblendet, Handlung und Bewusstsein verschmelzen. „Flow" kann als sachbezogene Euphorie beschrieben werden, als Glück, wenn man eins mit der Sache ist, ohne Zwang, ohne Müssen, im fokussierten Tun. „Flow" ist anhaltender als ein „Kick" und vertiefter als „Fun", eine optimale Kombination von Motivation, Aufmerksamkeit und Aufgabe. Es herrscht harmonische Selbstvergessenheit, wie bei einem Kind im Spiel. Wir haben das Gefühl der Kontrolle über unsere Aktivität. Die volle Aufmerksamkeit ist fokussiert auf das Handeln, ohne Ablenkung oder Selbstreflexion. Wir sind losgelöst von störenden Gedanken, konzentriert im Hier und Jetzt, als Einheit von Körper und Geist, ganz bei der Sache. Das so erreichte Glücksgefühl beruht auf einer verstärkten Dopamin-Ausschüttung, welche das Denken beschleunigt und so die Kreativität steigert. Das Potenzial des menschlichen Gehirns kann am besten im Modus der Begeisterung ausgeschöpft werden.

Damit überhaupt „Flow"-Chancen entstehen können, braucht es eine Umgebung, in der man sich fokussiert und mit genügend Zeit auf eine Sache einlassen kann. Wer permanent gestört werden darf, wie dies in vielen modernen Arbeitsumgebungen akzeptierte Norm darstellt, opfert das Glück des potenziellen „Flow" auf dem Altar der Dringlichkeiten. Gemäß Untersuchungen kann sich der durchschnittliche Büroarbeiter elf Minuten auf seine Tätigkeit konzentrieren, bis er unterbrochen wird. Konzentrierte Hingabe ist so nicht möglich. In einer Studie des Londoner King's College, an der mehr als 1.000 Probanden teilnahmen, wurden drei Gruppen die gleichen Aufgaben gestellt. Die erste konnte ungestört arbeiten, die zweite musste in bestimmten Abständen E-Mail-Eingänge quittieren (nicht bearbeiten) und die dritte rauchte gleichzeitig Cannabis. Nicht überraschend erreichte die erste Gruppe deutlich bessere Resultate als die ande-

 Flow: ein Brunnen für Glück!

ren beiden. Allerdings schnitt die Kiffer-Gruppe erfolgreicher ab als jene, die den E-Mail-Eingang bestätigen musste. Wollen wir nicht im Potenzialstatus Benebelter stecken bleiben, müssen wir einen konsequenten, regelbasierten Umgang mit modernen Kommunikationsmitteln finden. Dazu gehört, dass sich Menschen bei Bedarf ungestört über längere Zeit in eine Tätigkeit vertiefen können.

Unternehmen müssen nicht zum Ziel haben, ihren Mitarbeitenden Flow-Erlebnisse zu verschaffen. Aber es ist wichtig für sie zu verstehen, dass Arbeiten im „Flow"-Modus hocheffektiv ist und gleichzeitig starke Glücksgefühle verursacht. Was will man mehr? Voller Einsatz zugunsten der Firma und gleichzeitig mit sich selbst ganz im Reinen – das ist tatsächlich der Olymp. Mehr geht nicht im Unternehmen. Realistischerweise wird „Flow" selbst in kreativen Wissensumgebungen eher die Ausnahme als die Regel sein. Dennoch: Auch wenn man den Gipfel nur selten erreicht, die Richtung dahin weist uns den Weg, im vorliegenden Fall zu gehaltvollen Arbeitsumgebungen. Deshalb ist es wichtig, dass Führungspersonen verstehen, was ihren Mitarbeitenden intensive Freude und Glücksgefühle bereiten kann: Handlungsspielräume zur Verwirklichung intrinsischer Interessen, herausfordernde Aufgaben, Freiheitsgrade bei der Umsetzung, Möglichkeiten zum Experimentieren, störungsarmes und angstfreies Klima, unterstützendes Feedback und bestärkende Erfolgserlebnisse. Pfläging hat dies in einem „Manifest für Spaß an der Arbeit" zusammengefasst:

Manifest für Spaß an der Arbeit

- Je weniger Hierarchieebenen und je mehr Deregulierung durch Wegfall von fixierten Zielen, Richtlinien, Politiken und Vorschriften, desto mehr Spaß – es entstehen Freiheit und Autonomie.
- Je mehr Entscheidung pulverisiert, verteilt und individualisiert ist, desto mehr Spaß – es entsteht Verantwortung.
- Je direkter der Kontakt mit externen Kunden oder internem Markt, desto mehr Spaß – es entstehen Sinn und Begeisterung.
- Je herausfordernder die Aufgabenstellung, desto mehr Spaß – es entsteht Lernen.
- Je breiter und diversifizierter die Aufgaben, desto mehr Spaß – es entstehen Wissen und vor allem Können.
- Je intensiver Werte und Unternehmenskultur gelebt und erfahren werden, desto mehr Spaß – es entsteht Identifikation.
- Je kleiner die Teams, desto höher die Identifikation der Mitarbeiter, desto mehr Spaß – es entsteht Gruppendruck.
- Je weniger Zentralbereiche und Stabsstellen, desto mehr Spaß – es entsteht Bürokratieabbau und Teilnahme.
- Je höher der Zeitanteil für selbstständige und schöpferische Arbeit außerhalb des fixierten Aufgabenbereichs, desto mehr Spaß – es entstehen Kreativität und Innovation.

Beispiel: Southwest Airlines

Bei Southwest kommen die Mitarbeitenden noch vor den Kunden. Dennoch werden Jahr für Jahr Spitzenpositionen bei wesentlichen Branchenkennzahlen erzielt und die Firma genießt das höchste Ansehen unter den US-Airlines. Spaß an der Arbeit ist für Southwest ein zentraler Wert. Geprägt durch den charismatischen Stil des Gründers, Herb Kelleher, ist der Umgang informell und familiär. Das Unternehmen wird stark durch eine auf „Liebe" basierende Firmenkultur geprägt, was sich auch im Börsenkürzel ausdrückt: LUV. Mitarbeitende erhalten sehr viel Freiheit und Transparenz, es wird wenig formell koordiniert und dokumentiert. Die Hierarchie ist flach, die Führungsspanne weit, die einzelne Verantwortung groß. Vertrauen steht an erster Stelle. Freude und Spaß werden mit häufigen Veranstaltungen zelebriert. Besonders beliebt sind die regelmäßigen Überraschungsempfänge, bei denen Führungspersonen die Crew eines ankommenden Flugzeugs ohne Vorankündigung mit Essen und Getränken willkommen heißen und ihnen die Reinigungsarbeiten im Flugzeug abnehmen. Southwest gehört zu den beliebtesten Arbeitgebern in den USA und erhält auf offene Stellen häufig eine große Menge an Bewerbungen.

■ 7.4 Anwendung: Weil Sie es uns wert sind!

Als unbedingte Prämisse ist Wertschätzung eine generelle Haltung, welche sich in vielen Facetten niederschlägt. In der Literatur werden unzählige Möglichkeiten und Beispiele aufgeführt, wie Wertschätzung ausgedrückt werden kann. Hier wird auf eine umfassende Aufzählung möglicher Wertschätzungsbekundungen verzichtet. Stattdessen werden nachfolgend Aspekte aufgeführt, die wir als besonders wichtig erachten bzw. in der Praxis (noch) nicht breit umgesetzt sehen.

Auf Sprachgebrauch achten

„Sag mir, wie in einer Firma gesprochen wird, und ich sage dir, wie das Klima dort ist." Der Sprachgebrauch gehört als Teil der Umgangsformen im Drei-Ebenen-Modell von Edgar Schein zu den Artefakten, welche die Unternehmenskultur sichtbar und gegen außen erfahrbar werden lassen. Ein Beispiel wurde in Kapitel 4 aufgezeigt, in welchem in einer Angstkultur im Investmentbanking Menschen als „Sitzfleisch" oder „Kopfzahl" bezeichnet werden. Wer eine erniedrigende, aggressive Sprache verwendet, muss sich nicht wundern, wenn er ausschließlich von vollkommen selbstbezogenen Söldnern umgeben ist. Hinter den Artefakten stehen im Drei-Ebenen-Modell Werte und diesen liegen Basisannahmen wie etwa Menschenbilder zugrunde. Die Sprache ist der Spiegel der tiefsten individuellen Überzeugungen und Führungskräfte prägen mit ihrer Wortwahl klimatisch viel mehr, als sie sich in aller Regel bewusst sind.

Wenn, wie in Abschnitt 5.2 ausgeführt, „Wertschätzung" tatsächlich als zentraler Wert in einem Unternehmen erkannt wird, analog zu „Vertrauen" oder „Selbstverantwortung", dann muss sich dies grundsätzlich in der Art und Weise niederschlagen, wie Menschen in der Firma miteinander (und übereinander) reden. Sprache ist zentral, weil sie Wahrnehmung formt und diese Realität prägt („Perception is Reality"). Wenn Menschen erleben, dass in einem Unternehmen miteinander nett, höflich und zuvorkommend umgegangen wird und eine respektvolle, positive Sprache verwendet wird, werden sie dies als Zeichen generell guter Absichten werten. Keine noch so großzügige Politik von Zuwendungen, Geschenken oder dergleichen kann eine wenig wertschätzende, unklare, diffuse Signale aussendende Sprache kompensieren. Wird Wertschätzung nicht zuallererst in Sprache gekleidet, verpuffen alle weiteren Bemühungen. Sprache lässt tief blicken: Bewusst wie auch unbewusst nehmen wir auf, wie und was in einem Unternehmen geredet wird, und bilden darauf unser Urteil, in welcher Umgebung wir uns hier befinden und wie wohlgesonnen diese uns ist. Und entsprechend verhalten wir uns dann.

Sprache formt Realität.

Beispiel: IBM Schweiz

Die Country Managerin Petra Jenner achtet bei der Personalauswahl stark auf die Empathiefähigkeit der Kandidaten: *„Das erkennt man bereits am Wortschatz, denn Worte geben oft Aufschluss über das Denken. In einem Interview für eine Führungsposition äußerte ein Kandidat wiederholt: ‚Dann habe ich den ausgetauscht.' Als ich fragte, ob er auch jemanden gefördert habe, stellte ich fest, dass das in seinem Wortschatz nicht existierte. Wenn jemand von ‚Untergebenen' spricht, werde ich vorsichtig. Ich würde jedem Bewerber empfehlen, auf die Worte und die Körpersprache zu achten. Daraus kann man viel lesen. Bei der Einstellung von Topmanagern stelle ich mir jeweils die Frage, ob ich selbst für diesen Menschen gerne arbeiten würde. Wenn ich nicht mit einem klaren Ja antworten kann, darf ich diesen Menschen nicht einstellen."* (Pauk)

Im 21. Jahrhundert stehen Menschen endgültig im Zentrum von Unternehmen. Und ob sich diese als Individuen wahrgenommen, geschätzt und gewürdigt fühlen, hat zuallererst und grundsätzlich damit zu tun, welche Sprache ihnen zu Ohren kommt. Das, was sie hören, vermittelt ihnen eine Einschätzung über ihren Wert für das Unternehmen. Und danach richtet sich dann, wie viel sie von welchen ihrer Qualitäten der Firma zurückgeben. „Reziprozität" heißt dieses Muster (vgl. Kapitel 4) und klug verhält sich, wer als Führungsperson – nach sehr bewusster, wertebasierter Personalauswahl (vgl. Abschnitt 5.3) – Vertrauen und unbedingte Wertschätzung anbietet. Sprache ist das Medium dafür.

Châteauform

Châteauform hat die Erfahrung gemacht, dass Rituale und Symbole, selbst wenn sie unbedeutend erscheinen, eine enorme Bedeutung haben. Dies betrifft zuvorderst die Sprache: Wenn in einem Unternehmen von „Unternehmenszentrale" gesprochen wird, symbolisiert dies, dass diese Einheit wichtiger ist als der Rest der Organisation. Bei Châteauform heißt dies „Familienbüro", was eine andere Aussage macht. Die Geschäftsleitung wird als „Steuerungsteam" bezeichnet. Das Familienprinzip wird auch durch die weiteren Bezeichnungen deutlich gemacht: Die „Nanny" erfüllt die Aufgabe eines Logistikmanagers, eine „Maîtresse de Maison" die einer Putzfrau. Der Personalbereich wird nicht „Human Resources" genannt, sondern „Talente und Kultur".

Die Sprache sollte echt sein und tatsächliche Empfindungen widerspiegeln. Wertschätzung lebt von Authentizität. Vorspiegeln ist nicht nachhaltig. Also: nur das sagen, was man wirklich meint. Der größere Teil der menschlichen Kommunikation spielt sich nonverbal und meist unbewusst ab. Gestik, Mimik, Blickkontakt, Stimmlage, Lautstärke oder die Körperhaltung spielen hier eine Rolle. Echt wirkt nur, was tatsächlich so gemeint ist. Menschen haben feine Antennen, widersprüchliche Signale zu erkennen.

Persönliche Zuwendung zeigen

Eine Haltung der Wertschätzung sieht die individuelle Person hinter der Arbeitskraft. Menschen wollen in einem Unternehmen auch persönliche Zuwendung erfahren, nicht nur als Produktionsfaktor wahrgenommen werden. Sie verbringen einen substanziellen Anteil ihrer Lebenszeit bei der Arbeit und investieren viel Kraft und Energie in ihre Tätigkeit. Dafür erwarten die meisten subjektive Anteilnahme, sonst stimmt das Beziehungskonto nicht. Sie wünschen sich, dass andere Menschen, insbesondere auch ihre Vorgesetzten, sich immer mal wieder Zeit für sie nehmen, wobei die Qualität und nicht die Quantität wichtig ist.

Zeit nehmen heißt: Nicht nur körperlich anwesend sein, sondern präsent (im wahrsten Sinne des Wortes), auf den Mitarbeitenden ausgerichtet, aufmerksam, fokussiert. Es geht um Momente der Nähe, in denen Chefs zuhören, sich Zeit nehmen und auf die einzelne Person eingehen (Grobner). Sich unbedingt zuwenden, signalisieren: „Im Moment bin ich nur für Sie da." So entstehen Begegnungen auf Augenhöhe, das, was sich Mitarbeitende erhoffen. Wertschätzung in der Praxis bedeutet: In die Welt der Mitarbeitenden eintauchen. Ihre Situationen, Wünsche, Bedürfnisse, Ängste und Nöte kennenlernen und diesen Gewicht geben. Ausdrücken, dass sie Teil des Ganzen sind. Mitunter am wichtigsten ist, einfach zuhören zu können.

Diese individuelle Wahrnehmung baut auf einem tief verwurzelten Interesse an Menschen auf. Und sie äußert sich in sehr persönlichen Zeichen der Würdigung: das Gratulieren zum Geburtstag, das Nachfragen nach dem Gedeihen der Kinder, die individuellen Weihnachtswünsche. Toll, wenn diese von Hand geschrieben werden. Dennoch muss es nicht zwingend die aufwendige Form sein, ein Kurzbesuch mit persönlichen Worten wird ebenfalls sehr geschätzt. Oft genügen kleinen Gesten, die persönliche Zuwendung ausdrücken.

Ein Mitarbeiter ist mehr als ein Produktionsfaktor.

Es geht um Herzlichkeit, Wärme des Umgangs, Zugewandtheit, echtes Interesse (Sprenger). Wer das glaubhaft vermittelt, gewinnt die Herzen der Menschen – und ihr Bedürfnis, diese Beziehungsvorleistungen zu erwidern. Wer dagegen keine persönliche Anerkennung ausdrücken kann, wird auch nicht geliebt. Und wo keine Liebe ist, ist auch keine wirkliche Bindung (Volk). Menschen brauchen persönliche emotionale Bestätigung, und Wertschätzung spendet diese.

Châteauform

Bei Châteauform übernimmt die Geschäftsleitung – das sogenannte „Steuerungsteam" – jedes Jahr einen Standort und führt ihn für eine Woche. So sollen auch im Managementteam einerseits die Kundenorientierung verankert und gleichzeitig sichergestellt werden, dass das Verständnis für die Arbeit der Basis erhalten bleibt und die Führungscrew nicht abhebt. Damit wird auch die Tätigkeit der Mitarbeitenden gewürdigt.

Sorgfältig loben

Loben ist eine Form der Wertschätzung, allerdings eine nicht unproblematische. Während Wertschätzung eine generelle Haltung darstellt und bedingungslos daherkommt, ist Lob bedingt und damit an etwas geknüpft. Eine Person wird gelobt, weil sie etwas Bestimmtes getan oder unterlassen hat, jedenfalls, weil etwas Lobenswertes erfüllt wurde. Lob ist eine immaterielle Belohnung, beispielsweise für eine gute Tat oder Arbeit. Einerseits schätzen die meisten Menschen grundsätzlich ein Lob, die Generation Y besonders, andererseits hat Lob auch heikle Facetten. Aus diesem Grund ist Abschnitt 7.2 dieser komplexen Sache gewidmet.

Leistung anerkennen, würdigen und ehren

Kaum etwas motiviert Mitarbeitende stärker, als wenn sie erkennen, dass die eigene Arbeit für die Firma bedeutsam ist. Und kaum etwas frustriert mehr als eingebrachte Vorschläge, Ideen und Projekte, welche zuerst zwar verdankt werden, danach aber in einer Schublade auf Nimmerwiedersehen verschwinden. Es ist eine aussagekräftige Form der Wertschätzung, wenn Anregungen, die Mitarbeitende eingebracht haben, zügig umgesetzt werden (und das mit Nennung des Urhebers und nicht als Initiative der Führungskraft).

Auch die Möglichkeit, mit den eigenen Ideen in Erscheinung treten zu dürfen und z. B. ein Konzept vor der Geschäftsleitung präsentieren zu können oder bei wichtigen Kundenprojekten einbezogen zu werden, ist explizite Würdigung auch ohne ausdrückliches Lob. Es ist ein Zeichen von Vertrauen, signalisiert, dass den Menschen Raum gegeben wird. Wenn Mitarbeitende mit der Leitung von Projekten oder verantwortungsvollen Aufgaben betraut werden, ist das ein Akt der Anerkennung. Und dann ist es wichtig, dass Führungskräfte gute Leistungen und Erfolge nach außen signalisieren: das heißt, besondere Beiträge, Auszeichnungen, Errungenschaften möglichst vor dem ganzen Team als solche zu benennen, sich für die wertvolle Unterstützung aller Beteiligten zu bedanken und diese gebührend zu ehren.

Ein Königsweg zu einer kooperativen, wertschätzenden Unternehmenskultur ist das bewusste Feiern von Erfolgen im Team. Wann immer Erfolge zu verzeichnen sind, lohnt es sich, diese symbolisch zu würdigen: durch eine spontan gespendete Pausenerfrischung, einen gemeinsamen Snack zwischendurch, die Kiste Bier zum Anstoßen vor dem Feierabend. Die Bedeutung der Kooperation wird offensichtlich und der soziale Kitt wird gefestigt, wenn sich Menschen mit dem Erfolg des anderen freuen können und ihn als gemeinsamen Erfolg erkennen. Wenig schweißt ein Team mehr zusammen als gemeinsame Erfolge zu feiern.

Châteauform

Jene Mitarbeitenden, welche Kundenorientierung bzw. einen der anderen sechs Kernwerte am besten umgesetzt haben, werden im Rahmen einer jährlichen Zeremonie geehrt. Die Mitarbeitenden erhalten ein Schild als Anerkennung. Auf diese Ehrungen sind diese stolz und sie stellen die Schilder wie Trophäen in den Schlössern aus.

Aufmerksamkeiten einsetzen

Kleine Geschenke erhalten nicht nur sprichwörtlich die Freundschaft, sondern sind auch Zeichen von bewusster Wertschätzung: Einmal spontan ein Eis für die gesamte Mannschaft im Sommer, eine Tüte heißer Kastanien am ersten kalten Herbsttag – einfach so als „Danke" zwischendurch – das überrascht und freut ohne große Worte (Grobner). Ob Geburtstagsgeschenk, Osterhase oder gefüllter Nikolaussack: Es gibt im Jahresrhythmus genug Gelegenheiten, mit kleinen Aufmerksamkeiten für die Belegschaft Wertschätzung auszudrücken (Gyomlay et al.). Wahrscheinlich gibt es keine betrieblichen Investitionen mit höherer Rendite als solche gezielt ausgedrückten Nettigkeiten.

Unter die Aufmerksamkeiten fallen auch alle Anlässe und Rituale, die bereits in Kapitel 4 unter dem Blickwinkel der Kooperationsförderung empfohlen wurden: Teamanlässe, gerade auch geschätzte Firmentraditionen (z. B. Mitarbeiterausflug, Skitag, Weihnachtsessen, Firmenjubiläen) sind erstklassige Gelegenheiten, kollektive Wertschätzung auszudrücken. Es lohnt sich, diese bewusst zu pflegen und den Mitarbeitenden zu signalisieren, wie wichtig sie dem Unternehmen als Individuen und als Team sind. Nach Richard Sennett sind Rituale nicht nur der Wiederholung von Handlungen gleichzusetzen. Sie führen dazu, dass sich der Wert des Erlebten immer tiefer einprägt (Kaduk et al.).

Bei der Gestaltung muss nicht übertrieben werden, wie manchmal der Eindruck bei einigen „Vorzeigeunternehmen" entsteht, die sich gegenseitig mit noch abenteuerlicheren Verwöhnprogrammen für ihre Belegschaften übertrumpfen. Es genügt kleckern statt klotzen. Es geht um die Botschaft, die Symbolik, nicht die Masse. „Sie sind uns wichtig und wir möchten dies immer mal wieder zeigen und Ihnen eine anregende, motivierende Arbeitsumgebung bereitstellen." Diese ist, abgesehen vom Tätigkeitsprofil selbst, in erster Linie durch die menschliche Beziehungsqualität bestimmt. Mit dem Chef, mit den Kollegen muss es klappen. Kleine Aufmerksamkeiten sind ein gutes Mittel, chefseitig in die Beziehungsqualität zu investieren. Stimmt diese grundsätzlich nicht, können dies auch der eigene Sternekoch und das Indoor-Schwimmbecken nicht kompensieren. Wertschätzen ja, verwöhnen nein: Gratis-Sushi ist nicht nötig.

 Kleckern statt klotzen!

Weiterbildung anbieten

Die Lern- und Entwicklungsorientierung von Mitarbeitenden drückt sich auch in Weiterbildungsbedürfnissen aus. Es lohnt sich grundsätzlich, in diese zu investieren! Explizite Weiterbildungsbedürfnisse zeigen oft intrinsische Motive an. Sehr intrinsisch motivierte Personen wollen vorwärtskommen und haben oft klare Vorstellungen von ihren weiteren Entwicklungen. Unternehmen verhalten sich klug, wenn sie dies großzügig unterstützen. Tun sie das, stellt dies eine Vertrauensvorleistung dar (vgl. Abschnitt 2.2), in der Hoffnung, dass etwas zurückkommt, beispielsweise durch einen Return on Investment der weiterbildungsbedingten Besserqualifikation.

Gleichzeitig gilt es zu akzeptieren, dass sich nicht jede Weiterbildungsinvestition später auch auszahlt. Statt detaillierte (und oft als kleinlich empfundene) Rückzahlungsregeln für den Fall eines Firmenwechsels nach einer bezahlten Weiterbildung aufzustellen, die a priori misstrauensbasiert sind, lohnt es sich, Menschen durch eine großzügige Politik zu gewinnen. Vorleistungen kommen meist zurück, in Form von Engagement und Loyalität. „Mein Unternehmen glaubt an mich und investiert deshalb in mein Fortkommen", ist ein starkes Gefühl mit positiver Bindungskraft.

Großzügige Weiterbildung ist deutlicher Ausdruck gelebter Wertschätzung. Ideal ist das Anbieten von vielen Weiterbildungsoptionen, aus denen die Mitarbeitenden selbst ihre Programmbausteine zusammensetzen können.

Châteauform

Châteauform wendet einen erheblichen Teil der Einnahmen für Weiterbildungstrainings auf. Dazu gehört eine obligatorische einwöchige Schulung pro Jahr, wobei Themen wie Mitarbeiterentwicklung und Teamführung einen wesentlichen Anteil haben. Der Gründer, Jacques Horovitz, wendet etwa ein Drittel seiner Zeit für die Ausbildung der Mitarbeitenden auf. Im Schnitt verbringen die Angestellten von Châteauform jährlich acht Tage auf einer Fortbildung.

Loyalität honorieren

Welche Vorteile erfahrene Mitarbeitende aufweisen, wurde in Abschnitt 6.4 dargelegt. Eine hohe Fluktuation und schnelle Firmenwechsel verursachen für ein Unternehmen substanzielle Folgekosten. In unserer komplexen Welt kommen wir nicht weiter, wenn Mitarbeitende nach wenigen Jahren die Firma wieder verlassen. „Außer Spesen nichts gewesen", trifft es gut. Der Aufbau eines menschlichen und wissensbasierten Erfahrungsfundaments gelingt so nicht. Wiederum gilt: In einer hyperdynamischen Welt sind Unternehmen auf Inseln der Stabilität angewiesen, damit ein sicherer Unterbau anschlussfähig für die Schnelligkeit der Zeit macht. Marken, Werte, Unternehmenskultur, Mitarbeitende: Dies sind Schlüsselstabilisatoren in der Hektik des 21. Jahrhunderts.

Langjährige Mitarbeitende sind wertvoll als Wissens-, Wert-, Erfahrungs- und Kulturspeicher von Firmen im permanenten Wandel. Dass sie lange schon dabei sind, hat oft mit starken Bindungskräften zu tun. Arbeitsplatzsicherheit ist ein wichtiger Aspekt des psychologischen Vertrags und Mitarbeitende belohnen wahrgenommene Jobsicherheit mit entsprechender Treue.

Für den Aufbau und die Erhaltung von hoch qualifiziertem Know-how ist nichts wichtiger als eine niedrige Fluktuationsrate – und nichts ist schädlicher als eine hohe. Bei der Durchschnittsfirma ist die halbe Belegschaft nach acht Jahren weg, bei den „Hidden Champions" mit der sehr niedrigen langjährigen Fluktuationsrate von 2,7 Prozent sind nach acht Jahren noch 80 Prozent der ursprünglichen Mannschaft an Bord (Simon).

Meist profitieren Unternehmen von langjährigen, loyalen Mitarbeitenden, und zwar in vielfältiger Weise: unspektakulär, im Kleinen, wenig sichtbar, in der täglichen Kulturprägung, als Mentoren der Firmen-DNA. Es ist betriebswirtschaftlich klug, die Weisheit der Erfahrenen zu ehren und langjährige Firmentreue zu honorieren. Firmenjubiläen sind bewusst zu begehen, mit der Öffentlichmachung der Jubilare (in der Hauszeitung, am Anschlagbrett usw.) und einer angemessenen internen Feier. Für einmal darf die Wertschätzung ruhig auch materiell mit einem angemessenen Treuebonus ausgedrückt werden (es droht kein Verdrängungseffekt). Und als Signal des Unternehmens an die Jungen mit Blick auf die gelebten Werte ist die Prämie sowieso Gold wert.

Châteauform

Bei Châteauform ist Loyalität einer der definierten Kernwerte. Das Unternehmen setzt auf langjährige Mitarbeitende und feiert jene, die schon lange dabei sind. Nach fünfjähriger Betriebszugehörigkeit erhalten die Mitarbeitenden echte Ritterhelme und werden in einer öffentlichen Zeremonie zu Rittern ernannt. Wer zehn Jahre mit dabei ist, erhält eine Rüstung, nach 15 Jahren ein Pferd und – zumindest sieht es die Planung vor – nach 20 Jahren ein Schloss.

Selbstbeschränkendes Führungsverständnis umsetzen

Ein wichtiger Aspekt der transformationalen Führung ist die individuelle Beachtung. Hier steht das „Sie" (bzw. „Du") im Vordergrund, nicht das egozentrische „Ich" der Great-Man-Führungsideologie. Interessanterweise wird diese vor allem von dominanten Führungspersonen selbst vertreten. Im Gegensatz dazu steht eine Weisheit von Laotse:

„Der beste Führer ist der, dessen Existenz gar nicht bemerkt wird, der zweitbeste der, welcher geehrt und gepriesen wird, der nächstbeste der, den man fürchtet und der schlechteste der, den man hasst. Wenn die Arbeit des besten Führers getan ist, sagen die Leute: „Das haben wir selbst getan."

Diese Philosophie signalisiert den Abschied vom heroischen Management. Unternehmenserfolg ist von einem komplexen Zusammenspiel multikausaler Faktoren abhängig und der Einfluss einer einzelnen Person – selbst wenn sie an der Spitze steht – ist begrenzt. Viele Menschen unterliegen dem Attributionsfehler und überschätzen den Einfluss von Einzelpersonen auf andere, während sie die Wirkung äußerer Faktoren unterschätzen (Dobelli). Wichtiger als das, was die Führungsperson selber leistet, sind die Impulse, die sie für die Gestaltung des systemischen Rahmens aussendet (vgl. Abschnitt 3.4). Weniger die Einzelperson an sich als ihre systemgestaltende Funktion ist wesentlich für das, was in Unternehmen passiert (oder auch nicht). Ein solches, realistischeres Führungsverständnis mahnt zu Bescheidenheit, erachtet Zurücknehmen als wichtig und sieht Vorgesetzte nicht selbst im Mittelpunkt stehen. Damit können sie den Mitarbeitenden mehr Raum geben und Bühnenpräsenz einräumen. Das Rampenlicht der Wertschätzung wird von den Mitarbeitenden ohne Frage begrüßt. Führungspersonen, die insgesamt eine weniger selbstbezogene Philosophie leben, rücken stattdessen kulturelle Wertschätzungsfacetten des Umgangs miteinander in den Fokus, v. a. hinsichtlich Machtgefälle, und können diese bejahen: Ist es gang und gäbe, höheren Hierarchiestufen zu widersprechen? Wird einem vom Chef zugehört? Wird jeder Mitarbeitende ermutigt, sich zu äußern? Erfahren Mitarbeitende authentische, persönliche Zuwendung? Konsequent gelebt, sind Vorgesetzte keine machtvollen Dirigenten mehr, dafür aber vermehrt persönliche und moralische Autoritäten.

Gute Löhne zahlen

Die motivationale Wirkung von materiellen Anreizen verpufft schnell (vgl. Abschnitt 1.3). Mit Löhnen lässt sich nicht nachhaltig motivieren. Allerdings sind Löhne für Mitarbeitende sehr wichtig, weil sie als Ausdruck von guten Leistungen und unternehmerischer Wertschätzung wahrgenommen werden. Das Thema wurde bereits an mehreren Stellen aufgegriffen und braucht nicht mehr vertieft dargelegt zu werden. Unternehmen sind wohl beraten, gute Löhne zu offerieren, welche eher über dem Marktniveau liegen. Die Mitarbeitenden werden diese Form der Großzügigkeit mit reziprokem Einsatz würdigen.

 Beispiel: dm-drogeriemarkt

Kein Handelsunternehmen in Deutschland ist so häufig auf den Spitzenpositionen von Rankings vertreten wie dm-drogeriemarkt. Auszeichnungen wie "Beliebtester überregionaler Drogeriemarkt Deutschlands" und "Service Champion" sind nur zwei Beispiele. Mit der Eröffnung des ersten dm-Marktes 1973 in Karlsruhe gründete Prof. Götz W. Werner ein Unternehmen, das ganzheitliches unternehmerisches und soziales Denken in den Mittelpunkt stellt und heute europaweit 50.000 Personen beschäftigt. Respekt vor der Individualität des Menschen wurde zur Grundlage für die Unternehmenspolitik von dm-drogeriemarkt:

„So wie ich mit meinen Mitarbeitern umgehe, so gehen sie mit den Kunden um."

Diese einfache und doch essenzielle Erkenntnis liegt der Arbeitsgemeinschaft dm-drogeriemarkt zugrunde. Erich Harsch, der Vorsitzende der dm-Geschäftsführung, führt dazu aus:

„Die Frage nach Angemessenheit leitet unser Handeln. Es geht um die Menschen! Und dazu gehören auch angemessene Einkommen sowie das stete Bemühen, die Menschen bei dm an besonderen Erfolgen angemessen zu beteiligen. Unsere Art des Denkens und Handelns hat seit vielen Jahren zu besonderen Erfolgen geführt, wie Sie an unseren Zahlen Jahr für Jahr erkennen können."

Als Fazit lässt sich sagen: Viele erfolgreiche Firmen stellen Menschen an die erste Stelle. Sie sind sich bewusst, dass letztlich der Kunde über den Erfolg entscheidet. In ihrer Erfolgslogik wissen sie aber, dass die Mitarbeitenden, ihre Motivationen und Fähigkeiten, die Voraussetzungen für Kundenzufriedenheit sind. Und dies ist wiederum Grundlage für den finanziellen Erfolg. Zuerst kommen die Mitarbeitenden, dann die Kunden, dann die Kapitalgeber. Menschen spüren diesen Fokus. Er ist ihnen auch wichtig! Menschen gehen dorthin, wo sie sich wahrgenommen fühlen. Der Gold-Standard der Wertschätzung ist die Unbedingtheit: „Weil Sie es uns wert sind, ganz grundsätzlich." Wertschätzung kann in hundertfacher Form gezeigt werden. Ausgangspunkt ist eine Haltung des unbedingten Interesses an Individuen. Ist diese spürbar, blühen Menschen auf.

7.5 Quintessenz

Der Mensch ist ein in seinen innersten neurobiologischen Antrieben und Motivationen auf zwischenmenschliche Akzeptanz ausgerichtetes Wesen (Bauer, zit. nach Kaduk et al.). Bereits in den 20er-Jahren des letzten Jahrhunderts zeigten die Hawthorne-Studien, dass Aufmerksamkeit zu mehr Leistung führt. In vielen Firmen besteht aus Sicht der Mitarbeitenden ein substanzielles Aufmerksamkeits- und Wertschätzungsdefizit. Wertschätzung basiert auf der unbedingten persönlichen Zuwendung eines Menschen und erzeugt ein Gefühl von „Balsam für die Seele". Wird Wertschätzung tatsächlich als unbedingt empfunden, als grundsätzliches „Ja" zu einer Person, dann wird dies von Mitarbeitenden als wertvolle Resonanz und Inklusion wahrgenommen und entsprechend geschätzt. Firmen, die bewusst auf eine anerkennende Kultur setzen, können diese auf verschiedene Art und Weise fördern: durch individuelle Ansprache, das Pflegen einer erfreulichen Sprache, gezieltes Lob, das Anerkennen von Leistungen und Feiern von Erfolgen, bewusst gesetzte kleine Aufmerksamkeiten, eine großzügige Weiterbildungs- und Lohnpolitik sowie die Belohnung der Firmentreue.

Auf das grundlegende Gesetz der Reziprozität wurde in Kapitel 4 hingewiesen. Danach können Führungspersonen, die als sehr wertschätzend erlebt werden, mit substanziellen Gegenleistungen ihres Teams rechnen. Wertschätzung entspringt einem zutiefst humanistischen Verständnis, das dem Individuum an sich eine große Bedeutung zumisst. Gleichzeitig ist das Erkennen, dass der Mensch der zentrale Erfolgsfaktor in der Wissensökonomie des 21. Jahrhunderts ist und es sich lohnt, jeder einzelnen Person eine hohe Aufmerksamkeit

Wertschätzung wird hochgeschätzt.

zukommen zu lassen, auch ein Akt betriebswirtschaftlicher Rationalität mit hoher Rendite. Führung, die es ermöglicht, dass Menschen ihr Potenzial ausschöpfen können, basiert auf gelebter Wertschätzung. Studien zeigen: Arbeitnehmer bringen dann gute oder bessere Leistung, wenn gewürdigt wird, was sie tun. Anerkennung ist demnach ein zentraler Leistungsmotor, Wertschätzung trägt zur Wertschöpfung bei (Sohmer).

Spaß entsteht bei der Auseinandersetzung mit einer Sache, die interessiert und herausfordert, bei der man Freiräume in der Umsetzung hat und über Ressourcen eigenverantwortlich entscheiden kann. Dies ist so, weil der Chef auf Selbstkontrolle setzt, vertraut und über Humor verfügt. Wenn intellektuell anregende Arbeit eingebettet ist in eine unterstützende Fehlerkultur, in der man Risiken eingehen kann, wird es freudvoll. Neurowissenschaftlich ist klar: Am effektivsten arbeitet der Mensch, wenn er Freude und Begeisterung empfindet. Gerade sehr leistungsorientierte und fähige Menschen suchen Firmen mit „Good Vibrations", bei denen Arbeiten Spaß macht. Spaß kann nicht verordnet werden, genauso wenig wie Leistung oder Kreativität. Wichtig sind dabei Arbeitsinhalte, Atmosphäre und Beziehungsqualität zu Chef und Kollegen, nicht die Bürorutsche oder Spielecke. Wenn Menschen die Arbeit mit den Kollegen gefällt, ist viel erreicht. Freude, häufiges Lob, eine Kultur der Begeisterung und des Gelingens zieht die Generation Y magisch an.

Eine gelebte Kultur der Wertschätzung verstärkt die Bindungskräfte in einem Unternehmen dramatisch, insbesondere jene zwischen Mitarbeitenden und Führungspersonen. Auf diese kommt es an: Menschen gehen zu Unternehmen. Ob sie bleiben, hängt zuallererst von ihren Vorgesetzten ab.

Beispiel: dm-drogeriemarkt

Die Wertschätzungskultur von dm-drogeriemarkt wurde maßgeblich geprägt durch den Gründer, Götz W. Werner. Seiner Meinung nach ist es von entscheidender Bedeutung, Menschen in Unternehmen nicht als Mittel zu betrachten. Die einzelne Person müsse im Unternehmen einen Platz finden, an dem sie sagen könne: „Hier bin ich Mensch." Zuerst müsse man Menschen etwas zutrauen, als Bringschuld der Firma, woraus als Resultat bei den Mitarbeitenden Vertrauen entstünde. Jeder, der für andere arbeite – und das treffe für nahezu alle zu – müsse das Gefühl haben, dass das, was er tut, einen Wert für den anderen hat. *„Wenn wir also wollen, dass andere etwas für uns tun, dann ist Wertschätzung der Schlüsselbegriff. Wertschätzung motiviert andere, etwas für mich zu tun."*

Werner ist überzeugt, dass man nur durch Sog etwas erreichen kann. Firmen müssten alles verhindern, was Druck erzeuge. Dabei sei leistungsorientierte Bezahlung der absolute Sargnagel für die Unternehmenskultur, denn dadurch entstehe wieder Druck. Bei dm sei die Anzahl der Vorgaben und Anweisungen auf ein Mindestmaß reduziert. Sog entstehe durch Wertschätzung, außerdem durch Mitsprache und Beteiligung: Die Mitarbeitenden bestimmten mit, ob noch jemand eingestellt werde. Sie hätten ein Mitspracherecht bei der Auswahl des Sortiments und erhielten transparenten Einblick in die Geschäftszahlen. Konsequent werde auf eine Kostenrechnung verzichtet. Der Kostenbegriff ist aus Werners Sicht negativ belegt, deshalb spreche man beispielsweise nicht von „Personalkosten", sondern von „Mitarbeitereinkommen". Sein Grundsatz ist: *„Das einzig legitime Ziel der Führung ist Selbstführung."* Entsprechend müsse man führen, indem man Fragen stelle statt solche zu beantworten. Und wenn man an der Materie, also in der Produktion, arbeite, müsse man sich selbstverständlich an der Effizienz orientieren. *„Wenn wir es aber mit Menschen zu tun haben, dann müssen wir verschwenderisch und großzügig mit der Zuwendung umgehen"* (Kaduk et al.).

7.6 Transferportfolio

Wie kann im Unternehmen die Entwicklung einer Wertschätzungskultur gefördert werden? Nachfolgend finden sich Ideen und Gedankenanstöße für den Transfer in die Praxis.

→ Die Fähigkeit zur Wertschätzung entspringt oft einem positiven Menschenbild: „Man muss Menschen mögen." Dies ist eine wichtige Frage und es lohnt sich, sich ohne Selbstschönung auf sie einzulassen: „Mögen Sie Menschen wirklich?"

→ Wertschätzung ist ein Grundbedürfnis mit hohem Erwartungsmaßstab (Bach). Bedenken Sie, dass Anerkennung und Wertschätzung reziprok sind: Wenn Sie großzügig damit umgehen, werden Sie ebenfalls mehr positives Feedback erhalten. Und Hand aufs Herz: Es tut einfach gut, nicht wahr?

→ Wertschätzung ist eine Frage der persönlichen Einstellung. Seien Sie bewusst freundlich. Interessieren Sie sich für Ihre Mitarbeitenden, nehmen Sie deren Arbeit wahr, seien Sie respektvoll, wohlwollend, liebenswürdig. „C'est le ton qui fait la musique." Und: Lächeln Sie. Denken Sie daran: Freundlichkeit ist das Schmiermittel der Gesellschaft.

→ Gleichzeitig ist Wertschätzung für Vorgesetzte eine Herausforderung: Machtpositionen verringern gemäß Studien die Fähigkeit, sich in andere hineinzuversetzen (Cuddy et al.). Dabei ist es für eine wertschätzende Führung enorm wichtig, andere Sichtweisen nachzuvollziehen. Wer mit Machtmitteln ausgestattet ist, ist weniger in der Lage, die Mitarbeitenden als Individuen wahrzunehmen. Bemühen Sie sich als Führungsperson immer wieder, sich in die Mitglieder Ihres Teams hineinzuversetzen.

→ Das Zugehörigkeitsgefühl ist ein menschliches Grundbedürfnis (vgl. Abschnitt 1.1). Menschen wollen Mitglied einer Gruppe sein und die Loyalität zum eigenen Team ist in aller Regel sehr stark. Für Führungspersonen ist es wichtig, als Teil des Teams anerkannt zu werden. Sobald Sie einer von „denen" sind – Management, Geschäftsführung, „die da oben" – bröckelt Ihre Gefolgschaft (Cuddy et al.). Wertschätzung ist der Königsweg, die Bindung der Mitarbeitenden zu Ihnen zu stärken.

→ Wertschätzung ist zuallererst Ausdruck einer unbedingten persönlichen Anerkennung und Zuwendung. Kommt bei den Mitarbeitenden an, dass Sie sie wohlwollend annehmen, so, wie sie sind, werden Sie ihre Herzen gewinnen. Dies schafft eine positive Beziehungsqualität, in der sachliche Auseinandersetzungen und auch Kritik ungleich einfacher zu akzeptieren sind.

→ Jeder Mensch hat seine Marotten (Sie und ich auch). Manche können gehörig nerven. Richten Sie den Blick auf den Käse, nicht auf die Löcher. Wenn Sie die Aufmerksamkeit auf die positiven Aspekte lenken, werden Sie dem anderen wohlwollender begegnen können. Jeder von uns hat seine Eigenarten, die nicht alle schätzen. Wertschätzung bedeutet, unterschiedliche Persönlichkeiten zu akzeptieren und auf deren Besonderheiten zu setzen, statt sie zu bekämpfen und abzuwerten (Sohmer). Zugegeben, das ist nicht immer einfach. Aber die Haltung lohnt sich.

- Menschen wichtig zu nehmen, lässt sich in verschiedenem Verhalten ausdrücken, beispielsweise Pünktlichkeit. Seien Sie pünktlich. Unpünktlichkeit drückt mangelnde Wertschätzung aus und zeigt, dass die Anliegen der anderen weniger wichtig sind. Vermeiden Sie insbesondere Verspätungen mit System. Pünktlichkeit ist die Höflichkeit der Könige.

- Keinesfalls darf ein Lob abgedroschen, platt, aufgesetzt oder manipulativ wirken. Menschen haben ein gutes Radar für versteckte Absichten. Ein gutes Lob ist unmittelbar, persönlich, aufrichtig und begründet. Und: Je unerwarteter ein Lob ist, desto stärker aktiviert es das Belohnungssystem!

- In manchen Firmen gibt es nur ritualisierte Anlässe für Lob: die Weihnachtsfeier, der Betriebsanlass, das Firmenjubiläum. Diese Rituale und der dabei ausgesprochene Dank sind essenziell. Sie sind notwendige, aber noch nicht hinreichende Bedingungen für eine fruchtbare Wertschätzungskultur. Zusätzlich wichtig sind häufige, alltäglich ausgesprochene, direkt an die Person gerichtete Anerkennungen. Abgesehen von unbedingter Zuwendung sind Lob und Dank gute Möglichkeiten, beispielsweise zu sagen, was gut gemacht wurde und wann, zu erwähnen, welchen Nutzen oder Gewinn das Erledigte oder Erreichte bewirkt, und regelmäßig Dank auszusprechen (Grobner).

- Loben Sie häufig und gezielt. Kurze, direkte und persönliche Rückmeldungen sind am wirkungsvollsten. Geben Sie für gute Leistungen und bemerkenswerte Ideen konsequent ein positives Feedback. Resonanz drückt sich auch in der Körpersprache aus. Halten Sie Augenkontakt und seien Sie sich Ihres Gesichtsausdrucks, Ihrer Haltung und Ihrer Gesten bewusst (Sohmer).

- Loben Sie dosiert, wenn Sie den Eindruck haben, dass Mitarbeitende süchtig danach sind und Einsatz und Leistung unmittelbar von Lob und permanenter Anerkennung abhängen. Machen Sie diesen Ihre grundsätzliche persönliche Wertschätzung deutlich.

- Achten Sie vor allem auch auf die Stillen, Unauffälligen, die ihre Qualitäten nicht so dominant auf den Markt tragen. Auch sie sind für emotionale Unterstützung sehr dankbar. Spontane Verstärkung („Ihre Erklärungen waren für den Kunden hilfreich") und Dank („Besten Dank für Ihre Projektanalyse") müssen keine spektakulären Lobeshymnen sein. Dennoch tun solche Feedbacks wohl und wirken oft nachhaltiger, als manche Chefs denken. Wenn Sie für Dinge, die gut funktionieren, öfter einfach „Danke" sagen, schaffen Sie eine Kultur der positiven Wahrnehmung und des Respekts.

- Anerkennen Sie die Leistung von Mitarbeitenden, indem Sie diese mit der Leitung von Projekten oder verantwortungsvollen Aufgaben betrauen. Signalisieren Sie gute Leistungen und Erfolge nach außen: Benennen Sie besondere Beiträge, Auszeichnungen, Errungenschaften möglichst vor dem ganzen Team, bedanken Sie sich für die wertvolle Unterstützung aller Beteiligten und ehren Sie diese gebührend. Vor allem: Feiern Sie bewusst Erfolge im Team. Wann immer Erfolge zu verzeichnen sind, lohnt es sich, diese symbolisch zu würdigen: durch eine süße Pausenüberraschung, Grillwurst und Bier für alle, das Anstoßen mit Champagner und Sandwiches. Wagen Sie es, auch einmal auf Misserfolge anzustoßen: zum Beispiel wenn ein Auftrag nicht gewonnen wurde, der Einsatz des Teams aber vorbildlich war. Verschiedene erfolgreiche Firmen halten dies so.

➔ Planen Sie im Kalenderjahr bewusst einige kleine Aufmerksamkeiten für die gesamte Belegschaft ein. Beispiele sind eine spontane Neujahrsfeier, das gefüllte Osternest, der Sommergrill, ein Adventskalender. Oder wie wär's mit einem jährlichen Frühstück für alle zum Start in den Arbeitstag als gemütlicher gemeinsamer Anlass mit informellem Austausch? Auch ein regelmäßig aufgefüllter Früchtekorb zur freien Bedienung schafft Freude und signalisiert Wertschätzung.

➔ Machen Sie ein Gedankenexperiment: Was erzielt nachhaltigere Wirkung: pro Jahr 200 Euro mehr Lohn oder jedes Quartal eine Aufmerksamkeit, die 50 Euro kostet (z. B. ein Blumenstrauß, zwei schöne Flaschen Wein, ein Geschenkgutschein usw.)? Die positive Wirkung von geringfügig mehr Lohn verpufft aufgrund des Gewöhnungseffekts sehr schnell, wiederholte Anerkennung ist gelebte Wertschätzung und bestärkt das Gefühl der Reziprozität. Viele Mitarbeitende honorieren dies mit entsprechenden Gegenleistungen.

➔ Stellen Sie jeder Person – möglichst einfach gestaltet und nicht zu stark nach Funktion und Tätigkeit abgestuft – ein fixes jährliches Weiterbildungsbudget zur Verfügung. Ob und wie die Summe genutzt wird, ist Mitarbeitersache. Einzige Bedingung: Die Weiterbildung sollte im weitesten Sinne etwas mit der Arbeit zu tun haben.

➔ Lassen Sie den Wertschätzungsworten Taten folgen und zahlen Sie im Branchenvergleich gute Löhne. Sollte es dem Unternehmen einmal nicht mehr so gut gehen, seien Sie vorsichtig mit Lohnkürzungen. Sofern die Firma eine echte Schicksalsgemeinschaft darstellt – also in guten Zeiten die Mitarbeitenden auch an den Erfolgen beteiligt werden – fängt dies der gelebte Gemeinsinn auf (das Motto: „In guten wie in schlechten Zeiten" leuchtet den meisten ein). Ist dies nicht der Fall, besteht bei Lohnkürzungen die Gefahr, dass die besten Personen mit den größten Optionen auf dem Arbeitsmarkt die Firma verlassen (Negativauslese). Allerdings brauchen Sie die Besten, um die Krise durchzustehen. Deshalb: Übertreiben Sie es nicht mit der Solidarhaftung (außer Sie sind im positiven Bereich ebenso großzügig).

➔ Honorieren Sie Firmentreue. Begehen Sie Firmenjubiläen bewusst: Heben Sie die Jubilare intern heraus (in der Hauszeitung, am Anschlagbrett usw.) und richten Sie eine angemessene Feier aus. Gewähren Sie großzügige Treueprämien und zeigen Sie damit, wie wichtig dem Unternehmen Loyalität ist.

➔ Achten Sie auf eine freudvolle Arbeitsumgebung, zuallererst auf einen Chef, der sich nicht in den Mittelpunkt drängt und stets das letzte Wort hat. In erfreulichen Kulturen wird mit Fehlern klug umgegangen (sie werden als Hinweis für Verbesserungen gesehen und nicht zum Anlass für Schuldklärungen genommen). Humor und heitere Gelassenheit haben in einem stimulierenden Klima ihren Platz und die Umgebung macht Lust zu arbeiten (z. B. weil der Arbeitsplatz hell und funktional eingerichtet ist). „Wer schaffen will, muss fröhlich sein", sagte der Dichter Theodor Fontane.

➔ In vielen Firmen hat sich ohne bewusste Steuerung eine Kultur des gegenseitigen Störens etabliert. Machen Sie die Herausforderung moderner Kommunikationsmittel zum Thema und stellen Sie wenige, einfache Regeln im Umgang damit auf (z. B. direkte Gespräche vor E-Mails, sehr zurückhaltender und bewusster Umgang mit cc-Mails, Schaffen von Rückzugsräumen, in denen konzentriert und störungsfrei gearbeitet werden kann, E-Mail-freier Freitag usw.).

➔ Haben Sie einen Pausenraum? Wenn ja, lässt sich dort – oder an einem anderen geeigneten Ort – ein Tischfußballkasten installieren? Wichtig ist, dass die beschäftigten Mitarbeitenden nicht gestört werden. Ein kurzes Pausenmatch entspannt, lockert auf und macht bereit für die nächste Herausforderung. Und man kann damit jede Menge Spaß haben.

➔ Humor ist eine renditeträchtige Währung. Im richtigen Moment eingesetzt, entschärft ein humorvolles Wort, entspannt, lockert auf, erzielt Heiterkeit. Humor signalisiert auch, dass es immer noch eine höhere Rationalität gibt (und man sich selbst stets auf dem Stand des letzten persönlichen Irrtums befindet). Wenn Sie können, setzen Sie Humor bewusst und nicht zu knapp ein. Humor, die Fähigkeit, gemeinsam lachen zu können (und sich selbst nicht zu ernst zu nehmen), ist im besonderen Maße kulturprägend. Humor wuchert mit vielen Pfunden.

➔ Feiern Sie Feste, zelebrieren Sie Erfolgserlebnisse und pflegen Sie Teamanlässe. Zusammenhalt, Wertschätzung und Anerkennung, aber auch Freude und Spaß werden so unmittelbar erlebbar. Gleichzeitig werden informell viele wertvolle Informationen ausgetauscht und Beziehungen vertieft. Es gibt kaum Maßnahmen mit höherem Return on Investment.

➔ Eine Wertschätzungskultur bemisst sich auch daran, wie explizit die Tätigkeit der Frontleute gewürdigt wird. Verschiedene Firmen setzen für einen Aufstieg in höhere Führungsebenen eine substanzielle Tätigkeit an der Front voraus: bei Hilti beispielsweise im Außendienst, bei Zappos im Callcenter. Es hilft ungemein und ist kulturfördernd, wenn Führungspersonen wissen, was an der Kundenfront notwendig ist. Sofern dies möglich ist: Übernehmen Sie als Geschäftsleitung regelmäßig einen Job an der Front, wie dies etwa Châteauform pflegt (das Führungsteam übernimmt einmal pro Jahr einen Standort). Wenn dies nicht möglich ist: Veranstalten Sie einmal pro Jahr ein Geschäftsleitungs-Barbecue, bei dem die Führungscrew am Grill steht und die Mitarbeitenden bedient.

➔ Wenn Sie persönliche Wertschätzung speziell ausdrücken wollen (für außergewöhnliche Leistungen oder Schlüsselmitarbeitende): Ein handschriftlicher Dankesbrief zu Weihnachten wird besonders geschätzt.

➔ Untersuchungen zeigen, dass von Auszeichnungen (wie „Manager des Jahres", „Mitarbeiter des Monats" usw.) sehr positive Wirkungen ausgehen: Sie vermitteln Anerkennung, erhöhen die Motivation, setzen Arbeitsanreize und vertiefen die Bindung an das Unternehmen (Frey). Mit dem Empfang einer Auszeichnung wird eine soziale Beziehung etabliert und entsprechend dem Axiom der Reziprozität der Empfänger zu Loyalität verpflichtet. Zeichnen Sie bewusst Mitarbeitende für besondere Leistungen und Verdienste aus, nutzen Sie dazu den Rahmen einer Zeremonie vor den Arbeitskollegen und verstärken Sie die Wirkung durch zusätzliche Publizität (Veröffentlichung in Zeitungen, Intra- oder Internet usw.).

7.7 Literatur

Bach C. (2012). *Mehr Wertschätzung und Anerkennung im Job.* Hamburg: Tredition.

Csikszentmihalyi M. (2010). *Das flow-Erlebnis. Jenseits von Angst und Langeweile: im Tun aufgehen.* Stuttgart: Klett-Cotta.

Cuddy A., Kohut M. und *Neffinger J.* (2013). Freundlich führt am besten. Harvard Business Manager, September 2013, S. 20–30.

Dobelli R. (2012). *Die Kunst des klaren Denkens.* München: Hanser.

Frey B.S. (2014). Auszeichnungen statt Geld. *Finanz und Wirtschaft, 17.* Dezember 2014, S. 3.

Gassmann O. und *Friesike S.* (2011). *33 Erfolgsprinzipien der Innovation.* München: Hanser.

Grobner M. (ohne Angabe). Mitarbeitermotivation – Wertschätzung statt loben. WEKA Managementpraxis.

Gyomlay K., Küffer C. und *Regenass R.* (2013). *Better Boss.* Zürich: Versus.

Kaduk S., Osmetz D., Wüthrich H. A. und *Hammer D.* (2013). *Musterbrecher. Die Kunst, das Spiel zu drehen.* Hamburg: Murmann.

Klaffke M. und *Parment A.* (2011): Herausforderungen und Handlungsansätze für das Personalmanagement von Millennials, in: *Klaffke M.* (Hrsg.), *Personalmanagement von Millennials – Konzepte, Instrumente und Best-Practice-Ansätze,* S. 3–22. Wiesbaden: Gabler.

Lotter W. (2015). *Die Selbstbestimmer.* Brand Eins, 01/15, S. 44–52.

Pauk C. (2013). Man kann Menschen nicht kontrollieren. *Interview mit Petra Jenner, IBM Schweiz.* Io management, März/April 2013, S. 29–33.

Pfläging N. (2011). Führen mit flexiblen Zielen. *Praxisbuch für mehr Erfolg im Wettbewerb.* Frankfurt: Campus.

Schüller A. (2013). *Über die neue Lobkultur in Social-Media-Zeiten.* KMU-Magazin Nr. 7/8, Juli/August 2013, S. 71–73.

Semmer N. K. und *Jacobshagen N.* (2012). *Wertschätzung am Arbeitsplatz.* Safety-Plus 1/12, S. 17–19.

Sohmer V. (2013). Wertschätzung. *Eine tolle Leistung verdient Würdigung.* Beobachter Nr. 15, 26. Juli 2013.

Sprenger R. K. (2010). Die Entscheidung liegt bei dir! Wege aus der alltäglichen Unzufriedenheit. Frankfurt: Campus.

Thoma C. (2011): Erfolgreiches Retention Management von Millennials, in: *Klaffke M.* (Hrsg.), *Personalmanagement von Millennials – Konzepte, Instrumente und Best-Practice-Ansätze,* S. 163–180. Wiesbaden: Gabler.

Volk H. (2010). *Ein gutes Wort zur rechten Zeit ....* Handelszeitung, Nr. 35, 1. September 2010, S. 18.

8 Synthese: systemisches Management im 21. Jahrhundert

Viele Managementmethoden des aktuellen Gebrauchs sind 100 Jahre alt und stammen aus der Ära des Maschinenzeitalters, in der Effizienz die zentrale Herausforderung darstellte. Ein Jahrhundert Effizienzsteigerung hat ganze Arbeit geleistet: Noch nie war das Arbeiten so organisiert und durchrationalisiert wie heute. Budgets, Vorgaben, Zielvereinbarungen, Kennzahlen, Benchmarks – quantitative Unternehmensführung, Anreizorientierung, Befehlen und Kontrollieren und heroisches Management haben gesiegt. Aber der Preis ist hoch: Selten haben sich Menschen so fremdgesteuert gefühlt wie heute. Fremdsteuerung führt allerdings direkt ins Hamsterrad und zu Sinnleere. Und abgestumpfte und desillusionierte Mitarbeitende sind schlechte Quellen von Innovation und Wachstum. Übereffizienz verursacht immense unternehmenskulturelle Kollateralschäden.

Der heute weit verbreitete ergebnisorientierte Führungsstil ist schlicht nicht am Menschen ausgerichtet. Der Konformitätsdruck der Legitimation gegenüber der Gesellschaft führt zu immer ähnlicher geschalteten, quantitativ ausgerichteten Unternehmen mit isomorphem Managementdesign. Die Fokussierung auf Effizienz, Zahlen und Daten brachte das fatale Bestreben mit sich, Nichtmessbares messbar zu machen. Dabei geht die Überzeugung, über sicheres, verwertbares Wissen zu verfügen, einher mit der Fehleinschätzung, dass Zahlen Klarheit und Objektivität liefern. Nach Deming lässt sich nur drei Prozent dessen messen, was in Unternehmen wichtig ist. Die beste Zahlenkunst erfasst immer nur den zahlenmäßig abbildbaren Teil der Realität. Das Relevante liegt meist hinter der Oberfläche des Zählens und Erhebens. Viele Firmen geben sich der unrealistischen Vorstellung hin, dass Leistung, Qualität, Kreativität, Begeisterung verordnet und effizient organisiert werden können. Nach wie vor sehen viele Führungskräfte Management vor allem auf der Grundlage des expliziten Vertrags, der die Gegenleistung der Mitarbeitenden auf der Basis eines hierarchischen Subordinationsverhältnisses erschließt (vgl. Bild 8-1).

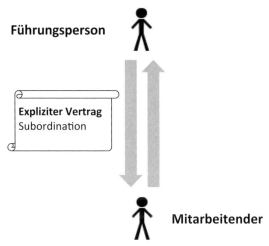

Bild 8-1 Unsystemische Managementsicht

Diese unsystemische Sicht unterliegt einer Kontroll- und Steuerungsillusion. Die wichtigsten Fähigkeiten des angebrochenen Zeitalters – Einfallsreichtum, Initiative, Durchhaltevermögen, vernetztes Denken, Kooperation, Leidenschaft – sind personengebunden und nicht von außen abrufbar. Menschen werden einem Unternehmen ihre wertvollsten Kompetenzen nur dann großzügig erschließen, wenn sie dieses wohlwollend und potenzialfördernd erleben.

Eine systemischere Betrachtungsweise verabschiedet sich von der Überordnung zugunsten einer Beziehung auf Augenhöhe. Der Austausch ist langfristig und nachhaltig angelegt und wird durch die Summe der gegenseitigen Leistungen definiert. Die Führungsperson ist in der Pflicht zur Vorleistung – ihre Aktionen wirken nach, beeinflussen die Gegenleistungen der Mitarbeitenden und ergeben Mehrrundeneffekte. Im Zentrum der Beziehung steht der implizite Vertrag, das Grundmomentum basiert auf Reziprozität. Trotz faktischer Hierarchie entwickelt sich eine Partnerschaft auf Augenhöhe, weil die Qualität des Austausches durch ein offenes Visier, guten Glauben und Manipulationsverzicht geprägt wird. Um das Beste der Mitarbeitenden zu bekommen, erbringen Führungspersonen Vorleistungen, die in der Regel bestätigt werden und den Segenskreislauf verstärken. Der implizite Vertrag kann so weiter ausgedehnt werden, weil die Vorleistungen der Führungsperson – in Form von Vertrauen, Empowerment, Sinnstiftung, Wertschätzung – zu korrespondierenden Leistungsrückflüssen führen: Die Mitarbeitenden geben ihr Bestes, entfaltet durch intrinsische Motivation ohne nennenswerte Verdrängungseffekte und ausgeprägte Kooperation (vgl. Bild 8-2).

8 Synthese: systemisches Management im 21. Jahrhundert

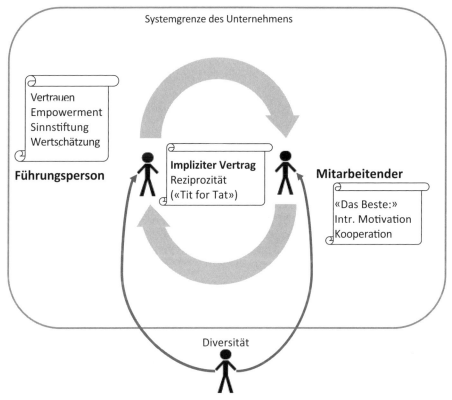

Bild 8-2 Systemisches Management

Die vorangegangenen Kapitel haben einen Entwurf systemischer Unternehmensführung skizziert, der das wichtigste unternehmerische Potenzial – die menschlichen Fähigkeiten im System – erschließen hilft. Wichtige Prinzipien dazu sind:

Primat der intrinsischen Motivation:	Kreativität, Ideenreichtum und Engagement gehören zu den wichtigsten Assets des 21. Jahrhunderts. Menschen haben starke Leistungsmotive. Deren Entfaltung setzt eine uneingeschränkte intrinsische Motivation voraus. Unternehmen können einen Rahmen schaffen, der das innere Feuer lodern lässt und Demotivation nach Kräften vermeidet.
Vertrauenskultur:	Vertrauen als Grundhaltung stellt dazu eine wichtige Vorleistung dar. Vertrauen entspringt einem alternativlosen Menschenbild und schafft eine erfreuliche Atmosphäre, in der vieles einfach ist und die deshalb stimuliert.
Empowerment:	Autonomie und Mastery sind die stärksten Arbeitsmotivatoren. Erschlossen werden sie durch konsequente Befähigung der Mitarbeitenden und Abbau unnötiger Vorgaben. Das entsprechende Führungsverständnis setzt auf Ermächtigung und Freiheit.

Kooperation fördern:	Unternehmen sind Orte der Zusammenarbeit. Menschen verhalten sich reziprok und kooperieren, wenn dies gefördert wird. Kooperationsplattformen statt Konkurrenzarenen entfalten das Potenzial der vielen.
Sinnstiftung:	Menschen orientieren sich an einem größeren Ganzen, den Firmen schaffen können. Sich für etwas Richtiges, Gutes einzusetzen, ist ein Wert für sich. Sinnstiftung ist ein Nachhaltigkeitsgenerator für die intrinsische Motivation.
Diversität fördern:	Gutes Management darf angesichts sich wandelnder Systemumwelten nicht nur die selbstreferenzielle Systemstabilität im Blick haben. Eine Monokultur führt zur Sortenarmut und macht anfällig für einseitige Bedrohungen. Die bewusste Verbreiterung des Gedankenpools eröffnet neue Problemlösekompetenzen.
Wertschätzung:	In vielen Firmen erleben die Mitarbeitenden ein Wertschätzungsdefizit. Unbedingte persönliche Zuwendung rückt den Menschen ins Zentrum, ist Balsam für die Seele und beflügelt.

Mithilfe dieser Regeln können Unternehmen ein komplexes, dynamisches Umfeld in den Griff bekommen. Jenseits der Beherrschungsillusion wird Führung zur Systemgestaltung. Die Prinzipien sind gegenseitig kompatibel und senken die Zielkomplexität. Dies geschieht nicht durch standardisierte Vorschriften, sondern durch das Schaffen einer Umgebung, welche Potenziale entfaltet und wertschöpfendes Verhalten fördert. Eine solche Denkweise orientiert sich an zentralen Zwecken einer Firma und betrachtet diese als Schicksalsgemeinschaft: Wie gut es vorwärts geht, ist abhängig davon, wie viele Personen in die gleiche Richtung rudern. Anstand, Vertrauen, Zusammenarbeit: Solchen Werten wird ökonomischer Wert zuerkannt.

Moderne Unternehmen sind auf den ganzen Menschen angewiesen, mit all seinen Emotionen, Leidenschaften, seinem gesamten Wissen. Sie sind sich gleichzeitig bewusst, dass jeder Mitarbeiter für sich selbst definiert, wie viel er hergibt und zu welchem Preis. Zwischen Mitarbeitenden und Vorgesetzten besteht trotz unterschiedlicher Funktionen eine Partnerschaft auf Augenhöhe, in welcher die Intelligenz beider Seiten nicht unterschätzt wird. Wie der Hase tatsächlich läuft, merken früher oder später ja doch alle. Gegenseitigkeit und Rückerstattungserwartungen scheinen zum Wesen der menschlichen Spezies zu gehören.

Menschen erwidern Gefallen, sozusagen in einer Balance des Gebens und Nehmens. Dieser Reziprozitätsregel folgend, gilt grundsätzlich: Wenn Führungskräfte Vorleistungen erbringen, werden sie ernten, was sie gesät haben. Das korrespondierende Menschenbild unterstellt Mündigkeit und Reife und baut auf gesunden Menschenverstand, Pragmatismus, Systemdenken, Nachhaltigkeit. Es ist ein System für Erwachsene: *„Du kriegst es auf deine Art hin – und nicht auf meine."* (Lotter) In dieser Vorstellung sind Personen zentrale Treiber nachhaltiger Wettbewerbsvorteile und werden entsprechend wichtig genommen. Führen hat ohne Menschen, die folgen, keinen Sinn.

Damit besteht die Chance, Unternehmen für Menschen wohltuend zu gestalten und Firmen hervorzubringen, in denen Arbeit Freude macht. Solche Organisationen stimulieren Selbstverwirklichung, persönliches Wachstum und Lust an der Arbeit und generieren durch größere Wertschöpfung einen gesellschaftlichen Mehrwert. Vielleicht können die sieben hier dargestellten Prinzipien einen kleinen Beitrag für ein neues Denkmodell der zeitgemäßen Unternehmensführung leisten. In jedem Fall vermitteln sie gute Aussichten auf ein verheißungsvolles und erfreuliches Unternehmensumfeld. In der Wissensökonomie des 21. Jahrhunderts brauchen Unternehmen nichts anderes als das Beste ihrer Mitarbeitenden. Wenn sie Unternchmensführung einfach halten – als abgestimmtes Ganzes, fokussiert auf die hier dargelegten sieben Prinzipien – werden sie es bekommen.

Index

A

Abacus 165
ABB 146
Abschöpfungsmentalität 52
Adrenalin 13
Aldi 64
Allsafe Jungfalk 71
Alltag 127
Ältere
 - Lernfähigkeit 142
 - Potenzial 142
 - Produktivität 142
Altersstruktur 143
Alterung der Belegschaft 143
Ambivalenz des Lobens 160
Amöbenprinzip 61
Anerkennung 100, 160, 179
Anreize
 - Dysfunktionalität 39
 - extrinsische 39
Arbeit als Belastung 50
Arbeitgeberattraktivität 136
Arbeitnehmer
 - ältere 146
Arbeitsgestaltung 106
Arbeitsinhalte 177
Arbeitsklima 164
Arbeitskräftemangel 138
Arbeitsmodelle 45
Arbeitsmoral 146
Arbeitsplatz 143
Arbeitsplatzgestaltung 106
Arbeitsplatzsicherheit 102, 159, 174
Arbeitsreduktion 145
Arbeitsteilung 80
Arbeitsumgebung 166, 181
Arbeitszeitbedürfnisse 128
Arbeitszeitmodelle 116, 153
Arbeitszufriedenheit 51
Asperger Informatik 138
Atmosphäre 177
Aufmerksamkeiten 172
Auslese 119, 120
Auswahlverfahren 119
Auszeichnungen 25
Autonomie 51, 70, 187
Axa Winterthur 151

B

Babyboomer 138, 143
Balanced Scorecard 63
Bankbranche 18
Begegnungszonen 99
Belegschaft 153
Belohnungen 17
Belohnungsnetzwerk 38
Belohnungssucht 20
Belohnungssystem 180
Beraterpools 145
Berner Kantonalbank 21
Beschleunigungsfalle 60
Beurteilung 40
Bewerber 119
Bewerbungsprozess 119
Beziehungsqualität 173, 177
Big Hairy Audacious Goal 108
Bindung 136, 158
Bindungskräfte 158
BMW 144
Bonus 18, 25
Budgetierung 64
Bürokratie 61, 120

C

cc-Mailkultur 30
Charakter 128
Charta der Vielfalt 149
Châteauform 7, 53
Coaching 112
Code of Conduct 66, 69
Comet 98
Command-and-Control 97
Controlling 62, 63
– reduzieren 73
Controlling-Kultur 37
Crowding-out 61
Crowdsourcing 89, 103

D

3M 2, 92
Delegieren 24
Demografie 116
Demotivation 25
Depressionen 51
Dezentralisierung 54, 58
Dienst nach Vorschrift 31
Digital Natives 57
Diversität 134, 136, 148, 150, 188
Diversitätsförderung 136, 149
Diversitätsinitiative 149
Diversitätsmanagement 134, 152
Diversity Management 135, 150
dm-drogeriemarkt 176, 178
Dopamin 13
Dynamik 117
Dysfunktionalität 39

E

Economic Dividends for Gender Equality 154
EDGE-Zertifizierung 154
Egon Zehnder International 41, 93, 122
Eigenarten 179
Eigeninitiative 57
Eigenmotivation 16, 22
Einkommen 86
Einstellung
– persönliche 179

E-Mails 100
Emotionen 12, 166
Empathie 94
Empowerment 50, 67, 71, 72, 187
Enabler 67, 165
Entscheidungsbefugnis 56
Entschlacken 60
Entwicklungsmöglichkeiten 116
Entwicklungsorientierung 173
Erfolge
– feiern 180
Exil 31
Experimente 65

F

Fairness 95, 99
Familien-AG 139
Feedback 160, 161
Feedbackkultur 162
Fehlerakzeptanz 45
Fehlerkultur 33, 45, 177
Fehlervermeidungsstrategie 60
Fehlverhalten 36
Feste 182
– feiern 101
Finanz- und Wirtschaftskrise 81
Firmentraditionen 101
Firmentreue 154, 181
Fixlöhne 22, 24
Flexibilität 74
Flow 166
Fluktuation 136
Fluktuationsrate 174
Forced Ranking System 87
Frauen 138, 139, 141
Frauenanteil 139, 141, 153
Freiheit 116
Freiräume
– zeitliche 59
Fremdbestimmung 51
Fremdsteuerung 16
Führung
– transformationale 112
Führungsebene
– zweite 73

Führungskräfte 44, 111, 179
- rekrutieren 130
Führungsstil 153, 185
Führungsverständnis 28, 34, 66, 67, 68, 175
Fundament 117

G

Gedankenpool 148, 150
Gefühle 12
Gegenseitigkeit 44, 84, 95, 97, 99
Gelassenheit 146
Gemeinschaft 122
Gender-Gap 154
Generation Y 57, 112, 115, 116, 160
Genpool 134, 153
Geschäftsleitung 73
Gesetz der Reziprozität 33
Gewinnbeteiligung 102
Glaubwürdigkeit 122
Gleichstellung 154
Globalisierung 135
Glücksgefühl 166
Grundbedürfnisse 14
Grundmotive 12
Grundwerte 112

H

Hammerschmid Maschinenbau 34
Handlungsbereitschaft 12
Handlungskompetenz 32
Handlungsspielräume 44, 57
Handschlag 42
Herzlichkeit 171
Heterogenität 134
Hidden Champions 120, 174
Hierarchie 58
- schlanke 101
Hilti 65
Hire slow 129
Holzbau Blumer-Lehmann 58
Home Office 45
Homo Oeconomicus 21
Humor 182

I

IBM Deutschland 43
IBM Schweiz 140, 169
Identifikation 115
Identifikationscharakter 127
Identität
- kollektive 88
Incentivierung 19
Individualität 116
Informationsasymmetrie 55, 119
Informationspolitik 75
Informationsverarbeitungskompetenz 143
Informationsvorsprung 55, 70
Initiative 32
Innovation 32, 59, 75, 137
Innovationen 75
Innovationsfähigkeit 99
Innovationskultur 2, 59
Innovationsmanagement 89
Innovationspotenzial 134
Inspirieren 112
Intangibles 91
Integrität 112, 128
Intelligenz
- kollektive 139
Interesse
- echtes 171
Interesse an Menschen 171
Internationalisierung 135
Intranet 90
Intrinsisch 121
Investmentbanking 81
IQ
- kollektiv 101

J

Jena-Optronik 147
Job Rotation 100

K

Kennzahlen 62, 73
Kennzahlenauswahl 63
Kernprinzipien 51
KMU 8

Know-how 174
Kollaborationskultur 88
Kommunikation 44, 91, 158, 170
– direkte 100
– Elemente 92
Kommunikations- und Austauschkultur 99
Kompetenzen
– übertragen 57
Kompetenzerleben 51
Komplexität 117, 148
Komplexitätsreduktion 50
Kontakt 93
– persönlich 92
Kontaktförderung 92, 99
Kontinuität 116, 117
Kontrolle 29
Kontrollillusion 55
Kontrollmaßnahmen 30
Kontrollmechanismen 72
Kontroll- und Steuerungsillusion 186
Kontrollverlust 16, 20, 55
Kontrollverzicht 43
Kooperation 80, 83, 150, 102, 172, 173, 97
– fördern 91
– Maßnahmen 99
Kooperationsbereitschaft 96, 97, 122
Kooperationsgewinne 36
Kooperationskiller 85
Kooperationsklima 18
Kooperationskultur 91, 99
Kooperationsvorleistung 84
Körperhaltung 170
Körpersprache 180
Korrumpierungseffekt 19
Kraft des Wir 94
Kreativität 32, 52, 116, 137
Kreativzeiten 59
Kultur der positiven Wahrnehmung und des Respekts 180
Kultur der Wertschätzung 178
Kunden 89, 137
Kundenzufriedenheit 176

L

Lebenszufriedenheit 42
Leistung 38
Leistung anerkennen 171
Leistungsbeurteilung 37, 41, 46
Leistungskriterien 46
Leistungslöhne 18, 19, 24
Leistungsmotiv 13
Leistungsvereinbarung 37, 39, 41
Leistungsziele 38
Leitbild 126
Leitschnur 126
Lieferanten 89
Lob 160, 161, 162, 180
Loben 171
Lohn 86
Lohnanreize 22
Lohnbestandteile 19
Löhne 176, 181
Lohnentwicklungsmodelle 145
Lohnflexibilität 145
Lohngestaltung 102
Lohngleichheit 154
Lohntransparenz 86
Lohnwettbewerb 86
Loyalität 102, 174

M

Machtverzicht 67
Mailkultur 100
Management
– normatives 106
– schlank 74
– systemisches 185, 187
Management by Objectives 37
Managementinstrumente 87
Managementkultur 73
Managementsicht 186
Marktlohn 24
Marktwirtschaft 113
Mastery 52, 70, 187
Materna 58
Mehrheitsentscheidungen 46
Menschenbild 119, 179, 188
Mentor 112, 154
Mentoring 146

Microchip 21
Migros 89
Millennials 160
Mission 107, 112, 124, 126
- Alltag 111
- Beispiele 110
Misstrauen 29, 30, 31
Misstrauenskultur 17
Mitarbeitervertrauen 31
Mitarbeiter-Workshop 127
Mitunternehmertum 57
Monokultur 152
Motivation 12, 22, 23
- extrinsische 14
- intrinsische 11, 12, 14, 186, 187
Motivatoren 96
Motive 13

N

Netflix 35
Neuanstellungen 153
Nonkonformität 33
Noradrenalin 13

O

Open Innovation 134
Optimismus 44
Organisationseinheiten 74
Organisationskultur 136
Organisationsstruktur 87
Organisationsstrukturen 73
Originalität 32
Outputperspektive 72
Oxytocin 28

P

Partnerschaft 99, 186, 188
Pausenraum 182
Pax Ellevate Global Women's Index Fund 139
Perfektionisten 129
Personalauslese 148
Personalauswahl 24, 56, 118, 120, 121, 124, 152
Personalmanagement 143

Personalportfolio 153
Personalrekrutierung 120
Personalverantwortung 130
Persönlichkeit 128, 129
Persönlichkeitsstruktur 119
Planung 65
Post-it 92
Primärmotive 13
- Macht 13
- Zugehörigkeit 13
Primat der intrinsischen Motivation 51
Prinzipal-Agent-Beziehung 55, 70
Prinzipal-Agent-Theorie 118
Probleme
- gemeinsame 101
Problemlösefähigkeit 137
Problemlösekompetenz 149, 188
Problemlösungsgemeinschaft 98
Procter & Gamble 61, 109
Profitcenter-Organisation 74
Projektteams 154
Pünktlichkeit 179

Q

Querdenken 32

R

Rahmenbedingungen 68, 99
Raiffeisen 32
Reibungsflächen 148
Rekrutierung 119
Rekrutierungsmethoden 152
Rekrutierungsprozess 119, 129
Renditegenerierung 118
Rentabilität 137
Reputation 95
Reziprozität 33, 84, 95, 102, 169, 177
Risikobereitschaft 33
Rituale 87
Ronald Coase 82
Rückkehr von Müttern 153
Rückmeldungen 57
RWD Schlatter 114

S

Sanktionierung 36
Schlüsselindikatoren 63
Schwarmintelligenz 89
Schweizerische Post 135
Screening 121
Selbstbestimmung 45, 51, 164
Selbstdisziplin 57
Selbstkontrolle 45
Selbststeuerung 15
Selbstverständnis 24
Selbstverwirklichung 189
Selbstverwirklichungsmöglichkeiten 116
Selektion 119
Selektionseffekt 125
Serendipity 18, 59
Siemens 59
Significant Others 86
Sinnbezug 115, 121
Sinnhaftigkeit 106
- Arbeitsgestaltung 106
Sinnstiftung 106, 122, 124
Sinnzusammenhang 112
Social-Identity-Theorie 148
Solidarität mit 94
Southwest Airlines 65, 110, 168
Spaß 163, 164, 167, 177
- Führungskräfte 165
Spieltheorie 36
Sprache 168, 169, 170
Sprachgebrauch 168
Stabilität 116, 124
Star AG 33
Statuswettbewerb 86, 87
Stellenbeschreibungen 72
Stellensuchende
- ältere 142
Stören 181
Strategie 64
Subsidiaritätsprinzip 54
Svenska Handelsbanken 54
Swisscom 141
Systemgestaltung 67

T

Talentbasis 152
Talentmanagement 152
Team 100
Teamerfolg 41
Teamfähigkeit 88
Teamgeist 94
Teilzeitarbeit 154
Theorie X 30
Time to Market 74
Tit for Tat 36
Toyota 94
Transaktionskosten 42
Transmitter 13
Transparenz 90, 95
Trends 65
Trennung 36, 130
- von Mitarbeitern 44
Treue 174
Treuebonus 174
Trial-and-Error-Verfahren 65
TRISA 23, 163

U

Umgangsformen 87, 168
Unsicherheit 45
Unternehmenseinheiten 70
Unternehmensführung 189
Unternehmenskultur 34, 43, 85, 87, 172, 149, 150, 152, 139, 174
Unternehmensloyalität 160
Unternehmensphilosophie 126
Unternehmensumfeld 189
Urvertrauen 161

V

Veränderungen 117
Verantwortung 73
Verantwortungsdiffusion 81
Verdrängungseffekt 39
Vergütungssystem 86
Verlust an Sicherheit 117
Vernetzung 50, 100
Vertrauen 28, 29, 32, 45, 91, 187
Vertrauensarbeitszeit 45
Vertrauensbruch 36
Vertrauensgrundlage 29
Vertrauensklima 33

Vertrauenskultur 28, 33, 34, 44, 51, 187
Vertrauensprinzip 24
Vertrauensvorschuss 44, 56, 72
Victorinox 125
Vielfalt 149
Vielfalt der Mitarbeitenden 134
Vielfaltsinitlativen 149
Vision 24, 107, 108, 109, 112, 125
- Hilti 108
- Nike 108
- Walmart 108
Vorbild 93
Vorbildcharakter 122
Vorbildfunktion 128
Vorgabe von Zielen 38
Vorgesetzte
- Verhalten 44

W

Wachstumspotenzial 137
Wandel 117
- demografischer 116
Wandelbereitschaft 117, 124
Warmherzigkeit 160
Weisse Arena 111, 164
Weiterbildung 145, 154, 173
Weiterbildungsbedürfnisse 173
Weiterbildungsbudget 181
Weiterbildungsinvestition 173
Weiterbildungsmöglichkeiten 24
Weiterbildungsoptionen 173
Weiterentwicklung
- individuelle 128
Werte 112, 125, 174
- geteilte 107
Wertekanon 114
Wertekodex 116
Werteorientierung 112, 114, 121
Wertesystem 115, 116
Wertgenerierung 62

Wertschätzung 102, 150, 158, 159, 160, 161, 168, 174, 176, 177, 179, 188
- Sprache 169
Wertschätzungskultur 179, 182
Wertvorstellungen 121
Wettbewerb 40, 88
- intern 85
- interner 85
Wettbewerbsvorteile 188
Wirtschaftswachstum 42
Wissen 99
- geteiltes 99
Wissensaustausch 154
Wissensplattformen 90
Wissens- und Erfahrungsschatz 146
Wohlstand 42
Wortwahl 169

Z

Zahlen
- relative 40
Zeit nehmen 170
Ziele
- aushandeln 40
- vorgegeben 38
Zielkonflikt 87, 127
- Mission und Rendite 127
Zielkonflikte 1
Ziel- und Leistungsvereinbarungen 39
Zielvereinbarungen 37
Zivilcourage 122
Zugehörigkeit 13, 83
Zukunftspotenzial 107
Zusammenarbeit 86, 89, 83
Zusammenhalt 127
Zusammenhänge
- verstehen 100
Zuwendung 170
Zweckgemeinschaft 28

Der Autor

Roland Waibel lehrt seit 2002 an der FHS St. Gallen, Hochschule für Angewandte Wissenschaften, als Professor für Betriebswirtschaft und Unternehmensführung und leitet seit 2006 das Institut für Unternehmensführung (IFU-FHS) mit den Kompetenzzentren Strategie und Management, Marketing Management, Finanzmanagement und Controlling sowie Banking und Finance. Zuvor arbeitete er während elf Jahren als Lehrbeauftragter und Projektleiter an der Universität St. Gallen (HSG), wo er 1994 dissertierte (summa cum laude) und 2003 habilitierte. An der FHS St. Gallen verantwortet er die betriebswirtschaftliche Lehre und ist selber in Lehre, angewandter Praxisforschung und Beratung tätig. Seine zentralen Themenfelder sind Unternehmensführung, (u. a. als Co-Autor des BWL-Lehr- und Praxisbuchs "Betriebswirtschaft für Führungskräfte"), systemisches Management und vernetztes Denken (u. a. als Co-Autor des Fallstudienbuchs "Das Ganze verstehen – Vernetztes Denken in BWL und VWL").

Der Illustrator

Von Stefan Koller stammen die Illustrationen zu den einzelnen Prinzipien. Er ist 50 Jahre alt, lebt mit seiner Familie in Appenzell und arbeitet als Textildesigner. In der Freizeit malt und zeichnet er.